U0507049

高等院校金融专业应用型特色教材

金融数量方法教程

JINRONG SHULIANG FANGFA JIAOCHENG

张树德　编著

经济科学出版社
Economic Science Press

图书在版编目（CIP）数据

金融数量方法教程 / 张树德编著.—北京：经济科学出版社，2010.8

ISBN 978-7-5058-9633-8

Ⅰ.①金… Ⅱ.①张… Ⅲ.①金融学：数量经济学-教材 Ⅳ.①F830

中国版本图书馆 CIP 数据核字（2010）第 127840 号

责任编辑：段　钢
责任校对：王肖楠
版式设计：代小卫
技术编辑：邱　天

金融数量方法教程

张树德　编著

经济科学出版社出版、发行　新华书店经销

社址：北京市海淀区阜成路甲 28 号　邮编：100142

编辑部电话：88191350　发行部电话：88191540

网址：www.esp.com.cn

电子邮件：esp@esp.com.cn

北京天宇星印刷厂印刷

三佳装订厂装订

787×1092　16 开　19 印张　480000 字

2010 年 8 月第 1 版　2010 年 8 月第 1 次印刷

印数：0001—3000 册

ISBN 978-7-5058-9633-8　定价：38.00 元

前　言

金融机构很多产品都属于金融衍生产品，都需要建立衍生品模型，而这些复杂模型都离不开数值计算。目前，金融机构使用量化投资模型的趋势越来越明显，对冲基金、银行及大型投资银行都是量化模型推动者和主要实践者，排名靠前的对冲基金不少依靠量化模型进行决策。

数量投资比较成功的是美国数学教授西蒙斯，西蒙斯 1982 年下海经商，创立文艺复兴科技公司，管理大奖章基金。西蒙斯教授的对冲基金不仅收益率高，而且稳定性好，连续多年在对冲基金行业名列前茅，即使在次贷危机肆虐的 2008 年仍然获得高额回报。笔者认为中国市场的有效性相对美国市场较弱，没有被市场消化的残存信息更多，建立量化投资模型来有效捕捉到这些信息，相信也会获得成功，未来量化模型应该在我国大有用武之地。

量化投资离不开功能强大软件的支持，MATLAB 是国外非常流行的计算软件，不仅计算功能强大，而且提供了很多数据处理与应用平台。MATLAB 和 VC++、VB、Java、Excel VBA、Access、SQL 等都有数据接口相连接，是系统的金融资源整合平台。

近年来，MATLAB 在国内普及速度非常快，甚至有些中学都已经采用 MATLAB 作为数学、物理等课程的辅助教学工具。但遗憾的是，MATLAB 在国内金融业的运用却一直没有得到广泛普及。目前只有部分大学将 MATLAB 作为金融实验课程，而在国外 MATLAB 早已经成为流行的金融工程软件，很多大学金融学都将 MATLAB 作为基础课程。近年来，MATLAB 金融工具箱拓展很快，每年都增加新的金融工程及金融计量模型，金融工具箱越来越完善。通过 MATLAB 学习金融，可以节省时间，起到事半功倍的作用。

笔者认为 MATLAB 应该作为大中专学校金融学核心课程，通过对 MATLAB 金融工具箱的学习，学生可以加深对金融模型的理解，更好地将其与实践结合。本书部分内容源于我为金融机构培训课程。书中所有程序均在 MATLAB 2008b 版本上运行通过，为了方便读者学习，每章例题的 MATLAB 代码都将放到网上，请访问 www.esp.com.cn 点“资源下载”获取。

本书可作为金融研究人员、教师、经济金融工作者参考书，同时也可作为证券公司、基金公司等金融从业人员参考书。

由于水平有限，书中难免存在一些疏漏，恳请读者予以批评指正。笔者博客：http://blog.sina.com.cn/matlabfin，电子邮箱：zhangader@126.com。

张树德 博士

2010 年 3 月 28 日于浦东陆家嘴

目　录

第1章 MATLAB 基本计算

1.1 集合运算

1.1.1 基本运算

1. 集合并集运算

在 MATLAB 中，主要通过 union( )函数实现集合并集运算，其调用方式如下。

- *c*=union(*A*, *B*)：计算 *A*、*B* 的并集，即 $c=A\cup B$。
- *c*=union(*A*, *B*, 'rows')：返回矩阵 *A*、*B* 不同行向量构成的大矩阵。
- [*c*, *ia*, *ib*]=union(*A*,*B*)：*ia*、*ib* 分别表示 *c* 中行向量在原矩阵（向量）中的位置。

【例 1-1】 union( )函数的应用 1。

```
>> A=[1 2 3 4];
>> B=[2 4 5 8];
>> C=union(A,B)
C =
    1  2  3  4  5  8
```

【例 1-2】 union( )函数的应用 2。

```
>> A=[1 2 3 4;1 2 4 6]
A =
    1  2  3  4
    1  2  4  6
>> B=[1 2 3 8;1 1 4 6]
B =
    1  2  3  8
    1  1  4  6
>> [c,ia,ib]=union(A,B,'rows')
c =
    1  1  4  6
    1  2  3  4
    1  2  3  8
```

```
    1  2  4  6
ia =
    1
    2
ib =
    2
    1
```

2．集合交集运算

在 MATLAB 中，主要通过 intersect ( )函数实现集合交集运算，其调用方式如下。

- *c*=intersect(*A*, *B*)：返回向量 *A*、*B* 的公共部分，即 $c=A\cap B$。
- *c*=intersect(*A*, *B*, 'rows')：*A*、*B* 为相同列数的矩阵，返回元素相同的行。
- [*c*, *ia*, *ib*]=intersect(*A*, *B*)：*c* 为 *A*、*B* 的公共元素；*ia* 表示公共元素在 *A* 中的位置；*ib* 表示公共元素在 *B* 中的位置。

【例 1–3】 intersect( )函数的应用 1。

```
>> A=[1 2 3 4;1 2 4 6;6 7 1 4]
A =
    1  2  3  4
    1  2  4  6
    6  7  1  4
>> B=[1 2 3 8;1 1 4 6;6 7 1 4]
B =
    1  2  3  8
    1  1  4  6
    6  7  1  4
>> C=intersect(A,B,'rows')
C =
    6  7  1  4
```

【例 1–4】 intersect( )函数的应用 2。

```
>> A = [1 9 6 20]; B = [1 2 3 4 6 10 20];
>> [c,ia,ib] = intersect(A,B)
c =
    1  6  20
ia =
    1  3  4
ib =
    1  5  7
```

3．集合属于运算

在 MATLAB 中，主要通过 ismember ( )函数实现集合属于运算，其调用方式如下。

- *k*=ismember(*A*, *S*)：当 *A* 中元素属于 *S* 时，*k* 取 1；否则，*k* 取 0。
- *k*=ismember(*A*, *S*, 'rows')：*A*、*S* 有相同列，如果对应行中元素相同时，*k* 取 1；不相同时，*k* 取 0。

【例 1-5】 ismember ( )函数的应用 1。

```
>> A=[1 2 3 4 5 6];
>> S=[0 2 4 6 8 10 12 14 16 18 20];
>> k=ismember(A,S)
k =
    0  1  0  1  0  1
```

1 表示相同元素的位置。

【例 1-6】 ismember ( )函数的应用 2。

```
>> A=[1  2  3  4;1  2  4  6;6  7  1  4]
>> B=[1  2  3  8;1  1  4  6;6  7  1  4]
>> k=ismember(A,B,'rows')
k =
    0
    0
    1
```

1 表示两集合中元素相同的行。

4．集合差运算

在 MATLAB 中，主要通过 setdiff( )函数实现集合差运算，其调用方式如下。

- *c*=setdiff(*A*, *B*)：返回 *A* 中属于 *A* 但不属于 *B* 的元素的集合，即 *c*=*A*−*B*。
- *c*=setdiff(*A*, *B*, 'rows')：返回属于 *A* 但不属于 *B* 的不同行。
- [*c*, *i*]=setdiff(*A*, *B*)：*i* 表示属于 *A* 但不属于 *B* 的元素的位置。

【例 1-7】 setdiff ( )函数的应用 1。

```
>> A = [1  7  9  6  20]; B = [1  2  3  4  6  10  20];
>> c=setdiff(A,B)
c =
    7  9
```

【例 1-8】 setdiff ( )函数的应用 2。

```
>> A=[1  2  3  4;1  2  4  6;6  7  1  4]
>> B=[1  2  3  8;1  1  4  6;6  7  1  4]
```

```
>> c=setdiff(A,B,'rows')
c =
    1  2  3  4
    1  2  4  6
```

5. 集合交集的非（异或）运算

在 MATLAB 中，主要通过 setxor( )函数实现集合交集的非（异或）运算，其调用方式如下。

- *c*=setxor(*A*, *B*)：返回集合 *A*、*B* 交集的非。
- *c*=setxor(*A*, *B*, 'rows')：返回矩阵 *A*、*B* 交集的非，*A*、*B* 有相同列数。
- [*c*, *ia*, *ib*]=setxor(…)：*ia*、*ib* 表示 *c* 中元素分别在 *A*、*B* 中的位置。

【例 1-9】 setxor( )函数的应用 1。

```
>> A=[1 2 3 4];
>> B=[2 4 5 8];
>> C=setxor(A,B)
C =
    1  3  5  8
```

【例 1-10】 setxor( )函数的应用 2。

```
>> A=[1 2 3 4;1 2 4 6;6 7 1 4]
A =
    1  2  3  4
    1  2  4  6
    6  7  1  4
>> B=[1 2 3 8;1 1 4 6;6 7 1 4]
B =
    1  2  3  8
    1  1  4  6
    6  7  1  4
>> [C,ia,ib]=setxor(A,B,'rows')
C =
    1  1  4  6
    1  2  3  4
    1  2  3  8
    1  2  4  6
ia =
    1
    2
ib =
```

```
    2
    1
```

6．取集合单值元素

在 MATLAB 中，主要通过 unique( )函数实现取集合单值元素，其调用方式如下。

- *b*=unique(*A*)：取集合 *A* 的不重复元素构成的向量。
- *b*=unique(*A*, *B*, 'rows')：返回 *A*、*B* 不同行元素组成的矩阵。
- [*b*, *i*, *j*]=unique (…)：*i*、*j* 表示 *b* 中元素在原向量（矩阵）中的位置。

【例 1–11】 unique ( )函数的应用 1。

```
>> A=[1 1 2 2 4 4 6 4 6]
A =
    1  1  2  2  4  4  6  4  6
>> [b,i,j]=unique(A)
b =
    1  2  4  6
i =
    2  4  8  9
j =
    1  1  2  2  3  3  4  3  4
```

【例 1–12】 unique ( )函数的应用 2。

```
>> A=[1 2 2 4;1 1 4 6;1 1 4 6]
A =
    1  2  2  4
    1  1  4  6
    1  1  4  6
>> [b,i,j]=unique(A,'rows')
b =
    1  1  4  6
    1  2  2  4
i =
    3
    1
j =
    2
    1
    1
```

1.1.2 矩阵逻辑运算

设矩阵 A 和 B 同为 $m \times n$ 矩阵，或其中之一为标量。在 MATLAB 中，可以定义如下逻辑运算。

（1）与运算，其调用方式如下。

$A\&B$ 或 and(A, B)：A 与 B 对应元素进行与运算，若两个数均非 0，则结果为 1；否则为 0。

（2）或运算，其调用方式如下。

$A|B$ 或 or(A, B)：A 与 B 对应元素进行或运算，若两个数均为 0，则结果为 0；否则为 1。

（3）非运算，其调用方式如下。

~A 或 not(A)：对 A 中的元素进行非运算，若 A 的元素为 0，则结果为 1；否则为 0。

（4）异或运算，其调用方式如下。

xor(A, B)：A 与 B 对应元素进行异或运算，若两个数不同的时候，则结果为 1；否则为 0。

【例 1-13】 矩阵的逻辑运算。

```
>> A=[0 2 3 4;1 3 5 0],B=[1 0 5 3;1 5 0 5]
A =
    0  2  3  4
    1  3  5  0
B =
    1  0  5  3
    1  5  0  5
>> C1=A&B,C2=A|B,C3=~A,C4=xor(A,B)
C1 =
    0  0  1  1
    1  1  0  0
C2 =
    1  1  1  1
    1  1  1  1
C3 =
    1  0  0  0
    0  0  0  1
C4 =
    1  1  0  0
    0  0  1  1
```

1.2　范　　数

1.2.1　向量范数

对于向量 $x \in R^n$，其范数的定义如下。

（1）非负性：对于 $x \neq 0$ 时，有 $\|x\| > 0$；当且仅当 $x=0$ 时，有 $\|x\| = 0$。

（2）齐次性：对于常数 c，有 $\|cx\| = |c| * \|x\|$。

（3）距离不等式：对于任意两个向量 x、y，有 $\|x+y\| \leqslant \|x\| + \|y\|$。

符合上面 3 个条件的范数很多，下面是一个欧几里德范数的定义，对于任意一个向量 x，x 中的第 i 个元素记为 x_i。

$$\|x\| = \sqrt{(x_1^2 + x_2^2 + x_3^2 + \ldots + x_n^2)}$$

可以验证，欧几里德范数满足范数的 3 个条件。欧几里德范数是二阶范数，记为 L_2 范数。一般地，定义 P 阶范数 L_P 的格式为：

$$\|x\|_p = \left(\sum_{i=1}^{n} |x_i|^p \right)^{\frac{1}{p}}$$

特别地，定义无穷阶范数 L_∞ 的格式为：

$$\|x\|_\infty = \max |x_i|$$

在 MATLAB 中，有专门计算范数的函数 norm，下面用一个例子说明其使用方法。

【例 1-14】 已知向量 x=[2　4　–1　3]，求 x 的 L_1、L_2 和 L_∞ 范数。

```
>> x=[2 4 -1 3]
x =
    2  4  -1  3
>> norm(x,1)            %计算x的L1 范数
ans =
        10
>> norm(x,2)            %计算x的L2 范数
ans =
        5.4772
>> norm(x,inf)          %计算x的L∞范数
ans =
        4
```

1.2.2 矩阵范数

对于矩阵 $A \in R^{n\times n}$，其范数的定义如下。

（1）非负性：对于 $A\neq 0$ 时，有 $\|A\|>0$；当且仅当 A=0 时，有 $\|A\|=0$。

（2）齐次性：对于常数 c，有 $\|cA\|=|c|*\|A\|$。

（3）距离不等式：对于任意两个矩阵 A 和 B，有 $\|A+B\|\leqslant\|A\|+\|B\|$。

有时需要添加以下两个约束条件。

- $\|AB\|\leqslant\|A\|*\|B\|$。
- 对于任意向量 x，有 $\|Ax\|\leqslant\|A\|*\|x\|$。

对于矩阵 A，第 i 行第 j 列的元素表示为 $a_{i,j}$，其范数的定义如下。

- L_∞范数：$\|A\|_\infty=\max|a_{i,j}|$。
- L_1 范数：$\|A\|_1=\max\limits_{j}\sum\limits_{i=1}^{n}|a_{i,j}|$。
- L_F 范数（又称 Frobenius 范数）：$\|A\|_F=\sqrt{\sum\limits_{i,j}^{n}(a_{i,j})^2}$。
- L_2 范数（又称谱范数，Spectral Norm）：$\|A\|_2=\sqrt{\rho(A'A)}$，$\rho(A'A)$ 表示矩阵 $A'A$ 的最大特征值绝对值，其形式如下。

$$\rho(A'A)=\max(|\lambda_k|,k=1,2,3,\dots,n)$$

【例 1-15】已知矩阵 A=[2,4,−1;3,1,5;−2,3,−1]，求 A 的 L_1、L_2、L_F和 L_∞范数。

```
>> A=[2,4,-1;3,1,5;-2,3,-1]
A =
    2  4  -1
    3  1  5
   -2  3  -1
>> norm(A,1)       %计算矩阵A的 L1 范数
ans =
     8
>> norm(A,2)       %计算矩阵A的 L2 范数
ans =
    6.1615
>> norm(A,inf)      %计算矩阵A的L∞ 范数
ans =
    9
>> norm(A,'fro')     %计算矩阵A的LF范数
ans =
       8.3666
```

1.3 矩 阵 分 解

1.3.1 矩阵 LU 分解

LU 分解是将矩阵 A 分解为两个三角形矩阵 L 与 U 的乘积，即 $A=LU$。其中，L 为一个下三角矩阵（主对角线上元素全部为 1 的下三角矩阵），U 为一个上三角矩阵。这样线性方程组 $Ax=b$ 的求解过程就转化为 $LY=b$ 与 $Ux=Y$ 两个三角形方程组的求解过程。先由方程 $LY=b$ 求出 Y，然后由方程 $Ux=Y$ 求出 x。

$$L=\begin{bmatrix} 1 & 0 & \dots & 0 \\ l_{21} & 1 & \dots & 0 \\ \dots & \dots & \dots & \dots \\ l_{n1} & l_{n2} & \dots & 1 \end{bmatrix} \qquad U=\begin{bmatrix} u_{11} & u_{12} & \dots & u_{1n} \\ 0 & u_{22} & \dots & u_{2n} \\ \dots & \dots & \dots & \dots \\ 0 & 0 & \dots & u_{nn} \end{bmatrix}$$

$A=LU$ 为矩阵 A 的一个 LU 分解，这时线性方程组 $Ax=b$ 转化为 $LUx=b$。

1.3.2 正定矩阵 Cholesky 分解

假设矩阵 A 是实对称矩阵，对于任何非零向量 x，有 $x^TAx>0$，则称矩阵 A 是正定矩阵。正定矩阵具有以下性质。

性质 1：正定矩阵是非奇异矩阵。

性质 2：正定矩阵的任一阶主子矩阵也是正定矩阵。

性质 3：正定矩阵的特征值大于 0。

性质 4：正定矩阵的行列式大于 0。

假设矩阵 A 是正定矩阵，则存在唯一的主对角线元素为正数的下三角矩阵 L，使得 $A=LL^T$。$A=LL^T$ 通常被称为 Cholesky 分解，利用 Cholesky 分解，可以求解系数为正定矩阵线性方程组 $Ax=b$，该方法被称为平方法，其求解步骤如下。

（1）设矩阵 A 为正定矩阵，则有 $A=LL^T$，即：

$$\begin{bmatrix} a_{11} & a_{12} & \dots & a_{1n} \\ a_{21} & a_{22} & \dots & a_{2n} \\ a_{31} & a_{32} & \dots & a_{3n} \\ \dots & \dots & \dots & \dots \\ a_{n1} & a_{n2} & \dots & a_{nn} \end{bmatrix} = \begin{bmatrix} l_{11} & 0 & \dots & 0 \\ l_{21} & l_{22} & \dots & 0 \\ l_{31} & l_{32} & \dots & 0 \\ \dots & \dots & \dots & \dots \\ l_{n1} & l_{n2} & \dots & l_{nn} \end{bmatrix} \times \begin{bmatrix} l_{11} & l_{21} & \dots & l_{n1} \\ 0 & l_{22} & \dots & l_{n2} \\ 0 & 0 & \dots & l_{n3} \\ \dots & \dots & \dots & \dots \\ 0 & 0 & \dots & l_{nn} \end{bmatrix}$$

（2）根据矩阵的乘法，得到关于矩阵 L 的线性方程组。对于 $j=1, 2, 3, \cdots, n$，有：

$$l_{jj}=\left(a_{jj}-\sum_{k=1}^{j-1}l_{jk}^2\right)^{1/2}$$

$$l_{ij}=\left(a_{ij}-\sum_{k=1}^{j-1}l_{ik}l_{jk}\right)\Bigg/l_{jj}$$

其中，i=j+1, j+2, j+3⋯n，于是线性方程组 $Ax=b$ 等价于下面两个三角形方程组。

$$\begin{cases}LY=b\\L^TX=Y\end{cases}$$

（3）根据 $LY=b$ 求解 Y，然后根据 $L^TX=Y$ 求解 X，求解公式为：

$$y_i=\left(b_i-\sum_{k=1}^{j-1}l_{ik}y_k\right)\Bigg/l_{ii}$$

$$x_i=\left(y_i-\sum_{k=i+1}^{n}l_{ik}x_k\right)\Bigg/l_{ii}$$

在 MATLAB 中 Cholesky 分解的命令是 chol。

【例 1-16】 计算矩阵 A 的 Cholesky 分解过程。

$$A=\begin{pmatrix}16&4&8\\4&5&-4\\8&-4&22\end{pmatrix}$$

```
>> A=[16 4 8;4 5 -4;8 -4 22]
A =
    16  4  8
    4  5  -4
    8  -4  22
>> L=chol(A)
L =
    4  1  2
    0  2  -3
    0  0  3
```

1.4 非线性方程的数值解法

1. 不动点迭代法

假设非线性方程 $f(x)$，要求解的方程是 $f(x)=0$，为方便起见需要转换为其等价形式：$x=\varphi(x)$。其中，φ 是连续函数，利用 $x=\varphi(x)$可以构造迭代公式：$x_{n+1}=\varphi(x_n)$。

φ 称为迭代函数，如果序列 x_n 收敛，即 $\lim\limits_{n\to\infty} x_{\mathrm{n}}=x^*$，则有 $x^*=\varphi(x^*)$， x^*是 $\varphi(x)$的一个不动点，这种求解方法称为不动点迭代法。

2．牛顿迭代法

牛顿迭代法是求解非线性方程 $f(x)=0$ 的一种重要迭代方法。假设对 $f(x)$进行 Taylor 展开，则有：

$$f(x)=f(x_k)+f'(x_k)(x-x_k)+o(x-x_k)$$

考虑到 $f(x)=0$ 时：

$$f(x_k)+f'(x_k)(x-x_k)\approx 0$$

这是一个线性方程，若假设 x_{k+1} 是方程的新根，有：

$$x_{k+1}\approx x_k-\frac{f(x_k)}{f'(x_k)}$$

牛顿迭代法具有明显的几何意义，图 1-1 所示是 $y=f(x)$迭代示意图。方程 $f(x)=0$ 的根 x^* 在几何上表示曲线 $y=f(x)$与 x 轴交点的横坐标，对于 x^*近似值 x_k 在曲线 $y=f(x)$上找到坐标为$(x_k, f(x_k))$的点 P_k，过该点引曲线 $y=f(x)$的切线 $y-f(x_k)=f'(x_k)(x-x_k)$，这时切线与 x 轴交点的横坐标正好是 $x_k-\dfrac{f(x_k)}{f'(x_k)}$，这就是牛顿迭代公式的结果。

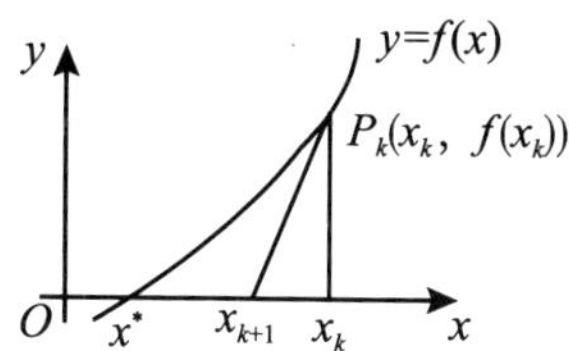

图 1-1　$y=f(x)$迭代法示意图

牛顿迭代法收敛的充分条件是：方程 $f(x)$在区间$[a, b]$内有根，而且其一阶导数连续。

【例 1-17】 使用牛顿迭代法求解方程 $x^3-x-1=0$，计算的精度为 4 位有效数字。

构造的迭代公式为：

$$x_{n+1}=x_n-\frac{x_n^3-x_n-1}{3x_n^2-1}$$

```
>> %文件名：DemoNewton.m
x0=1.5;
x1=1;
```

```
error=0.0001;
while abs(x1-x0)>=error
x0=x1;
x1=x0-(x0^3-x0-1)/(3*x0^2-1);
end
x1
x1 =
     1.3247
```

3．割弦法

牛顿迭代法对于初始值要求较高，而且需要计算导数，对于比较复杂的函数，实际计算中用函数$\frac{f(x_k)-f(x_{k-1})}{x_k-x_{k-1}}$代替导数，这时牛顿迭代法表示为：

$$x_{k+1}=x_k-\frac{f(x_k)}{f(x_k)-f(x_{k-1})}(x_k-x_{k-1})$$

上述方法称为割弦法。

4．Aitken 加速迭代法

有时线性迭代速度比较慢，这时可以考虑 Aitken 加速迭代法。假设$\{x_n\}$线性收敛到x^*，记$e_k=x_k-x^*$，再假设$e_{k+1}=c_ke_k$，且$c_k\to c$，$|c|<1$，可以认为$\{e_n\}$近似于一个几何序列，即：

$$x_{k+1}-x^*\approx c(x_k-x^*)$$

$$x_{k+2}-x^*\approx c(x_{k+1}-x^*)$$

以上两个式子相减，可以消去c，解得：

$$x^*\approx\frac{x_kx_{k+2}-x_{k+1}^2}{x_{k+2}-2x_{k+1}+x_k}$$

这样可以获得一个由x_k、x_{k+1}、x_{k+2}确定的新近似值，只要k充分大，就可以更好地近似于x^*。根据这个原理，通过公式：

$$\hat{x}_k=x_k-\frac{(x_{k+1}-x_k)^2}{x_{k+2}-2x_{k+1}+x_k}$$

产生的新序列可以更快地接近x^*，这种加速方法称为 Aitken 加速迭代法。

当迭代过程收敛很慢时，可以考虑用 Aitken 方法加速，Aitken 算法用于迭代的步骤如下。

（1）迭代：$y_k=g(x_k)$。

（2）迭代：$z_k=g(y_k)$。

（3）Aitken 加速：$x_{k+1}=z_k-\dfrac{(z_k-y_k)^2}{z_k-2y_k+x_k}$，回到第（1）步。

【例 1-18】 用迭代法求解方程 $f(x)=x-2^{-x}=0$ 在区间[0,1]内的根，停止迭代的条件为：

$$|x_{k+1}-x_k|<10^{-4}$$

首先选取初值 $x_0=0.5$，分别利用简单迭代法、牛顿迭代法、Aitken 法，求方程的根。
简单迭代法迭代公式：

$$x_{k+1}=2^{-x_k}$$

牛顿迭代法迭代公式：

$$x_{k+1}=x_k-\frac{x_k-2^{-x_k}}{1+(\ln 2)\times 2^{-x_k}}$$

Aitken 法迭代公式：

$$y_k=2^{-x_k}$$

$$z_k=2^{-y_k}$$

$$x_{k+1}=x_k-\frac{(y_k-x_k)^2}{z_k-2y_k+x_k}$$

在 MATLAB 中，编写上述 3 种方法的程序如下。

```
%文件名：Demo3.m
error=0.0001;
%简单迭代法
disp('简单迭代法')
x0=0.5
x1=1;
while abs(x1-x0)>=error
 x1=x0;
 x0=2^(-x0)
end
%牛顿迭代法
disp('牛顿迭代法')
x0=0.5
x1=1;
while abs(x1-x0)>=error
 x1=x0;
 x0=x0-(x0-2^(-x0))/[1+2^(-x0)*log(2)]
end
% Aitken 算法
```

```
disp('Aitken 算法')
x0=0.5
x1=1;
while abs(x1-x0)>=error
 x1=x0;
 y1=2^(-x0)
 z1=2^(-y1)
 x0=x0-(y1-x0)^2/(z1-2*y1+x0)
end
```

3 种方法的计算结果，分别如表 1-1、表 1-2 和表 1-3 所示。

表 1-1　　简单迭代法结果

k	x_k	k	x_k	k	x_k
0	0.5000	4	0.6355	8	0.6410
1	0.7071	5	0.6437	9	0.6413
2	0.6125	6	0.6401	10	0.6411
3	0.6540	7	0.6417	11	0.6412

表 1-2　　牛顿迭代法结果

k	x_k
0	0.5000
1	0.6390
2	0.6412
3	0.6412

表 1-3　　Aitken 迭代法结果

k	x_k	y_k	z_k
0	0.5000	0.7071	0.6125
1	0.6422	0.6407	0.6414
2	0.6412	0.6412	0.6412
3	0.6412	—	—

由表 1-1、表 1-2 和表 1-3 可以看出，Aitken 迭代法没有用到导数，但是迭代速度和牛顿迭代法一样。

1.5　约束最优化

1.5.1　基础知识

假设 n 元实值函数 $f(x)=f(x_1, x_2, x_3, \cdots, x_n)$ 在点 $x=(x_1, x_2, x_3, \cdots, x_n)$ 处的一阶偏导数构成的向量称为梯度，记为 $\nabla_x f(x)$ 或者 $\nabla f(x)$，即：

$$\nabla f(x)=\left(\frac{\partial f}{\partial x_1},\frac{\partial f}{\partial x_2},\frac{\partial f}{\partial x_3},\ldots,\frac{\partial f}{\partial x_n}\right)$$

在 MATLAB 中，计算梯度的函数是 gradient。

【例 1-19】 计算函数 $z=x\exp(-x^2-y^2)$ 的梯度。

```
% gradientF
v = -2:0.2:2;
[x,y] = meshgrid(v);                %以 v 为模板生成矩阵 X 与 Y
z = x .* exp(-x.^2 - y.^2);
[px,py] = gradient(z,.2,.2); %计算梯度，X 与 Y 的间隔均为 0.2
contour(v,v,z),                     %画出等高线图
hold on,
quiver(v,v,px,py),                  %画出向量场图
hold off
```

如图 1-2 所示是函数 z 的二维向量场图。

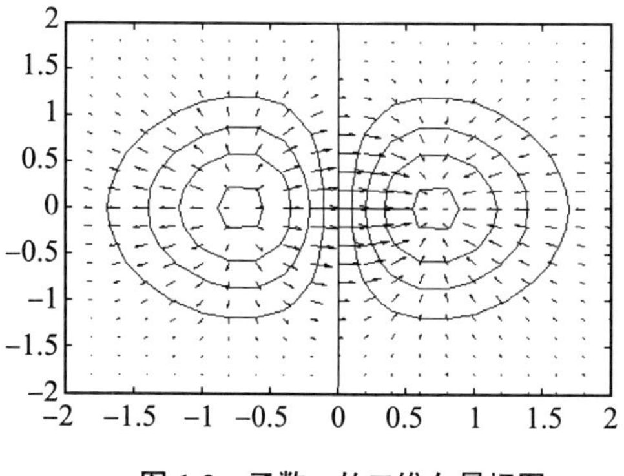

图 1-2　函数 z 的二维向量场图

海塞矩阵是指其二阶偏导数构成的矩阵。函数 $f(x)$ 海塞矩阵简记为 $\nabla_x^2 f(x)$，其形式为：

$$\nabla^2 f(x)=\begin{pmatrix} \frac{\partial^2 f}{\partial x_1^2} & \frac{\partial^2 f}{\partial x_1 \partial x_2} & \cdots & \frac{\partial^2 f}{\partial x_1 \partial x_n} \\ \frac{\partial^2 f}{\partial x_2 \partial x_1} & \frac{\partial^2 f}{\partial x_2^2} & \cdots & \frac{\partial^2 f}{\partial x_2 \partial x_n} \\ \vdots & \vdots & \ddots & \vdots \\ \frac{\partial^2 f}{\partial x_n \partial x_1} & \frac{\partial^2 f}{\partial x_n \partial x_2} & \cdots & \frac{\partial^2 f}{\partial x_n^2} \end{pmatrix}$$

对于一般非线性组合，通常用以下两种方式在 x_0 处进行泰勒展开。

一阶的展开方式：

$$f(x)=f(x_0)+\nabla f(x)^T(x-x_0)+o\left(\|x-x_0\|\right)$$

二阶的展开方式：

$$f(x)=f(x_0)+\nabla f(x)^T(x-x_0)+\frac{1}{2}(x-x_0)^T\nabla^2 f(x)(x-x_0)+o\left(\|x-x_0\|^2\right)$$

假设 $f(x)$是定义在 n 维欧式空间上凸集 D 的函数，如果对于凸集 D 中任意两点 x_1、x_2，以及实数 α（$0<\alpha<1$），有：

$$f(\alpha x_1+(1-\alpha)x_2)\leqslant \alpha f(x_1)+(1-\alpha)f(x_2)$$

这时称 $f(x)$是定义在 D 上的凸函数。如果 $x_1\neq x_2$ 时，有严格小于号成立，则称 $f(x)$是定义在 D 上的严格凸函数。

关于凸函数有以下三条性质。

性质 1：凸函数的线性组合是凸函数。

性质 2：$f(x)$是定义在 n 维欧式空间中凸集 D 上的函数，则其为凸函数的充要条件是，对于 D 中的任意两点 $x_1\neq x_2$，有下面关系式成立。

$$f(x_2)-f(x_1)\geqslant \nabla f(x_1)^T(x_2-x_1)$$

性质 3：$f(x)$是定义在 n 维欧式空间中凸集 D 上的函数，且二阶偏导数连续，则其为凸函数的充要条件是，$f(x)$的海塞矩阵 $\nabla^2 f$ 在 D 上处处半正定。

1.5.2　约束优化问题的 Kuhn–Tucker 条件

设 $f(x)$是定义在 n 维欧式空间中的区域 D 上的实值函数，对于某个点 x^*，如果存在某个 δ，使得 D 中所有满足 $\|x-x^*\|\leqslant\delta$ 的点有 $f(x)\leqslant f(x^*)$ 或 $f(x)\geqslant f(x^*)$，称 x^*为 $f(x)$在 D 上局部极大值或极小值；如果对于 D 中所有的点有 $f(x)\leqslant f(x^*)$ 或 $f(x)\geqslant f(x^*)$，则称 x^*为 $f(x)$在 D 上全局极大值或极小值。

优化问题通常为计算全局极小值问题，其目标函数与约束函数形式为：

$$\min f(x) \tag{1-1}$$

$$\text{s.t.}\quad g_i(x)\geqslant 0 \qquad (i=1, 2, 3, \cdots, L)$$

$$h_j(x)=0 \qquad (j=1, 2, 3, \cdots, M)$$

其中，$f(x)$为目标函数，g_i、h_j为约束条件。如果$f(x)$、g_i、h_j是线性的，则称为线性规划；如果是二次型，则称为二次规划；如果是非线性的，则称为非线性规划。在约束条件中，等号约束称为紧约束，不等号约束则称为松约束。

假设在式（1-1）中所有函数一阶连续可微，x^*是其可行解，并且不等式关于x^*紧约束指标集为I^*，即$I^*=\{j\,|\,h_j(x^*)=0, j\in(1, 2, 3, \cdots, M)\}$，这在一定条件下可以证明，$I^*$中$x^*$是局部极小值的必要条件是存在$\lambda_i$、$\mu_j$，满足：

$$\nabla f(x^*)-\sum_{i=1}^{L}\lambda_i\nabla g_i(x^*)-\sum_{j=1}^{M}\mu_j\nabla h_j(x^*)=0$$

$$\mu_j h_j(x^*)=0,\ \lambda_j\geqslant 0$$

上式称为 Kuhn-Tucker 条件。

1.6　罚函数法求解非线性规划

1.6.1　罚函数法原理

考虑一般形式下最优化问题。

$$\min f(x)$$

$$\text{s.t.}\quad g_i(x)\geqslant 0 \qquad (i=1, 2, 3, \cdots, L)$$

$$h_j(x)=0 \qquad (j=1, 2, 3, \cdots, M)$$

本节所介绍的方法就是根据约束特点，构造出某种“惩罚项”，然后将它加到目标函数，使得约束问题可解。这种“惩罚”策略就是对于无约束问题中不满足约束条件的那些点给予很大的目标值，迫使这一系列无约束问题的极小值不断地向可行集转移，直到最后收敛为止。罚函数法包括外部惩罚函数法、内部惩罚函数法和乘子法三种形式，下面对它们进行简单地介绍。

- 外部惩罚函数法是对于外翻约束条件的点加入相应的惩罚，而对于满足约束条件的点不予惩罚，此法的迭代点在可行集的外部。
- 内部惩罚函数法是对于从内部穿越至可行域边界上的点在目标函数中加入相应的障碍，距离边界越近，障碍越大，在边界上的障碍值无穷大，从而保证其一直在可行集的内部移动。
- 乘子法是在拉格朗日乘子中加入惩罚项。

1.6.2 外部惩罚函数法

对于等式约束问题：

$$\min f(x) \tag{1-2}$$

$$\text{s.t.} \quad h_j(x)=0$$

定义辅助函数为：

$$F(x,\sigma)=f(x)+\sigma\sum_{j=1}^{l}h_j^2(x) \tag{1-3}$$

σ 是一个很大的正数，这样可以求解无约束条件问题：

$$\min_x F(x,\sigma) \tag{1-4}$$

得到最优解 x^*，而且满足 $h_j(x)=0$，显然 x^*也是非线性规划式（1-2）的解。

【例 1–20】 $f(x)=(x_1-1)^2+x_2^2$，求解以下非线性约束的解。

$$\min_x f(x)$$

$$\text{s.t.} \quad x_2 \geqslant 1$$

首先构造罚函数 $F(x)$：

$$F(x)=(x_1-1)^2+x_2^2+\sigma(\max\{0,-(x_2-1)\})^2$$

$$=\begin{cases}(x_1-1)^2+x_2^2 & x_2\geqslant 1\\(x_1-1)^2+x_2^2+\sigma(x_2-1)^2 & x_2<1\end{cases}$$

用解析法求 $\min F(x,\sigma)$，有：

$$\frac{\partial F}{\partial x_1}=2(x_1-1)$$

$$\frac{\partial F}{\partial x_2}=\begin{cases}2x_2 & x_2\geqslant 1\\2x_2+2\sigma(x_2-1) & x_2<1\end{cases}$$

当 $x_2<0$ 时，令 $\frac{\partial F}{\partial x_1}=0$ 且 $\frac{\partial F}{\partial x_2}=0$，有：

$$x_\sigma^*=\begin{pmatrix}1\\ \dfrac{\sigma}{1+\sigma}\end{pmatrix}$$

当 $\sigma\to\infty$ 时：

$$x_\sigma^* \to x^* = \begin{pmatrix} 1 \\ 1 \end{pmatrix}$$

x^*为非线性规划的最优解。

在实际应用中，选择惩罚因子 σ 非常重要，一般采取一个趋向无穷大的数列，逐个求解。

1.6.3　内部惩罚函数法

内部惩罚函数法总是从可行域内点出发，并保持在可行域内部进行搜索，因此该方法适用于不等式约束：

$$\min f(x)$$
$$\text{s.t.}\quad g_i(x)\geqslant 0$$

现将可行域 D 定义为：

$$D=\{x|\ g_i(x)\geqslant 0\}$$

保持迭代点在 D 的内部，定义障碍函数：

$$G(x, r)=f(x)+rB(x)$$

其中，$B(x)$是连续函数，当点 x 趋向于边界时，$B(x)$趋向于$+\infty$。一般 $B(x)$最重要的两种形式为：

$$B(x)=\sum_{i=1}\frac{1}{g_i(x)}$$

$$B(x)=-\sum_{i=1}\log g_i(x)$$

当 r 为很小的正数且 x 趋向于边界时，$G(x, r)$趋向于$+\infty$；否则由于 r 很小，则有 $G(x, r)\approx f(x)$，因此可以求解问题：

$$\min G(x, r)$$
$$\text{s.t.}\quad x\in \text{int}D$$

其中，符号 int$D$ 表示区域 D 内部，这样约束条件问题就变成了无约束条件问题。

【例 1-21】 $f(x)=\frac{1}{12}(x_1+1)^3+x_2$，用内点法计算下列约束条件下的最优解。

$$\min_x f(x)$$

$$\text{s.t.}\quad x_1-1\geqslant 0 \qquad x_2\geqslant 0$$

定义障碍函数：

$$G(x,r)=\frac{1}{12}(x_1+1)^3+x_2+r\left(\frac{1}{x_1-1}+\frac{1}{x_2}\right)$$

如果令：

$$\frac{\partial G}{\partial x_1}=\frac{1}{4}(x_1+1)^2-\frac{r_k}{(x_1-1)^2}=0$$

$$\frac{\partial G}{\partial x_2}=1-\frac{r_k}{x_2^2}=0$$

解得：

$$x^*=\begin{pmatrix}\sqrt{1+2\sqrt{r_k}}\\ \sqrt{r_k}\end{pmatrix}$$

当 $r_k\to 0$ 时，$x^*=\begin{pmatrix}1\\0\end{pmatrix}$，这样 x^*即为最优解。

1.6.4　等号约束的乘子法

考虑约束问题：

$$\min f(x) \tag{1-5}$$

$$\text{s.t.}\quad h_j(x)=0$$

其中，$h_j(x)$是二次连续可微函数。

首先定义增广拉格朗日函数（乘子罚函数）：

$$\varphi(x,\mu,\sigma)=f(x)-\sum_{j=1}\mu_j h_j(x)+\frac{\sigma}{2}\sum_j h_j^2(x)$$

$$=f(x)-\mu^T h(x)+\frac{\sigma}{2}h(x)^T h(x)$$

其中，$\mu=(\mu_1,\ \mu_2,\ \mu_3,\cdots,\mu_M)$，$h=(h_1,\ h_2,\ h_3,\cdots,h_M)$，$\sigma>0$。

$\varphi(x,\mu,\sigma)$与拉格朗日函数的区别在于增加了惩罚项 $\sigma h(x)^T h(x)/2$。对于 $\varphi(x,\mu,\sigma)$，只要惩罚因子 σ 足够大，就可以通过极小化 $\varphi(x,\mu,\sigma)$得到局部最优解。

如果 x^*为式（1-5）的局部最优解，μ^*为相应的拉格朗日乘子，且对于每个满足 $d^T\nabla h_j(x^*)=0$ 的非零向量 d，以下二阶条件均成立。

$$d^T\nabla_x^2 L(x^*,\mu^*)d>0$$

而且存在 $\sigma_0>0$，使得对于所有 $\sigma>\sigma_0$，x^*是 $\varphi(x,\mu,\sigma)$的严格局部最小点。反之，如果存在 $\bar{x}$，满足 $h_j(\bar{x})=0$（$j=1,2,3,\cdots,M$），且对于某个 $\bar{\mu}$，$\bar{x}$ 为 $\varphi(x,\mu,\sigma)$上的无约束极小值点，满足二阶充分条件，则 $\bar{x}$ 是式（1-5）的严格局部最优解。

根据上面的结论，如果知道最优乘子 μ^*，那么只要取充分大的惩罚因子 σ，不需要其趋于无穷大，就可以通过极小化 $\varphi(x,\mu,\sigma)$求出式（1-5）的解。但是，最优乘子 μ^*事先并不知道，因此需要确定 μ^*与 σ。一般方法是给定充分大的 σ_0 与 μ_0，然后在迭代过程中修正。

设在第 k 次迭代中，拉格朗日乘子向量估计为 $\mu^{(k)}$，惩罚因子为 σ，得到 $\varphi(x,\ \mu^{(k)},\sigma)$极小值 $x^{(k)}$，这时满足如下条件。

$$\nabla_x\phi(x^{(k)},\mu^{(k)},\sigma)=\nabla f(x^{(k)})-\sum_j(\mu_j^{(k)}-\sigma h_j(x^{(k)}))\nabla h_j(x^{(k)})=0 \tag{1-6}$$

而在 $\nabla h_1(x^{(k)}),\nabla h_2(x^{(k)})\ \cdots\ \nabla h_M(x^{(k)})$ 线性无关条件下，如果 $x^{(k)}$ 为式（1-5）的最优解，则：

$$\nabla f(x^{(k)})-\sum_j\mu_j^*\nabla h_j(x^{(k)})=0 \tag{1-7}$$

比较式（1-6）、式（1-7）有：

$$\mu_j^*=\mu_j^{(k)}-\sigma h_j(x^{(k)}) \tag{1-8}$$

一般来讲，$x^{(k)}$并非最优解，所以式（1-8）并不成立，但是经过修正如下迭代公式。

$$\mu_j^{(k+1)}=\mu_j^{(k)}-\sigma h_j(x^{(k)})$$

$\mu^{(k)}\to\mu^*$，$x^{(k)}\to x^*$，如果 $x^{(k)}$ 收敛太慢，可以增加 σ 的值。收敛速度用 $\dfrac{\|h(x^{(k)})\|}{\|h(x^{k-1})\|}$ 来衡量。

乘子法计算步骤如下。

（1）给定初始点 $x^{(0)}$，乘子向量初始值 $\mu^{(1)}$，参数 σ，允许误差 $\varepsilon>0$，常数。

（2）以 $x^{(k-1)}$为初始点，求解无约束方程 $\min\varphi(x,\ \mu^{(k)},\sigma)$，解出 $x^{(k)}$。

（3）如果 $\|h(x^{(k)})\|<\varepsilon$，停止迭代，转入下一步。

（4）如果 $\dfrac{\|h(x^{(k)})\|}{\|h(x^{(k-1)})\|}\geqslant\beta$，令 $\sigma=\alpha\sigma$，转入下一步。

（5）用 $\mu_j^{(k+1)}=\mu_j^{(k)}-\sigma h_j(x^{(k)})$，计算 $\mu^{(k+1)}$的值。

【例 1-22】 已知 $f(x)=2x_1^2+x_2^2-2x_1x_2$，求解下面约束条件下的最优解。

$$\min_x f(x)$$

$$\text{s.t.}\qquad h(x)=x_1+x_2-1=0$$

首先构造增广拉格朗日函数：

$$\varphi(x,\mu,\sigma)=2x_1^2+x_2^2-2x_1x_2-\mu(x_1+x_2-1)+\frac{\sigma}{2}(x_1+x_2-1)^2$$

取 $\sigma=2$，$\mu^{(1)}=1$，用解析法解 $\min\varphi(x,1,2)$，得到极小值。

$$x^{(1)}=\begin{pmatrix}\frac{1}{2}\\ \frac{3}{4}\end{pmatrix}$$

修正 μ，有 $\mu^{(2)}=\mu^{(1)}-\sigma h(x^{(1)})=1-2\times\frac{1}{4}=\frac{1}{2}$，再解 $\min\varphi(x,\frac{1}{2},2)$，得 $x^{(2)}$，在第 k 步迭代式有 $\min\varphi(x^{(k)},\mu^k,2)$，且满足：

$$\begin{pmatrix}x_1^{(k)}\\ x_2^{(k)}\end{pmatrix}=\begin{pmatrix}\frac{1}{6}(\mu^{(k)}+2)\\ \frac{1}{4}(\mu^{(k)}+2)\end{pmatrix}$$

$$\mu^{(k+1)}=\frac{1}{6}\mu^{(k)}+\frac{1}{3}$$

可以明显地看出，当 $k\to\infty$、$\mu^{(k)}\to\frac{2}{5}$、$x^{(k)}\to\begin{pmatrix}\frac{2}{5}\\ \frac{3}{5}\end{pmatrix}$时，即为非线性规划最优乘子与最优解。

MATLAB 程序如下。

```
% 文件名 con_Min.m
syms x1 x2 miu sigma
% 目标函数：f(x1,x2)=2*x1^2+x2^2-2*x1*x2
% 约束函数：h(x1,x2)=x1+x2-1
%% 计算增广的拉格朗日函数
Fi=2*x1^2+x2^2-2*x1*x2-miu*(x1+x2-1)+0.5*sigma*(x1+x2-1)^2
% 第 k 次迭代时，Fi 的最小值点如下
% x1(k)=(miu(k)+2)/6
% x2(k)=(miu(k)+2)/4
% miu(k)=miu(k-1)/6+1/3
%% 计算偏导数
Dx1=diff(Fi,x1)
Dx2=diff(Fi,x2)
%% 求解线性方程组：（1）Dx1=0，（2）Dx2=0.
s=solve(Dx1,Dx2,x1,x2)
%% 设 sigma=2
x1=subs(s.x1,sigma,2)
x2=subs(s.x2,sigma,2)
%% 当 miu=2/5 时计算最优解。
```

```
x1=subs(x1,miu,sym(2/5))
x2=subs(x2,miu,sym(2/5))
```

1.6.5 不等式约束下的乘子法

$$\min f(x) \tag{1-9}$$

$$\text{s.t.} \quad h_j(x) \geqslant 0$$

参照等式约束条件，引入变量 y_j，将式（1-9）转化为约束等式问题：

$$\min f(x) \tag{1-10}$$

$$\text{s.t.} \quad g_j(x) - y_j^2 = 0$$

这样增广拉格朗日函数变为：

$$\varphi(x,\mu,\sigma) = f(x) - \sum_{j=1}^{M} \mu_j (g_j(x) - y_j^2) + \frac{\sigma}{2} \sum_{j=1}^{M} \mu_j (g_j(x) - y_j^2)^2 \tag{1-11}$$

式（1-9）转化为求解 $\min\varphi(x, y, \mu, \sigma)$，为此将 $\varphi(x, y, \mu, \sigma)$ 改写为：

$$\varphi(x,\mu,\sigma) = f(x) + \sum_{j=1}^{M} \{\frac{\sigma}{2}[y_j^2 - \frac{1}{\sigma}(\sigma g_j(x) - \mu_j)]^2 - \frac{\mu_j^2}{2\sigma}\} \tag{1-12}$$

为了能够使式（1-12）最小，y_j^2 要满足：

$$y_j^2 = \frac{1}{\sigma}[\max\{0, \sigma g_j(x) - \mu_j\}]^2 \tag{1-13}$$

将式（1-13）代入增广拉格朗日函数：

$$\varphi(x,\mu,\sigma) = f(x) + \frac{1}{2\sigma} \sum_{j=1}^{M} \{[\max(0, \mu_j - \sigma g_j(x))]^2 - \mu_j^2\} \tag{1-14}$$

这样，式（1-14）即为原最优解。

下面分析一般形式的约束问题：

$$\min f(x)$$

$$\text{s.t.} \quad h_i(x) = 0$$

$$g_j(x) \geqslant 0$$

首先构造的增广拉格朗日函数为：

$$\varphi(x,\mu,\sigma) = f(x) + \frac{1}{2\sigma} \sum_{j=1}^{M} \{[\max(0, \mu_j - \sigma g_j(x))]^2 - \lambda_j^2\}$$

$$- \sum_{j=1}^{N} \mu_j h_j(x) + \frac{\sigma}{2} \sum_{j=1}^{N} h_j^2(x)$$

在迭代中，与等式约束问题类似，以充分大的参数 σ，并通过修正第 k 个乘子 $\lambda^{(k)}$、$\mu^{(k)}$，得到：

$$\lambda_j^{(k+1)} = \max(0, \lambda_j^{(k)} - \sigma g_j(x^{(k)})$$

$$\mu_j^{(k+1)} = \mu_j^{(k)} - \sigma h_j(x^{(k)})$$

【例 1-23】 已知 $f(x) = \frac{1}{2}x_1^2 + \frac{1}{6}x_2^2$，求解下面约束条件下的最优解。

$$\min_x f(x)$$

$$\text{s.t.} \quad h(x)=x_1+x_2-1=0$$

（1）罚函数法。

首先构造拉格朗日函数为：

$$\varphi = \frac{1}{2}x_1^2 + \frac{1}{6}x_2^2 + \frac{c_k}{2}(x_1 + x_2 - 1)^2$$

解得最优解为:

$$x^{(k)} = \left(\frac{c_k}{1+4c_k}, \frac{3c_k}{1+4c_k} \right)^T$$

（2）乘子法。

首先构造增广拉格朗日函数为：

$$\varphi = \left(\frac{1}{2}x_1^2 + \frac{1}{6}x_2^2 \right) + \frac{c}{2}(x_1 + x_2 - 1)^2 - \mu^{(k)}(x_1 + x_2 - 1)$$

求得第 k 步最优解为：

$$x^{(k)} = \left(\frac{c_k + \mu^{(k)}}{1+4c_k}, \frac{3(c_k + \mu^{(k)})}{1+4c_k} \right)^T$$

取 $c_k = 0.1 \times 2^k$，$\mu^{(0)} = 0$，$\mu^{(k+1)} = \mu^{(k)} - c_k(x_1^{(k)} + x_2^{(k)} - 1)$ 且 $k \geqslant 1$，迭代结果如表 1-4 所示。

表 1-4　　罚函数法与乘子法的计算结果对比表

k	罚函数法	乘子法
0	（0.0714，0.2142）	（0.0714，0.2142）
1	（0.1111，0.3333）	（0.1507，0.4523）
2	（0.1538，0.4615）	（0.2118，0.6355）
3	（0.1904，0.5714）	（0.2409，0.7227）
4	（0.2162，0.6486）	（0.0.2487，0.7463）
5	（0.2318，0.6956）	（0.0.2499，0.7497）
6	（0.2406，0.7218）	（0.2499，0.7499）

续表

k	罚函数法	乘子法
7	（0.2452，0.8356）	
8	（0.2475，0.7427）	
9	（0.2487，0.7463）	
10	（0.2492，0.7481）	
11	（0.2496，0.7490）	
12	（0.2498，0.7495）	
13	（0.2499，0.7497）	
14	（0.2499，0.7498）	
15	（0.2499，0.7499）	

从表 1-4 中可以看出，罚函数法迭代 15 次，而乘子法仅迭代了 6 次，由此可见，乘子法的迭代速度高于罚函数法。

罚函数法与乘子法的 MATLAB 程序如下。

```
%文件名： con_Mul.m
%罚函数法与乘子法比较。
%初值赋值
mu(1)=0;
x1(1)=0.0714;
x2(1)=0.2142;
c=0.1;
%%乘子法
% x1、x2为每次迭代结果
for k=1:6
mu(k+1)= mu(k)-c*(x1(k)+x2(k)-1);
c=0.1*2^k;
x1(k+1)=(c+mu(k+1))/(1+4*c);
x2(k+1)=3*(c+mu(k+1))/(1+4*c);
end
x1,x2
%%罚函数法
for k=1:14
c=0.1*2^(k);
x1(k+1)=c/(1+4*c);
x2(k+1)=3*c/(1+4*c);
end
x1,x2
```

1.7 迭代法求解线性方程

1.7.1 雅可比迭代法

如果要求解线性方程组：

$$Ax=b \tag{1-15}$$

其中，矩阵 A 为 n 阶非奇异矩阵，b 为 n 元非零向量，迭代法首先要将式（1-15）转化为如下等价方程。

$$X=BX+f \tag{1-16}$$

然后选择一个初始向量 $X^0=(x_1^{(0)},x_2^{(0)},x_3^{(0)},\dots,x_n^{(0)})^T$，通过计算方程：

$$X^{(k+1)}=BX^{(k)}+f\text{（}k=0, 1, 2, 3, \cdots, n\text{）} \tag{1-17}$$

得到向量序列$(X^{(k)})$，如果这个向量序列收敛于 X^*（即 $\lim\limits_{k} X^{(k)} \to X^*$），由式（1-17）可知 $X^*=BX^*+f$，这表明 X^*是方程组（1-16）的解，在事先给定允许误差内，只要迭代次数足够多，就可以将其作为方程的近似解。其中，B 称为迭代矩阵，$\{X^{(k)}\}$称为迭代序列，迭代序列要么收敛要么发散。

【例 1–24】 两种资产的现金流如表 1–5 所示，试计算各期贴现因子。

表 1-5　两种资产的现金流

	成交价	第 1 年	第 2 年
资产 1	3.81	3	1
资产 2	2.87	1	2

假设第 1 年、第 2 年贴现因子分别为 x_1、x_2，满足线性方程：

$$\begin{cases} 3x_1+x_2=3.81 \\ x_1+2x_2=2.87 \end{cases}$$

首先从第一个方程中解出 x_1，从第二个方程中解出 x_2，即：

$$\begin{cases} x_1=-\dfrac{1}{3}x_2+1.27 \\ x_2=-\dfrac{1}{2}x_1+1.435 \end{cases} \quad \text{转换为} \begin{pmatrix} x_1 \\ x_2 \end{pmatrix}=\begin{pmatrix} 0 & -\dfrac{1}{3} \\ -\dfrac{1}{2} & 0 \end{pmatrix}\begin{pmatrix} x_1 \\ x_2 \end{pmatrix}+\begin{pmatrix} 1.27 \\ 1.435 \end{pmatrix}$$

取初始向量 $X^{(0)}=(0, 0)$，有迭代公式：

$$\begin{pmatrix} x_1^{(k+1)} \\ x_2^{(k+1)} \end{pmatrix} = \begin{pmatrix} 0 & -\dfrac{1}{3} \\ -\dfrac{1}{2} & 0 \end{pmatrix} \begin{pmatrix} x_1^{(k)} \\ x_2^{(k)} \end{pmatrix} + \begin{pmatrix} 1.27 \\ 1.435 \end{pmatrix}$$

迭代结果如表 1-6 所示。

表 1-6　迭代结果

k	0	1	2	…	9	10	11	
$x_1^{(k)}$	0	1.27	0.7919	…	0.9502	0.9499	0.9500	…
$x_2^{(k)}$	0	1.435	0.80	…	0.9604	0.9599	0.9601	…

上例运用的方法就是雅可比迭代法。对于一般线性方程组而言，雅可比迭代法通过从第 i 个线性方程中解出 x_i，即：

$$x_i = \frac{1}{a_{ii}}\left(b_j - \sum_{\substack{j=1 \\ j\neq i}}^{n} a_{ij}x_j\right) \qquad (i=1, 2, 3, \cdots, n;\ k=1, 2, 3, \cdots, n) \tag{1-18}$$

从而得到相应迭代公式：

$$x_i^{(k+1)} = \frac{1}{a_{ii}}\left(b_j - \sum_{\substack{j=1 \\ j\neq i}}^{n} a_{ij}x_j^{(k)}\right) \qquad (i=1, 2, 3, \cdots, n;\ k=1, 2, 3, \cdots, n) \tag{1-19}$$

以上就是原线性方程组的雅可比迭代公式，也可以表示为：

$$a_{ii}x_i^{(k+1)} = b_j - \sum_{\substack{j=1 \\ j\neq i}}^{n} a_{ij}x_j^{(k)} \qquad (i=1, 2, 3, \cdots, n;\ k=1, 2, 3, \cdots, n) \tag{1-20}$$

将系数矩阵 A 表示成 $A=D-L-U$ 的形式。

其中，

$$D = \begin{pmatrix} a_{11} & & & \\ & a_{22} & & \\ & & \cdots & \\ & & & a_{nn} \end{pmatrix},\ L = -\begin{pmatrix} 0 & & & \\ & 0 & & \\ a_{n-1,1} & a_{n-1,2} & \cdots & \\ a_{n,1} & a_{n,2} & \cdots & 0 \end{pmatrix},\ U = -\begin{pmatrix} 0 & a_{1,2} & \cdots & a_{1,n} \\ & 0 & a_{2,3} & a_{2,n} \\ & & \cdots & a_{n-1,n} \\ & & & 0 \end{pmatrix}$$

可以看出，式（1-20）左右两个部分，分别是向量 $DX^{(k+1)}$ 和 $b+(L+U)X^{(k)}$。所以有：

$$DX^{(k+1)}=b+(L+U)X^{(k)}$$

如果矩阵 D 可逆，则 $X^{(k+1)}=D^{-1}(L+U)X^{(k)}+D^{-1}b$。

从中可以得到迭代公式：$X^{(k+1)}=B_JX^{(k)}+f_J$。其中，$B_J= D^{-1}(L+U)$（称为雅可比矩阵），$f_J=D^{-1}b$。

1.7.2 高斯–赛德尔迭代法

为了加速迭代过程，可以不断地替换计算分量，进而达到加速的作用。例如：

$$x_i^{(k+1)} = \frac{1}{a_{ii}}\left(b_i - \sum_{j=1}^{i-1} a_{ij}x_j^{(k+1)} - \sum_{j=i+1}^{n} a_{ij}x_j^{(k)}\right) \tag{1-21}$$

这种迭代的方法与式（1-20）相比收敛得更快，上式称为高斯–赛德尔（Gauss-Seidel）迭代法，用矩阵形式表示为：

$$X^{(k+1)}= B_G X^{(k)}+f_G$$

其中，$B_G=(D-L)^{-1}X^{(k)}+f_G$，而 $B_G=(D-L)^{-1}U$（称为高斯–赛德尔矩阵），$f_G=(D-L)^{-1}b$。

1.7.3 超松弛迭代法

超松弛迭代法是高斯–赛德尔迭代法的改进，是处理大型稀疏矩阵的有效方法。高斯–赛德尔迭代法可以写为：

$$x_i^{(k+1)} = x_i^{(k)} + \frac{1}{a_{ii}}\left(b_i - \sum_{j=1}^{i-1} a_{ij}x_j^{(k+1)} - \sum_{j=i}^{n} a_{ij}x_j^{(k)}\right)$$

如果增加松弛因子（ω），则可以将迭代法写为：

$$x_i^{(k+1)} = x_i^{k} + \frac{\omega}{a_{ii}}\left(b_i - \sum_{j=1}^{i-1} a_{ij}x_j^{(k+1)} - \sum_{j=i}^{n} a_{ij}x_j^{(k)}\right) \tag{1-22}$$

这种通过选择松弛因子（ω）加速收敛过程的迭代方法，称为超松弛迭代法，简称 SOR 方法。

将式（1-22）改写成为：

$$a_{ii}x_i^{(k+1)} = a_{ii}x_i^{k} + \omega\left(b_i - \sum_{j=1}^{i-1} a_{ij}x_j^{(k+1)} - \sum_{j=i}^{n} a_{ij}x_j^{(k)}\right)$$

其左右两边分别是向量 $DX^{(k+1)}$与向量$(1-\omega)DX^{(k)}+\omega(b+LX^{(k+1)}+UX^{(k)})$，则有：

$$DX^{(k+1)}= (1-\omega)DX^{(k)}+\omega(b+LX^{(k+1)}+UX^{(k)})$$

$$X^{(k+1)}= (D-\omega L)^{-1}[(1-\omega)D+\omega U]X^{(k)}+\omega(D-\omega L)^{-1}b$$

于是 SOR 迭代法，用矩阵形式表示为：

$$X^{(k+1)}= B_\omega X^{(k)}+f_\omega$$

其中，$B_\omega= (D-\omega L)^{-1}[(1-\omega)D+\omega U]$（称为超松弛迭代矩阵），$f_\omega=\omega(D-\omega L)^{-1}b$。需要注意的是，松弛因子 ω 不仅可以改变迭代收敛速度，还可以改变迭代的收敛性。

关于松弛因子 ω 性质如下。

性质 1：对于线性方程组 $AX=b$ 系数矩阵 $A=(a_{ij})_{n\times n}$，其主对角线上元素 a_{ii} 不为 0，则 SOR 收敛必要条件是 $0<\omega<2$，即如果收敛则有 $0<\omega<2$。

性质 2：如果线性方程组 $AX=b$ 的系数矩阵 A 是正定矩阵，且 $0<\omega<2$，则对于任意初始向量，SOR 迭代法均收敛。

【例 1-25】 分别用雅可比迭代法、高斯–赛德尔迭代法和超松弛迭代法求解如下方程组。

$$\begin{pmatrix} 5 & 1 & -1 & -2 \\ 2 & 8 & 1 & 3 \\ 1 & -2 & -4 & -1 \\ -1 & 3 & 2 & 7 \end{pmatrix}\begin{pmatrix} x_1 \\ x_2 \\ x_3 \\ x_4 \end{pmatrix}=\begin{pmatrix} -2 \\ -6 \\ 6 \\ 12 \end{pmatrix}$$

方程组的精确解为：$x^*=(1,-2,-1,3)^T$，当步长小于 10^{-5} 时，停止迭代。

首先选取初值 $x^{(0)}=(0,0,0,0)$。

（1）雅可比迭代法的迭代公式如下。

$$\begin{cases} x_1^{(k+1)} = x_1^{(k)} + \dfrac{1}{5}(-2-5x_1^{(k)}-x_2^{(k)}+x_3^{(k)}+2x_4^{(k)}) \\ x_2^{(k+1)} = x_2^{(k)} + \dfrac{1}{8}(-6-2x_1^{(k)}-8x_2^{(k)}-x_3^{(k)}-3x_4^{(k)}) \\ x_3^{(k+1)} = x_3^{(k)} - \dfrac{1}{4}(6-x_1^{(k)}+2x_2^{(k)}+4x_3^{(k)}+x_4^{(k)}) \\ x_2^{(k+1)} = x_4^{(k)} + \dfrac{1}{7}(12+x_1^{(k)}-3x_2^{(k)}-2x_3^{(k)}-7x_4^{(k)}) \end{cases}$$

如果记：

$$X^{(k)}=(x_1^{(k)},x_2^{(k)},x_3^{(k)},x_4^{(k)})^T$$

$$B=\begin{pmatrix} 0 & -\dfrac{1}{5} & \dfrac{1}{5} & \dfrac{2}{5} \\ -\dfrac{1}{4} & 0 & -\dfrac{1}{8} & -\dfrac{3}{8} \\ \dfrac{1}{4} & -\dfrac{1}{2} & 0 & -\dfrac{1}{4} \\ \dfrac{1}{7} & -\dfrac{3}{7} & -\dfrac{2}{7} & 0 \end{pmatrix} \qquad f=\begin{pmatrix} -\dfrac{2}{5} \\ -\dfrac{3}{4} \\ -\dfrac{3}{2} \\ \dfrac{12}{7} \end{pmatrix}$$

上式简记为：

$$X^{(k+1)}=BX^{(k)}+f$$

经过 24 次迭代后，方程组的近似解为：

$$x^{(24)}=(0.9999941,\ -1.9999950,\ -1.0000040,\ 2.9999990)^T$$

（2）高斯-赛德尔迭代法的迭代公式如下。

$$\begin{cases} x_1^{(k+1)} = x_1^{(k)} + \frac{1}{5}(-2-5x_1^{(k)} - x_2^{(k)} + x_3^{(k)} + 2x_4^{(k)}) \\ x_2^{(k+1)} = x_2^{(k)} + \frac{1}{8}(-6-2x_1^{(k+1)} - 8x_2^{(k)} - x_3^{(k)} - 3x_4^{(k)}) \\ x_3^{(k+1)} = x_3^{(k)} - \frac{1}{4}(6-x_1^{(k+1)} + 2x_2^{(k+1)} + 4x_3^{(k)} + x_4^{(k)}) \\ x_2^{(k+1)} = x_4^{(k)} + \frac{1}{7}(12+x_1^{(k+1)} - 3x_2^{(k+1)} - 2x_3^{(k+1)} - 7x_4^{(k)}) \end{cases}$$

经过 14 次迭代后，方程组的近似解为：

$$x^{(14)} = (0.9999966, -1.9999970, -10000040, 2.9999990)^T$$

（3）超松弛迭代法的迭代公式如下。

$$\begin{cases} x_1^{(k+1)} = x_1^{(k)} + \frac{\omega}{5}(-2-5x_1^{(k)} - x_2^{(k)} + x_3^{(k)} + 2x_4^{(k)}) \\ x_2^{(k+1)} = x_2^{(k)} + \frac{\omega}{8}(-6-2x_1^{(k+1)} - 8x_2^{(k)} - x_3^{(k)} - 3x_4^{(k)}) \\ x_3^{(k+1)} = x_3^{(k)} - \frac{\omega}{4}(6-x_1^{(k+1)} + 2x_2^{(k+1)} + 4x_3^{(k)} + x_4^{(k)}) \\ x_2^{(k+1)} = x_4^{(k)} + \frac{\omega}{7}(12+x_1^{(k+1)} - 3x_2^{(k+1)} - 2x_3^{(k+1)} - 7x_4^{(k)}) \end{cases}$$

首先选取 ω=1.15，经过 8 次迭代后，方程组的近似解为：

$$x^{(8)}=(0.9999965,\ -1.9999970,\ -1.0000010,\ 2.9999990)^T$$

1.7.4 迭代法收敛条件与误差估计

学习迭代收敛性之前，先要了解谱半径概念。对于矩阵 A，谱半径为最大特征值的模。设 λ_i 为矩阵 A 的特征值，其谱半径记为 $\rho(A)$，即有：

$$\rho(A) = \max_{1\leqslant i\leqslant n} |\lambda_i|$$

谱半径的性质如下。

性质 1：矩阵 A 的谱半径不超过 A 的任何一种矩阵范数$\|A\|_r$。

性质 2：如果在迭代过程 $X^{(k+1)}= BX^{(k)}+f$ 中，矩阵 B 的范数$\|B\|_r=q\leqslant 1$，以下 3 个命题等价。

- 对于任意初始向量 $X^{(0)}$，迭代方程有唯一解。
- $\left\|X^{*} - X^{(k)}\right\|_r \leqslant \frac{1}{1-q}\left\|X^{(k+1)} - X^{(k)}\right\|_r$。

- $\left\|X^{*}-X^{(k)}\right\|_{r} \leqslant \frac{q^{k}}{1-q}\left\|X^{(1)}-X^{(0)}\right\|_{r}$。

性质 3：对于线性方程组 $AX=b$ 的系数矩阵 $A=(a_{ij})_{n\times n}$，按行严格对角占优或列严格对角占优，满足以下条件。

$$\left|a_{ii}\right| \geqslant \sum_{\substack{j=1 \\ j \neq i}}^{n}\left|a_{ij}\right| \text{或} \left|a_{jj}\right| \geqslant \sum_{\substack{i=1 \\ i \neq j}}^{n}\left|a_{ij}\right|$$

对于线性方程组 $AX=b$ 有唯一解。而且对于任意初始向量 $X^{(0)}$，雅可比迭代法与高斯-赛德尔迭代法收敛。

性质 4：对于线性方程组 $AX=b$，系数矩阵 A 如果是正定矩阵，则雅可比迭代法与高斯-赛德尔迭代法收敛。

性质 5：迭代过程 $X^{(k+1)}= BX^{(k)}+f$，对于任意初始向量 $X^{(0)}$，收敛的充要条件是谱半径 $\rho(B)<1$，而且谱半径越小，收敛速度越快。

1.8　偏导数与卷积

1.8.1　偏导数

函数 $f(x, y)$ 的偏导数可以写为：

$$\frac{\partial f}{\partial x}(x, y)=\lim_{\Delta x \rightarrow 0} \frac{f(x+\Delta x, y)-f(x, y)}{\Delta x}$$

函数的全微分，可以借助于偏微分写为：

$$\mathrm{d} f=\frac{\partial f}{\partial x} \mathrm{d} x+\frac{\partial f}{\partial y} \mathrm{d} y$$

在 MATLAB 中，求导的函数是 diff。

【例 1-26】 计算函数 $f=x^{3} y^{3}+x+y$ 的偏导数。

```
>> syms x y
>> f=x^3*y^3+x+y
```

计算 f 对 x 的一阶偏导数 $\frac{\partial f}{\partial x}$。

```
>> diff(f,x)
ans =
     3*x^2*y^3 + 1
```

计算 f 对 x 的二阶导数 $\frac{\partial^2 f}{\partial x^2}$。

```
>> diff(f,x,2)
ans =
     6*x*y^3
```

计算 f 对 y 的一阶导数 $\frac{\partial f}{\partial y}$。

```
>> diff(f,y,1)
ans =
     3*x^3*y^2 + 1
```

计算 f 对 y 的二阶导数 $\frac{\partial^2 f}{\partial y^2}$。

```
>> diff(f,y,2)
ans =
     6*x^3*y
```

1.8.2 卷积

在 MATLAB 中，计算卷积公式的函数是 conv。假设 u 与 v 是两个向量，u 与 v 的各阶卷积如下：

$$u(1)v(1)$$
$$u(1)v(3)+u(2)v(3)+u(3)v(1)$$
$$u(1)v(4)+u(2)v(3)+u(3)v(2)+u(4)v(1)$$
$$\cdots\cdots$$
$$u(n)v(n)$$

【例 1–27】 利用函数 conv 计算卷积。

```
>> x=[1:5]',y=[1:5]'
x =
    1
    2
    3
    4
    5
y =
```

```
     1
     2
     3
     4
     5
>> z=conv(x,y)
z =
     1
     4
    10
    20
    35
    44
    46
    40
    25
```

z 给出了 x 与 y 的各阶卷积为：

1=1×1

4=1×2＋2×1

10=1×3＋2×2+3×1

20=1×4＋2×3＋3×2＋4×1

35=1×5＋2×4＋3×3＋4×2＋5×1

44=5×2＋4×3＋3×4＋2×5

46=5×3＋4×4+3×5

40=5×4＋4×5

25=5×5

1.9　句 柄 函 数

句柄函数是 MATLAB 中特有的一种语言结构，用来保存函数创建时的路径、视野（包括当前目录、搜索路径、当前目录包含的私用文件夹）、函数名。句柄函数的优点如下。

- 便于函数之间的相互调用
- 拓宽了子函数和局部函数使用范围
- 提高了使用可靠性
- 减少了程序设计中的冗余
- 可反复调用
- 可以和数组、结构数组及单元数组结合起来定义数据

1.9.1 函数句柄创建和显示

函数句柄创建方式较为简单，通过特殊符号“@”可以实现句柄函数或者转换函数 str2func 的定义，例子如下。

```
>> fun_handle=@load
fun_handle =
                    @load
```

定义函数句柄，只需在提示符“@”添加相应的函数名。函数句柄可以通过函数 function 来显示，使用该函数返回函数句柄的函数名、类型、文件类型及加载等。MATLAB 中句柄函数类型如表 1-7 所示。函数文件类型是指该函数句柄对应的函数是否为 MATLAB 的内部函数；而函数加载方式属性值仅当函数类型为 overloaded 时才存在。

表 1-7　MATLAB 中句柄函数类型

函数类型	含　义
simple	未加载的 MATLAB 内部函数、M 文件，或只用 type 函数显示内容的函数
subfunction	子函数
private	局部函数
constructor	创建函数
overloaded	加载的 MATLAB 内部函数或 M 文件

查看函数句柄可以通过 function 命令完成，其步骤如下。

（1）创建句柄函数。

```
>> hsin=@sin
hsin =
        @sin
```

（2）使用 class 命令查看类别。

```
>>class(hsin)
ans =
      function_handle
```

（3）使用 size 函数查看维数。

```
>> size(hsin)
ans =
     1  1
```

说明：hsin 是 1×1 的函数句柄。

（4）使用 functions 命令查看句柄内容。

```
>> CC=functions(hsin)
CC =
  function: 'sin'
```

```
    type: 'simple'
    file: ''
```

1.9.2　句柄函数的调用和操作

通过函数 feval 可以实现句柄的调用，这种调用相当于以参数列表作为输入变量的函数句柄对应的函数。

【例 1-28】 句柄函数的使用。

首先创建句柄函数：

```
>> fhandle=str2func('sin')
fhandle =
            @sin
```

计算 $\sin\left(\frac{\pi}{4}\right)$ 的值：

```
>> fhandle=str2func('sin')
fhandle =
            @sin
>> ys=sin(pi/4)    % 直接调用
ys =
    0.7071
>> yold=feval('sin',pi/4)
yold =
     0.7071
>> yfnew=feval(fhandle,pi/4)
yfnew =
      0.7071
```

【例 1-29】 句柄函数在符号计算中的应用。

首先定义符号变量：

```
>> Alpha=sym('pi/4')
Alpha =
       pi/4
```

再直接计算函数值：

```
>> yss=sin(Alpha)
yss =
     2^(1/2)/2
```

计算函数值方法 1：

```
>> yfold=feval('sin',Alpha) %
yfold =
        2^(1/2)/2
```

计算函数值方法 2：

```
>> yfnews=feval(fhandle,Alpha)
yfnews =
        2^(1/2)/2
```

【例 1–30】 用句柄函数计算 sin 函数在[0,2pi]区间上的最小值。

计算函数值方法 1：

```
>> xold=fminbnd('sin',0,2*pi)
xold =
        4.7124
```

计算函数值方法 2：

```
>> xnew=fminbnd(fhandle,0,2*pi)
xnew =
        4.7124
```

1.9.3 避免两个相近的数相减

对于函数关系式$f=x-y$，如果 x 与 y 相近时，f 的误差有时变得很大，导致有效位数下降。因此当发现两个数相近时，应避免直接相减。避免两个相近的数相减的方法有很多，下面学习避免两个相近的数相减的情况。

如果 x 与 y 满足 $x^2-y^2=1$，则有 $f=x-y=\dfrac{1}{x+y}$。

同理，如果 x 与 y 很大时，$\sqrt{x+1}-\sqrt{x}$ 可以采用近似的方法表示为：

$$\sqrt{x+1}-\sqrt{x}=\frac{1}{\sqrt{x+1}+\sqrt{x}}$$

【例 1–31】 计算 $x=7^{19}\left(\sqrt{1+7^{-19}}-1\right)$的值。

```
>> x=(7^19)*(sqrt(1+7^(-19))-1)
x =
     0
```

可见如果直接用 MATLAB 计算，其结果为 0。可以将上式转化为：

$$x=7^{19}\left(\sqrt{1+7^{-19}}-1\right)=\frac{7^{19}7^{-19}}{\sqrt{1+7^{-19}}+1}=\frac{1}{\sqrt{1+7^{-19}}+1}$$

在 MATLAB 中计算的结果如下。

```
>> x=1/(sqrt(1+7^(-19))+1)
x =
    0.5000
```

还有一种对数变化法，即两个数相减可以采用对数变换的形式，如：

$$\ln x-\ln y=\ln\left(\frac{x}{y}\right)$$

【例 1-32】 计算 $x=\ln\left(40-\sqrt{40^2-1}\right)$ 的值。

可以采用其近似方式：

$$x=\ln\left(40-\sqrt{40^2-1}\right)=\ln\left(\frac{1}{40+\sqrt{40^2-1}}\right)=-\ln\left(40+\sqrt{40^2-1}\right)$$

在 MATLAB 中计算的结果如下。

```
>> x=-log(40+sqrt(40^2-1))
x =
    -4.3819
```

1.10　MATLAB 基本操作命令

1.10.1　MATLAB 的工作空间

（1）MATLAB 中可以用命令查看工作区间的参数，具体参数介绍如下。

- who：显示当前工作空间中所有变量的一个简单列表。
- whos：列出变量的大小、数据格式等详细信息。
- clear：清除工作空间中所有的变量。
- clear 变量名：清除指定的变量。

（2）保存和载入 workspace，下面分别对其进行介绍。

- save filename variables：将变量列表 variables 所列出的变量保存到磁盘文件 filename 中。在 variables 所表示的变量列表中不能用逗号，各个不同的变量之间只能用空格来分隔。未列出 variables 时，表示将当前工作空间中所有变量都保存到磁盘文件中。缺省的磁盘文件扩展名为“.mat”，可以使用“-”定义不同的存储格式（ASCII、txt 等）。
- load filename variables：将以前用 save 命令保存的变量 variables，从磁盘文件中调入

MATLAB 工作空间。用 load 命令调入的变量，其名称为用 save 命令保存时的名称，取值也一样。在 variables 所表示的变量列表中不能用逗号，各个不同的变量之间只能用空格来分隔。未列出 variables 时，表示将磁盘文件中的所有变量都调入工作空间。

（3）退出 MATLAB 工作空间，使用 quit 或 exit 命令。

1.10.2 文件管理

在 MATLAB 中文件管理的命令有很多，包括列文件名、显示或删除文件、显示或改变当前目录等，下面分别对其进行介绍。

- what：显示当前目录下所有与 MATLAB 相关的文件及它们的路径。
- dir：显示当前目录下所有的文件。
- which：显示某个文件的路径。
- cd path：由当前目录进入 path 目录。
- cd ..：返回上一级目录。
- cd：显示当前目录。
- type filename：在命令窗口中显示文件 filename。
- delete filename：删除文件 filename。

1.11 MATLAB 程序设计原则

1.11.1 程序设计规则

MATLAB 程序设计应注意以下几个方面。

- “%”后面的内容是程序的注解部分，要善于运用注解使程序更具可读性。“%%”是程序分段。
- 在主程序开头用 clear 指令清除变量。clear 指令可以消除工作空间中其他变量对程序运行的影响，需要注意的是，在子程序中不要使用 clear 命令。
- 参数值要集中放在程序的开始部分，以便维护。充分利用 MATLAB 工具箱提供的指令来执行所要进行的运算，在语句行之后输入分号使其及中间结果不在屏幕上显示，以提高执行速度。
- input 指令可以用来输入一些临时的数据，而对于大量参数，则通过建立一个存储参数的子程序，在主程序中用子程序的名称来调用。
- 程序尽量模块化，也就是采用主程序调用子程序的方法，将所有子程序合并在一起来执行全部的操作。

- 充分利用 Debugger 窗口进行程序的调试（设置断点、单步执行、连续执行），并利用其他工具箱或图形用户界面（GUI）的设计技巧，将设计结果集成到一起。
- 设置好 MATLAB 的工作路径，以便程序运行。

MATLAB 程序的基本组成结构如下。

- %：程序说明。
- 清除命令：清除 workspace 中的变量和图形（clear，close）。
- 定义变量：包括全局变量的声明及参数值的设定。
- 逐行执行命令：指 MATLAB 提供的运算指令或工具箱。
- …：续行。
- 控制循环：包含 for、if-then、switch、while 等语句。
- 绘图命令：将运算结果绘制出来。

当然更复杂的程序还需要调用子程序，或与 simulink 以及其他应用程序结合起来。

进入 MATLAB 的 Editor/Debugger 窗口来编辑程序，在编辑环境中，文字的不同颜色显示表明文字的不同属性。

- 绿色：注解。
- 黑色：程序主体。
- 红色：属性值的设定，异常提示。
- 蓝色：控制流程。

在运行程序之前，必须设置好 MATLAB 的工作路径，使得所要运行的程序及运行程序所需要的其他文件处在当前目录之下，以保证程序的正常运行。否则可能导致无法读取某些系统文件或数据，从而使程序无法执行。通过 cd 指令可以在命令窗口中更改、显示当前工作路径，也可以在路径浏览器（path browser）中进行设置。

1.11.2　MATLAB 的程序类型

MATLAB 的程序类型有 3 种：一种是在命令窗口下执行的脚本 M 文件；另一种是可以存取的 M 文件，也称程序文件；最后一种是函数（function）文件。

（1）命令窗口下执行的脚本 M 文件。在命令窗口中输入并执行，它所用的变量都要在工作空间中获取，不需要输入输出参数的调用，退出 MATLAB 后变量内容就自动释放了。

（2）程序文件。以.m 格式进行存取，包含一连串的 MATLAB 指令和必要的注解。需要在工作空间中创建并获取变量，也就是说，处理的数据为命令窗口中的数据，没有输入参数，也不会返回参数。程序运行时只需在工作空间中键入其名称即可。

（3）函数文件。与在命令窗口中输入命令一样，函数接受输入参数，然后执行并输出结果。用 help 命令可以显示它的注释说明，其结构如下。

1）函数定义行（关键字 function）。function[out1, out2, ..]=filename(in1, in2, ..)，输入和输出（返回）参数的个数分别由 nargin 和 nargout 两个 MATLAB 保留的变量来给出。

2）第一行为帮助行，即 H1 行。以“%”开头，作为 lookfor 指令搜索的行。

3）函数体说明及有关注解。以“%”开头，用以说明函数的作用及有关内容，如果不希望显示某段信息，那么可以在它的前面加空行。

4）函数体语句。函数体内使用的除返回和输入变量，以及在 function 语句中直接引用的变量以外的所有变量都是局部变量，即在该函数返回之后，这些变量会自动在 MATLAB 的工作空间中清除掉。如果希望这些中间变量成为在整个程序中都起作用的变量，则可以将它们设置为全局变量。

1.11.3 声明子程序变量

子程序与主程序之间的数据是通过参数进行传递的，子程序应用主程序传递来的参数进行计算后，将结果返回主程序。

如果一个函数内的变量没有特别声明，那么这个变量只在函数内部使用，即为局部变量。如果两个或多个函数共用一个变量（或者说在子程序中也要用到主程序中的变量，注意不是参数），那么可以用 global 将它声明为全局变量。

全局变量的使用可以减少参数传递，合理利用全局变量可以提高程序执行的效率。

1.11.4 字符串及其宏命令

使用字符串的格式如下。

```
>>disp('text string') %disp 字符串显示命令
  text string
```

在单引号里的字符串可以作为矢量或矩阵的元素，使用 disp 命令或输入变量名就可以显示它们表示的字符串。

```
>>A=['this is a';'text string']
??? All rows in the bracketed expression must have the same number of columns.
```

A 中第一个元素含有 9 个字符，包括空格；第二个元素含有 11 个字符。因此，只要在第一个元素中加入两个空格即可解决问题。

```
>> aa=['this is a ';'text string']
>> disp(aa)
aa =
     this is a
     text string
```

宏是 MATLAB 语言用在常用命令部分的缩写，它可以被存储用于建立 M 文件的一部分。宏命令采用字符串，并使用 eval 命令去执行宏命令。下面是采用宏命令计算阶乘的例子。

```
>> fct='prod(1:n)'; %求 10 的阶乘
>> n=10;eval(fct)
ans=
     3628800
```

1.11.5　常用的编程命令

在 MATLAB 中，常用的编程命令有以下几种。

- pause：停止 m 文件的执行直至有键按下，pause(*n*)表示将程序暂停 *n* 秒。
- echo on/off：控制是否在屏幕上显示程序内容。
- keyboard：停止程序执行，把控制权交给键盘，输入 return 并按回车键后继续程序执行。
- *x*=input('prompt')：把输入的字符串作为提示符，等待用户输入一个响应，然后把它赋值给 *x*。

第2章 利率曲线插值与拟合

2.1 利率曲线插值

2.1.1 插值法的基本原理

插值法是绘制利率期限结构曲线的基本方法，利用插值法可以将离散利率用一个连续函数表示出来，插值函数具有很多很好的性质，如进行数值的积分与微分。

假设在时间区间[a，b]上，有观察数据(x_i，y_i)(i=1，2，3，…，n)，插值法就是寻找一个函数f，使得$y_i=f(x_i)$(i=1，2，3，…，n)。通常称f为插值函数，x_1，…，x_n为插值节点。如果f为多项式，则称为多项式插值。

2.1.2 三次样条插值的基本原理

对于给定的一系列初始观察值(x_0，y_0)，(x_1，y_1)，(x_2，y_2)，…，(x_n，y_n)，$a=x_0<x_1<\cdots<x_n=b$，用函数$S(x)$进行拟合。如果$S(x)$满足以下条件，称$S(x)$为三次样条函数。

- $S(x)$在每个子区间$[x_i, x_{i+1}]$上，都是不高于三次的多项式。
- $S(x)$、$S'(x)$、$S''(x)$在区间[a，b]上连续。
- $S(x_i)=y_i$。

$S(x)$是一个分段三次函数，如果用$S_i(x)$表示$S(x)$在第i个子区间[x_{i-1}，x_i]上的三次函数，则$S_i(x)$形式如下。

$$S_i(x)=a_i x^3+b_i x^2+c_i x+d_i\text{，}\ x\in[x_{i-1},x_i]$$

其中，a_i、b_i、c_i、d_i为待定系数，如果子区间有n个，则未知参数有$4n$个。

另一方面，要求分段函数本身及其一阶、二阶导数连续，即在每个节点处连续即可，这时可以得到$4n-2$个方程。

$$\begin{cases} S(x_i-0)=S(x_i+0) & (i=1,2,\cdots,n-1) \\ S'(x_i-0)=S'(x_i+0) & (i=1,2,\cdots,n-1) \\ S''(x_i-0)=S''(x_i+0) & (i=1,2,\cdots,n-1) \\ S(x_i)=y_i & (i=1,2,\cdots,n) \end{cases}$$

显然，要确定 $S(x)$的系数还缺少两个条件，这两个条件通常在两个端点处给出，称为边界条件或端点条件。端点条件形式很多，但常见的端点条件有以下两种。

- 给出端点处一阶导数值：$S'(x_0+0)=y'_0$，$S'(x_n)=y'_n$。
- 给出端点处二阶导数值：$S''(x_0+0)=y''_0$，$S''(x_n)=y''_n$。

一般规定，$S''(x_0+0)=0$，$S''(x_n-0)=0$，并称其为自然边界。满足自然边界条件的三次样条函数称为自然样条插值函数。

2.1.3　样条函数插值利率期限结构

【例 2-1】 已知时间利率表如表 2-1 所示，试用三次样条函数插值法计算利率期限结构。

表 2-1　　时间利率表

时间	t_0=1/12	t_1=2	t_2=4	t_3=10
利率(%)	4.00	5.00	6.50	6.75

假设三次样条函数 $S_i(t)$表示 $S(t)$在第 i 个子区间$[t_{i-1}, t_i]$上的表达式，$S_i(t)$的形式为：

$$S_i(t)=a_it^3+b_it^2+c_it+d \qquad t\in[t_{i-1}, t_i]$$

首先根据 t_0 时刻的利率为 4%，得到方程：

$$a_0t_0^3+b_0t_0^2+c_0t_0+d_0=4$$

对于点 t_1，需满足以下两个方程：

$$a_0t_1^3+b_0t_1^2+c_0t_1+d_0=4$$

$$a_1t_1^3+b_1t_1^2+c_1t_1+d_1=5$$

对于利率点 t_2，需满足以下两个方程：

$$a_1t_2^3+b_1t_2^2+c_1t_2+d_1=6.5$$

$$a_2t_2^3+b_2t_2^2+c_2t_2+d_2=6.5$$

对于最后一个利率点 t_3，需满足方程：

$$a_2t_3^3+b_2t_3^2+c_2t_3+d_2=6.75$$

上述条件可以保证利率期限结构的连续性，但是不一定是光滑的，为了保证节点处光滑，需要施加一阶导数在节点处相等的条件。

对于节点 t_1，第一个方程与第二个方程的一阶导数与二阶导数相等。

$$3a_0t_1^2+2b_0t_1+c_0=3a_1t_1^2+2b_1t_1+c_1$$

$$6a_0t_1^1+2b_0=6a_1t_1^2+2b_1$$

对于节点 t_2，第一个方程与第二个方程的一阶导数与二阶导数相等。

$$3a_1t_2^2+2b_1t_2+c_1=3a_2t_1^2+2b_2t_1+c_2$$

$$6a_1t_2^1+2b_1=6a_2t_2^2+2b_2$$

我们规定利率期限结构起点与终点的二阶导数为 0，这样可以保证起点与终点的光滑性。以上方程的矩阵形式为：

$$\begin{pmatrix} t_0^3 & t_0^2 & t_0 & 1 & 0 & 0 & 0 & 0 & 0 & 0 & 0 & 0 \\ t_1^3 & t_1^2 & t_1 & 1 & 0 & 0 & 0 & 0 & 0 & 0 & 0 & 0 \\ 0 & 0 & 0 & 0 & t_1^3 & t_1^2 & t_1 & 1 & 0 & 0 & 0 & 0 \\ 0 & 0 & 0 & 0 & t_2^2 & t_2^2 & t_2 & 1 & 0 & 0 & 0 & 0 \\ 0 & 0 & 0 & 0 & 0 & 0 & 0 & 0 & t_2^3 & t_2^2 & t_2 & 1 \\ 0 & 0 & 0 & 0 & 0 & 0 & 0 & 0 & t_3^3 & t_3^2 & t_3 & 1 \\ 3t_1^2 & 2t_1 & 1 & 0 & -3t_1^2 & -2t_1 & -1 & 0 & 0 & 0 & 0 & 0 \\ 6t_1 & 2 & 0 & 0 & -6t_1 & -2 & 0 & 0 & 0 & 0 & 0 & 0 \\ 0 & 0 & 0 & 0 & 3t_2^2 & 2t_2 & 1 & 0 & -3t_2^2 & -2t_2 & -1 & 0 \\ 0 & 0 & 0 & 0 & 6t_2 & 2 & 0 & 0 & -6t_2 & -2 & 0 & 0 \\ 6t_0 & 2 & 0 & 0 & 0 & 0 & 0 & 0 & 0 & 0 & 0 & 0 \\ 0 & 0 & 0 & 0 & 0 & 0 & 0 & 0 & 6t_3 & 2 & 0 & 0 \end{pmatrix} \times \begin{pmatrix} a_0 \\ b_0 \\ c_0 \\ d_0 \\ a_1 \\ b_1 \\ c_1 \\ d_1 \\ a_2 \\ b_2 \\ c_2 \\ d_2 \end{pmatrix} = \begin{pmatrix} 4 \\ 5 \\ 5 \\ 6.5 \\ 6.5 \\ 6.75 \\ 0 \\ 0 \\ 0 \\ 0 \\ 0 \\ 0 \end{pmatrix}$$

编写 MATLAB 程序，求解上述方程。

```
function Coeff=cubicinter(r)
% 文件名：CubicInter.m
t=r(:, 1);
R1=r(:, 2);
N=length(t);
Size=4*(N-1);
L=zeros(Size, Size);
R=zeros(Size, 1);
for i=1:N-1
% 每个节点处的值相等
t1=t(i).^[3:-1:0];
t2=t(i+1).^[3:-1:0];
L(2*i-1, 4*i-3:4*i)=t1;
L(2*i, 4*i-3:4*i)=t2;
end
% 每个节点处的一阶导数相等
```

```
for i=1:N-2
N1=2*(N-1);
D1=(3, 2, 1, 0).*[t(i+1).^(2:-1:0), 0];
NN=4*i-3;
L(N1+2*i-1, NN:NN+7)=[D1, -D1];
%每个节点处的二阶导数相等
D2=(6, 2, 0, 0).*[t(i+1), 1, 0, 0];
L(N1+2*i, NN:NN+7)=[D2, -D2];
end
%起始点与终点的二阶导数为 0
L(end-1, 1:2)=[6*t(1), 2];
L(end, end-3:end-2)=[6*t(end), 2];

R(1:2:2*N-3) =R1(1:N-1);
R(2:2:2*(N-1)) =R1(2:N);
Coeff=L^-1*R;
```

运行结果如下。

```
>> r=[1/12, 4;2, 5;4, 6.5;10, 6.75];
>> Coeff=cubicinter(r)
0.0218   -0.0054 0.4421   3.9632   -0.0456 0.3991   -0.3670 4.5026   0.0082
-0.2475 2.2194   1.0541
```

得到利率期限结构的三次插值函数为：

$$r(t)=\begin{cases}0.0218\times t^3-0.0054\times t^2+0.4421\times t+3.9632 & 1/12\leqslant t\leqslant 2\\ -0.0456\times t^3+0.3991\times t^2-0.3670\times t+4.5026 & 2\leqslant t\leqslant 4\\ 0.0082\times t^3-2.2475\times t^2+2.2194\times t+1.0541 & 4\leqslant t\leqslant 10\end{cases}$$

在 MATLAB 中，输入以下程序。

```
%文件名：CubicInterStru.m
r=[1/12, 4;2, 5;4, 6.5;10, 6.75];
Coeff=CubicInter(r)'
t=1/12:0.01:10; % 设定时间变化范围
n=length(t);
for i=1:n
if t(i)<=2
 Inter(i)=sum(Coeff(1:4).*t(i).^[3:-1:0]);
elseif t(i)<=4
 Inter(i)=sum(Coeff(5:8).*t(i).^[3:-1:0]);
elseif t(i)<=10
 Inter(i)=sum(Coeff(9:12).*t(i).^[3:-1:0]);
end
```

```
end

plot(r(:, 1), r(:, 2)/100, '*', t, Inter/100)
xlabel('时间')
ylabel('利率')
title('三次函数利率期限结构')
```

运行得到的三次函数利率期限结构图如图 2-1 所示。

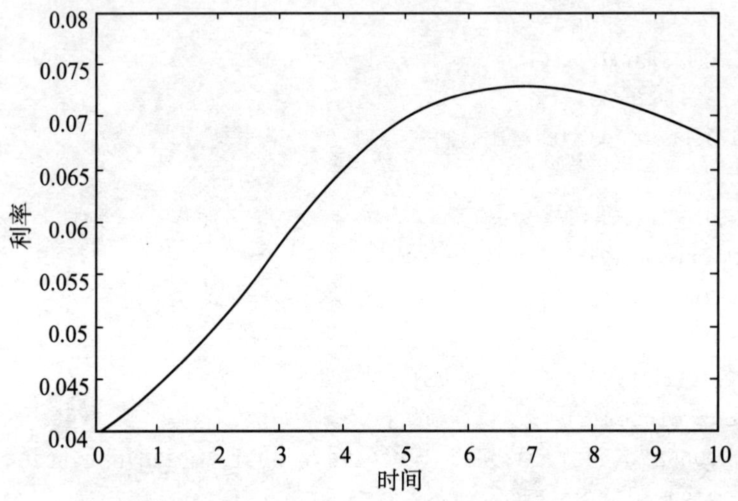

图 2-1　三次函数利率期限结构图

2.1.4　改进样条函数插值利率期限结构

虽然使用【例 2-1】 中的方法可以计算出利率期限结构，但是这种方法在计算插值时，需要求解的矩阵非常大，实际计算中很少用到。下面介绍一种简单的方法，通过在节点处的二阶导数值 $M_i = S''(x_i)$，考虑构造新的 M 关系式。

记 $M_i = S''(x_i)$，在每个子区间$[x_i,\ x_{i+1}]$上的二阶导数是一个线性函数，可以写成如下形式。

$$S''_i(x) = M_{i-1}\frac{x - x_i}{x_{i-1} - x_i} + M_i\frac{x - x_{i-1}}{x_i - x_{i-1}}$$

设 $h_i = x_i - x_{i-1}$(i=1，2，3，…，n)，有：

$$S''_i(x) = M_{i-1}\frac{x_i - x}{h_i} + M_i\frac{x - x_{i-1}}{h_i} \qquad x \in [x_{i-1}, x_i]$$

对上式进行两次积分，利用插值条件 $S(x_i)=y_i$，$S(x_{i+1})=y_{i+1}$，可以得到以下关系式。

$$S_i(x) = M_{i-1}\frac{(x_i - x)^3}{6h_i} + M_i\frac{(x - x_{i-1})^3}{6h_i} + \left(y_{i-1} - \frac{M_{i-1}}{6}h_i^2\right)\frac{x_i - x}{h_i} + \left(y_i - \frac{M_i}{6}h_i^2\right)\frac{x - x_{i-1}}{h_i}$$

其中，$x \in [x_{i-1}, x_i]$。

这样，就将求 n 个函数 $S_i(x)$的问题，转化为求 n+1 个未知数 M_i 的问题了。

为了求 M_i，可以利用一阶导数 $S'(x)$ 在内节点 x_i 上连续条件 $S'(x_i - 0) = S'(x_i + 0)$，即：

$$S'_i(x_i - 0) = S'_i(x_i + 0) \tag{2-1}$$

由式（2-1）可以得出：

$$S'_i(x) = -M_{i-1}\frac{(x_i - x)^2}{2h_i} + M_i\frac{(x - x_{i-1})^2}{2h_i} + \frac{y_i - y_{i-1}}{h_i} - \frac{h_i}{6}(M_i - M_{i-1})$$

即有：

$$S'_i(x_i - 0) = \frac{y_i - y_{i-1}}{h_i} + \frac{h_i}{6}M_{i-1} + \frac{h_i}{3}M_i \tag{2-2}$$

将式（2-2）中的 i 改为 i+1，得到 $S'(x)$ 在区间 $[x_{i-1}, x_i]$ 上的表达式为：

$$S'_i(x_i + 0) = \frac{y_{i+1} - y_i}{h_{i+1}} - \frac{h_{i+1}}{3}M_i - \frac{h_{i+1}}{6}M_{i+1} \tag{2-3}$$

将式（2-2）、式（2-3）带入式（2-1），整理得到方程组：

$$\frac{h_i}{h_i + h_{i+1}}M_{i-1} + 2M_i + \frac{h_{i+1}}{h_i + h_{i+1}}M_{i+1} = \frac{6}{h_i + h_{i+1}}\left(\frac{y_{i+1} - y_i}{h_{i+1}} - \frac{y_i - y_{i-1}}{h_i}\right)$$

即为：

$$\mu_i = \frac{h_i}{h_i + h_{i+1}} \qquad \lambda_i = \frac{h_{i+1}}{h_i + h_{i+1}} = 1 - \mu_i$$

$$g_i = \frac{6}{h_i + h_{i+1}}\left(\frac{y_{i+1} - y_i}{h_{i+1}} - \frac{y_i - y_{i-1}}{h_i}\right)$$

所得方程组可以简写为：

$$\mu_i M_{i-1} + 2M_i + \lambda_i M_{i+1} = g_i \qquad (i = 1, 2, 3, \cdots, n-1) \tag{2-4}$$

即为：

$$\begin{cases} \mu_1 M_0 + 2M_1 + \lambda_1 M_2 = g_1 \\ \mu_2 M_1 + 2M_2 + \lambda_2 M_3 = g_2 \\ \cdots\cdots \\ \mu_{n-1} M_{n-2} + 2M_{n-1} + \lambda_{n-1} M_n = g_{n-1} \end{cases}$$

这是一个含有 n+1 个未知数，n−1 个方程的线性方程组，要确定 M_i 的值，还要用到如下边界条件。

(1)如果边界条件$S'(x_0)=y'_0$、$S'(x_n)=y'_n$，可以得到含有 M_i 的两个方程，事实上由式(2-2)可知，$S(x)$在区间$[x_0,x_1]$上的导数为：

$$S'_1(x)=-M_0\frac{(x_1-x)^2}{2h_1}+M_1\frac{(x-x_0)^2}{2h_1}+\frac{y_1-y_0}{h_1}-\frac{h_1}{6}(M_1-M_0)$$

故由$S'(x_0)=y'_0$可得：

$$y'_0=-M_0\frac{h_1}{2}+\frac{y_1-y_0}{h_1}-\frac{h_1}{6}(M_1-M_0)$$

记：

$$2M_0+M_1=\frac{6}{h_1}\left(\frac{y_1-y_0}{h_1}-y'_0\right) \tag{2-5}$$

同理，由条件$S'(x_n)=y'_n$可得：

$$M_{n-1}+2M_n=\frac{6}{h_n}(y'_n-\frac{y_n-y_{n-1}}{h_n}) \tag{2-6}$$

将式(2-4)、式(2-5)与式(2-6)合在一起，可以得到如下线性方程。

$$\begin{bmatrix} 2 & 1 & & & \\ \mu_1 & 2 & \lambda_1 & & \\ & \ddots & \ddots & \ddots & \\ & & \mu_{n-1} & 2 & \lambda_{n-1} \\ & & & 1 & 2 \end{bmatrix}\begin{bmatrix} M_0 \\ M_1 \\ \vdots \\ M_{n-1} \\ M_n \end{bmatrix}=\begin{bmatrix} g_0 \\ g_1 \\ \vdots \\ g_{n-1} \\ g_n \end{bmatrix} \tag{2-7}$$

其中，$g_0=\frac{6}{h_1}\left(\frac{y_1-y_0}{h_1}-y'_0\right)$　　$g_n=\frac{6}{h_n}\left(y'_n-\frac{y_n-y_{n-1}}{h_n}\right)$

(2)如果边界条件$S''(x_0)=y''_0$，$S''(x_n)=y''_n$。

由于$M_0=S''(x_0)=y''_0$，$M_n=S''(x_n)=y''_n$，只要解出$M_0,M_1,M_2,\cdots,M_{n-1}$即可，写成线性方程组的形式为：

$$\begin{bmatrix} 2 & \lambda_1 & & & \\ \mu_2 & 2 & \lambda_2 & & \\ & \ddots & \ddots & \ddots & \\ & & \mu_{n-2} & 2 & \lambda_{n-2} \\ & & & \mu_{n-2} & 2 \end{bmatrix}\begin{bmatrix} M_1 \\ M_2 \\ \vdots \\ M_{n-2} \\ M_{n-1} \end{bmatrix}=\begin{bmatrix} g_1-\mu_1 y''_0 \\ g_2 \\ \vdots \\ g_{n-2} \\ g_{n-1}-\lambda_{n-1}y''_n \end{bmatrix} \tag{2-8}$$

式（2-4）和式（2-6）均称为 M 关系式 $M_j(j=1, 2, 3, \cdots, n)$。方程组（2-7）和方程组（2-8）系数矩阵中的元素 λ_j、μ_j 已经完全确定，并且满足 $\lambda_j \geqslant 0$、$\mu_j \geqslant 0$、$\lambda_n+\mu_n=1$。因此，系数矩阵为严格对角占优矩阵，从而方程组（2-7）与方程组（2-8）有唯一解。

【例 2-2】 试用改进的三次样条函数插值法，计算［例 2-1］利率期限结构。

边界条件是 $S'(x_0)=0$，$S'(x_n)=0$，首先计算出 h_i、μ_i、λ_i 和 g_i 的值。

h_i：$h_1=\dfrac{23}{12}$，$h_2=2$，$h_3=6$

μ_i：$\mu_1=\dfrac{h_1}{h_1+h_2}=\dfrac{23}{47}$，$\mu_2=\dfrac{h_2}{h_2+h_3}=\dfrac{1}{4}$

λ_i：$\lambda_1=1-\mu_1=\dfrac{24}{47}$，$\lambda_2=1-\mu_2=\dfrac{3}{4}$

g_i：$g_1=\dfrac{6}{(h_1+h_2)}\left(\dfrac{y_2-y_1}{h_2}-\dfrac{y_1-y_0}{h_1}\right)=0.3497$

$$g_2=\frac{6}{(h_2+h_3)}\left(\frac{y_3-y_2}{h_3}-\frac{y_2-y_1}{h_2}\right)=-0.5313$$

$$g_3=\frac{6}{h_3}\left(y'_3-\frac{y_3-y_2}{h_3}\right)=-0.0417 \qquad g_0=\frac{6}{h_1}\left(\frac{y_1-y_0}{h_1}-y'_0\right)=1.63334$$

将数据带入可得：

$$\begin{pmatrix} 2 & 1 & 0 & 0 \\ \dfrac{23}{47} & 2 & \dfrac{24}{47} & 0 \\ 0 & \dfrac{1}{4} & 2 & \dfrac{3}{4} \\ 0 & 0 & 1 & 2 \end{pmatrix}\begin{pmatrix} M_0 \\ M_1 \\ M_2 \\ M_3 \end{pmatrix}=\begin{pmatrix} 1.6333 \\ 0.3497 \\ -0.5313 \\ -0.0417 \end{pmatrix}$$

解得：

$$\begin{pmatrix} M_0 \\ M_1 \\ M_2 \\ M_3 \end{pmatrix}=\begin{pmatrix} 0.7832 \\ 0.0668 \\ -0.3276 \\ 0.1430 \end{pmatrix}$$

这样分别得到分段函数如下。

$$S(x)=\begin{cases}-0.0623x^3+0.4072x^2-0.0666x+4.0028 & \frac{1}{12}\leqslant x<2\\ -0.0329x^3+0.2306x^2+0.2865x+3.7674 & 2\leqslant x<4\\ 0.0131x^3-0.3206x^2+2.4917x+0.8272 & 4\leqslant x\leqslant 10\end{cases}$$

在 MATLAB 中，输入如下程序。

```
% SimInter.m
clear;clc;
x=[1/12 2 4 10]
y=[4 5 6.5 6.75]
n=length(x)
h=diff(x(1, :))
SizeH=length(h)
g(1)=6/h(1)*([y(2)-y(1)]/h(1))
g(n)=6/h(n-1)*(0-[y(n)-y(n-1)]/h(n-1))
Mu(n-1)=0
Lamda(1)=0
for i=1:n-2
Mu(i)=h(i)/(h(i)+h(i+1))
Lamda(i+1)=1-Mu(i)
g(i+1)=[6/(h(i)+h(i+1))]*([y(i+2)-y(i+1)]/h(i+1)-[y(i+1)-y(i)]/h(i))
end
A=zeros(n, n)
A(1, 2)=1
A(end, end-1)=1
A=A+diag(Mu, -1)+diag(Lamda, 1)+diag(2*ones(1, n))
M=inv(A)*g'
%重新选择拟合点
xx=x(1):0.01:x(end)
n1=length(xx)
for i=1:n1
 k=find(x<=xx(i))
 k1=length(k)
yy(i)=M(k1)*(x(k1+1)-xx(i))^3/6/h(k1)+M(k1+1)*(xx(i)-x(k1))^3/6/h(k1)...
   +(y(k1)-M(k1)/6*h(k1)^2)*(x(k1+1)-xx(i))/h(k1)...
   +(y(k1+1)-M(k1+1)/6*h(k1)^2)*(xx(i)-x(k1))/h(k1)

End
%绘制拟合图
plot(xx, yy)
hold on
```

```
plot(x, y, '*')
xlabel('时间')
ylabel('利率')
title('简化三次函数拟合利率期限结构')
```

运行得到的简化的三次函数拟合利率期限结构图如图 2-2 所示。

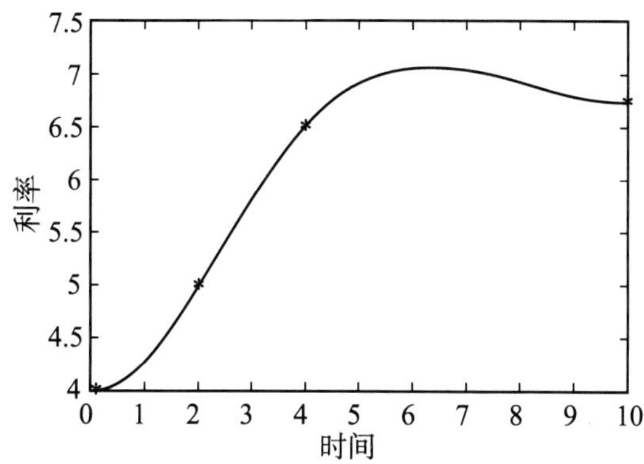

图 2-2　简化的三次函数拟合利率期限结构图

2.1.5　逐段光滑的三次函数插值

构造一个三次样条函数，对于区间[t_i，t_{i+1}]上的样条函数如下。

$$R_i(t) = a_i(t-t_i)^3 + b_i(t-t_i)^2 + c_i(t-t_i) + r_i$$

如果 n 表示观察值数目，r_i 表示 i 时刻利率水平，对于区间 $[t,T]$ 上的样条函数系数满足以下几种情况。

（1）$R_i(t)$在端点处相等，有 $a_i(t_{i+1}-t_i)^3+b_i(t_{i+1}-t_i)^2+c_i(t_{i+1}-t_i)= r_{i+1}-r_i$，其矩阵形式如下。

$$\begin{pmatrix} (t_2-t_1)^3 & (t_2-t_1)^2 & (t_2-t_1) & 0 & 0 & 0 & 0 & \cdots & \cdots & \cdots & 0 \\ 0 & 0 & 0 & (t_3-t_2)^3 & (t_3-t_2)^2 & (t_3-t_2) & 0 & 0 & \cdots & \cdots & 0 \\ 0 & 0 & 0 & 0 & 0 & 0 & \ddots & & & & \\ \vdots & \vdots & \vdots & \vdots & \vdots & \vdots & & & & & \\ 0 & \cdots & \cdots & \cdots & & & & & (t_{n-1}-t_{n-2})^3 & (t_{n-1}-t_{n-2})^2 & (t_{n-1}-t_{n-2}) \end{pmatrix} \times \begin{pmatrix} a_1 \\ b_1 \\ c_1 \\ a_2 \\ b_2 \\ c_2 \\ \vdots \\ a_{n-2} \\ b_{n-2} \\ c_{n-2} \end{pmatrix} = \begin{pmatrix} r_2-r_1 \\ r_3-r_2 \\ \vdots \\ r_{n-1}-r_{n-2} \end{pmatrix}$$

（2）$R_i(t)$在端点处的一阶导数连续，有 $3a_i(t_{i+1}-t_i)^2+2b_i(t_{i+1}-t_i)+c_i-c_{i+1}=0$，其矩阵形式如下。

$$\begin{pmatrix} 3(t_2-t_1)^2 & 2(t_2-t_1) & 1 & 0 & 0 & -1 & 0 & \cdots\cdots\cdots 0 \\ 0 & 0 & 0 & 3(t_3-t_2)^2 & 2(t_3-t_2) & 1 & 0 & 0\ -1 \cdots 0 \\ 0 & 0 & 0 & 0 & 0 & 0 & \ddots & \\ \vdots & \vdots & \vdots & \vdots & \vdots & \vdots & & \ddots \\ 0 & \cdots & \cdots & \cdots & & 3(t_{n-1}-t_{n-2})^2 & 2(t_{n-1}-t_{n-2}) & 1\ 0\ 0\ -1 \end{pmatrix} \times \begin{pmatrix} a_1 \\ b_1 \\ c_1 \\ a_2 \\ b_2 \\ c_2 \\ \vdots \\ a_{n-2} \\ b_{n-2} \\ c_{n-2} \end{pmatrix} = \begin{pmatrix} 0 \\ 0 \\ \vdots \\ 0 \end{pmatrix}$$

（3）根据 $R_i(t)$在端点处的二阶导数连续，有 $6a_i(t_{i+1}-t_i)+2(b_i-b_{i+1})=0$，其矩阵形式如下。

$$\begin{pmatrix} 6(t_2-t_1) & 2 & 0 & 0 & -2 & \cdots & 0 \\ 0 & 6(t_3-t_2) & 2 & 0 & 0 & -2 & 0 \\ \cdots & \cdots & \cdots & \cdots & \cdots & \cdots & \cdots \\ 0 & \cdots & 6(t_{n-1}-t_{n-2}) & 2 & 0 & 0 & -2 \end{pmatrix} \begin{pmatrix} a_1 \\ b_1 \\ c_1 \\ a_2 \\ b_2 \\ c_2 \\ \vdots \\ a_{n-2} \\ b_{n-2} \\ c_{n-2} \end{pmatrix} = \begin{pmatrix} 0 \\ 0 \\ \vdots \\ 0 \end{pmatrix}$$

（4）端点处限制条件如下。

$$b_1=0 \qquad 6a_{n-1}(t_n-t_{n-1})+2b_{n-1}=0$$

如果这样求出 a_i、b_i、c_i，i=1，2，3，…，n−1，可以得到 3(n−1)个未知数。

【例 2-3】 试用逐段光滑三次函数插值法，拟合【2-1】利率期限结构。

```
%文件名 Interest1.m
% r为利率期限结构，t为时间，r为对应的利率
t=[1/12 2  4  10];
r=[4  5 6.5 6.75];
n=length(r)-1
L=zeros(3*n)
n=n-1
%计算系数矩阵
for i=1:n
```

```
% 端点处的函数值相等
L(i, (i-1)*3+1:(i-1)*3+3)=[t(i+1)-t(i)].^(3:-1:1)
% 端点处的一阶导数值相等
L(n+i, (i-1)*3+1:(i-1)*3+3)=[t(i+1)-t(i)].^(2:-1:0).*[3 2 1]
L(n+i, i*3+3)=-1
% 端点处的二阶导数值相等
L(2*n+i, (i-1)*3+1:(i-1)*3+2)=[t(i+1)-t(i)].^(1:-1:0).*[6 2]
L(2*n+i, i*3+2)=-2
end
L(3*n+1, 2)=1
L(3*n+2, 3*n+1:3*n+3)=(t(end)-t(end-1)).^(3:-1:1)
L(3*n+3, 3*n+1:3*n+2)=(t(end)-t(end-1)).^(1:-1:0).*[6 2]
%给出b的值
b=zeros(3*(n+1), 1)
b(1:n, 1)=r(2:end-1)-r(1:end-2)
b(3*n+2, 1)=r(end)-r(end-1)
%计算拟合多项式系数
% (x1:x3->a1:c1;x4:x6->a2:c2;x7:x9->a3:c3;)
x=inv(L)*b
tt=0:0.1:11
%计算[0, 11]区间上的拟合利率值
for i=1:length(tt)
if tt(i)<=t(2)
 rr(i)=polyval([x(1:3);0], tt(i)-t(1))+r(1)
elseif tt(i)<=t(3)
 rr(i)=polyval([x(4:6);0], tt(i)-t(2))+r(2)
else
 rr(i)=polyval([x(7:9);0], tt(i)-t(3))+r(3)
end
end
%绘图
plot(t, r, '*', tt, rr)
xlabel('时间')
ylabel('利率')
title('三次函数利率期限结构')
```

运行得到的利率拟合图如图 2-3 所示。

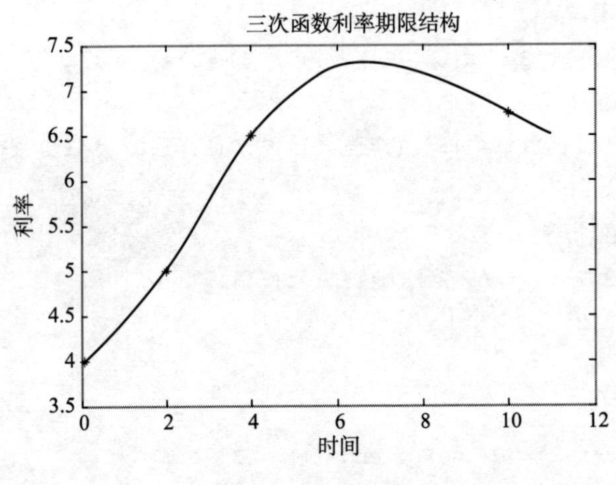

图 2-3 利率拟合图

2.2 最小二乘拟合

2.2.1 最小二乘拟合原理

多项式拟合形式比较规范，方法也比较简单。但是在实际应用中，针对所讨论问题的特点，拟合函数可以分为多种形式，常用的有指数函数、三角函数、多项式拟合等。

最小二乘拟合，一般定义总体误差为：

$$\|e\| = \sqrt{\sum_{i=1}^{n} e_i^2} = \sqrt{\sum_{i=1}^{n} (y_i - f(x_i))^2}$$

该方法又称最小二乘法，最小二乘拟合就是用一个曲线拟合，使得误差平方和 $\sum_{i=1}^{n} (y_i - f(x_i))^2$ 最小。

2.2.2 线性最小二乘拟合

设 $f_1(x)$，$f_2(x)$，$f_3(x)$，…，$f_n(x)$为 n+1 个线性无关连续函数，Φ 记为 $f_1(x)$，$f_2(x)$，$f_3(x)$，…，$f_n(x)$函数生成的 n 维线性函数空间，记：

$$\Phi = span(f_1(x), f_2(x), f_3(x), \cdots, f_n(x))$$

对于 Φ 中任意一个函数 $p(x)$，存在实数 a_1，a_2，a_3，…，a_n，使得：

$$p(x)=a_1f_1(x)+a_2f_2(x)+a_3f_3(x)+...+a_nf_n(x)$$

对于观察值 (x_i, y_i) (i=1，2，3，…，m)，在 Φ 中选择一个函数 $p(x)$，定义：

$$d(a_1,a_2,...,a_n)=\sum_{i=1}^{m}[y_i-p(x_i)]^2=\sum_{i=1}^{m}[y_i-\sum_{j=1}^{n}a_jf_j(x_i)]^2$$

要求 $d(a_1，a_2，a_3，\cdots，a_n)$最小，这就是线性最小二乘拟合。

对于利率曲线而言，评价拟合方法的优劣性主要在于以下几个方面。

- 拟合的准确性：要求拟合精确度高。
- 模型的灵活性：要求模型可以拟合不同形状的期限结构。
- 模型的简洁性：要求模型尽量简单。
- 模型的兼容性：可以模拟不同利率模型。

【例 2-4】 数据点值如表 2-2 所示。要求使用非线性拟合该数据点，非线性函数为 $f(x)=c_1e^{c_2x}$，c_1、c_2 为待估参数。

表 2-2　　**数据点值**

x	0.1	0.2	0.15	0	−0.2	0.3
y	0.95	0.85	0.86	1.06	1.5	0.72

在 MATLAB 中，使用非线性最小二乘拟合函数 lsqcurvefit。

```
% 先构造目标函数
>> fun=inline('c(1)*exp(c(2)*x)', 'c', 'x')
fun =
    Inline function:
    fun(c, x) = c(1)*exp(c(2)*x)
%然后输入观察数据
>> x=[0.1, 0.2, 0.15, 0, -0.2, 0.3];
>> y=[0.95, 0.85, 0.86, 1.06, 1.5, 0.72]

y =
   0.9500 0.8500 0.8600 1.0600 1.5000 0.7200
%最后调用最小二乘估计函数拟合
>> c=lsqcurvefit(fun, [0, 0], x, y)
Optimization terminated: relative function value
changing by less than OPTIONS.TolFun.
c =
    1.1011 -1.4837
%计算范数值
>> norm(feval(fun, c, x)-y)^2
```

```
ans =
     0.0037
%!用 1、x、x2、x3 作为拟合的基函数
>> x=[0.1, 0.2, 0.15, 0, -0.2, 0.3]';
>> y=[0.95, 0.85, 0.86, 1.06, 1.5, 0.72]';
>> x1=[ones(6, 1), x, x.^2, x.^3]
x1 =
     1.0000  0.1000  0.0100  0.0010
     1.0000  0.2000  0.0400  0.0080
     1.0000  0.1500  0.0225  0.0034
     1.0000       0       0       0
     1.0000 -0.2000  0.0400 -0.0080
     1.0000  0.3000  0.0900  0.0270
>> b=regress(y, x1) %拟合系数
b =

    1.0609
    -1.4507
    2.6629
    -5.3151
```

得到的拟合公式为：

$$\overline{y} = 1.0609 - 1.4507x + 2.6629x^2 - 5.3151x^3$$

拟合结果如下。

```
>> x1=[b(1)*x(:, 1), b(2)*x(:, 2), b(3)*x(:, 3), b(4)*x(:, 4)]
x1 =
    1.0609 -0.1451  0.0266 -0.0053
    1.0609 -0.2901  0.1065 -0.0425
    1.0609 -0.2176  0.0599 -0.0179
    1.0609       0       0       0
    1.0609  0.2901  0.1065  0.0425
    1.0609 -0.4352  0.2397 -0.1435
>> y1=sum(x1, 2)
y1 =
    0.9371
    0.8348
    0.8853
    1.0609
    1.5001
    0.7219
```

拟合的结果如表 2-3 所示。

表 2-3　　三次拟合函数

x	0.1	0.2	0.15	0	−0.2	0.3
y	0.95	0.85	0.86	1.06	1.5	0.72
拟合值	0.9371	0.8348	0.8853	1.0609	1.5001	0.7219

2.3　分段三次样条拟合

2.3.1　分段样条函数拟合利率曲线

对于利率期限结构曲线，为了保证拟合光滑性通常做以下假设。

- 样条函数在每个节点处的一阶导数相等。
- 样条函数在每个节点处的二阶导数相等。

在利率期限结构的拟合中，样条数量决定了拟合程度和平滑程度。如果增加样条函数数量，拟合程度会越好，但是拟合曲线就不会光滑。我国利率市场交易品种数量少，一般可以选择 3 个样条函数，时间节点可以选择 5 年和 10 年。例如，一个 30 年期的贴现函数为：

$$D(t)=\begin{cases} D_0(t)=a_1+b_1t+c_1t^2+d_1t^3 & t\in[0,5] \\ D_1(t)=a_2+b_2t+c_2t^2+d_2t^3 & t\in[5,10] \\ D_2(t)=a_3+b_3t+c_3t^2+d_3t^3 & t\in[10,30] \end{cases}$$

$D(t)$需要满足以下几个条件。

- 在 t=0 时：$D_1(0)=1$
- 在 t=5 时：

$$D'_0(5)=D'_5(5)$$

$$D''_0(5)=D''_5(5)$$

- 在 t=10 时：

$$D'_{10}(10)=D'_{30}(10)$$

$$D''_{10}(10)=D''_{30}(10)$$

将上述约束条件写成矩阵形式为：

$$\begin{pmatrix} 1 & 0 & 0 & 0 & 0 & 0 & 0 & 0 & 0 & 0 & 0 & 0 \\ 1 & t_1 & t_1^2 & t_1^3 & -1 & -t_1 & -t_1^2 & -t_1^3 & 0 & 0 & 0 & 0 \\ 0 & 0 & 0 & 0 & 1 & t_2 & t_2^2 & t_{21}^3 & -1 & -t_2 & -t_2^2 & -t_1^3 \\ 0 & 1 & 2t_1 & 3t_1^2 & 0 & -1 & -2t_1 & -3t_1^3 & 0 & 0 & 0 & 0 \\ 0 & 0 & 0 & 0 & 0 & 1 & 2t_2 & 3t_2^2 & 0 & -1 & -2t_1 & -3t_1^3 \\ 0 & 0 & 2 & 6t_1 & 0 & 0 & -2 & -6t_1 & 0 & 0 & 0 & 0 \\ 0 & 0 & 0 & 0 & 0 & 0 & 2 & 6t_2 & 0 & 0 & -2 & -6t_2 \end{pmatrix} \begin{pmatrix} a_1 \\ b_1 \\ c_1 \\ d_1 \\ a_2 \\ b_2 \\ c_2 \\ d_2 \\ a_3 \\ b_3 \\ c_3 \\ d_3 \end{pmatrix} = \begin{pmatrix} 1 \\ 0 \\ 0 \\ 0 \\ 0 \\ 0 \\ 0 \end{pmatrix}$$

如果记为：

$$A = \begin{pmatrix} 1 & 0 & 0 & 0 & 0 & 0 & 0 & 0 & 0 & 0 & 0 & 0 \\ 1 & t_1 & t_1^2 & t_1^3 & -1 & -t_1 & -t_1^2 & -t_1^3 & 0 & 0 & 0 & 0 \\ 0 & 0 & 0 & 0 & 1 & t_2 & t_2^2 & t_{21}^3 & -1 & -t_2 & -t_2^2 & -t_1^3 \\ 0 & 1 & 2t_1 & 3t_1^2 & 0 & -1 & -2t_1 & -3t_1^3 & 0 & 0 & 0 & 0 \\ 0 & 0 & 0 & 0 & 0 & 1 & 2t_2 & 3t_2^2 & 0 & -1 & -2t_1 & -3t_1^3 \\ 0 & 0 & 2 & 6t_1 & 0 & 0 & -2 & -6t_1 & 0 & 0 & 0 & 0 \\ 0 & 0 & 0 & 0 & 0 & 0 & 2 & 6t_2 & 0 & 0 & -2 & -6t_2 \end{pmatrix}$$

$$x = (a_1 \quad b_1 \quad c_1 \quad d_1 \quad a_2 \quad b_2 \quad c_2 \quad d_2 \quad a_3 \quad b_3 \quad c_3 \quad d_3)^\tau$$
$$b = (1 \quad 0 \quad 0 \quad 0 \quad 0 \quad 0 \quad 0)^\tau$$

这样约束条件可以写为：$Ax=b$。

如果求解出 x，样条函数的形式就确定了。

【例 2-5】贴现券各时刻报价如表 2-4 所示，试用分段的样条函数绘制拟合贴现曲线。

表 2-4 贴现券报价

时间	0	0.323	0.326	0.578	2.836	3.600	4.756	5.605	6.167	7.12
价格	100	99.6	99.45	98.70	98.3	96.4	93.214	93.355	90	89
时间	8	11.529	12	12.5	13	13.5	14	14.745	15	19.241
价格	88	85.471	83	82.5	84	85.5	86	81.255	83	77.759

首先定义函数 myfun1，其程序如下所示。

```
function y2=myfun1(a)
%文件名：myfun1.m
[z1 z2 z3]=data;
%%计算范数
zz=[z1.y-polyval(a(4:-1:1), z1.x), z2.y-polyval(a(8:-1:5), z2.x), z3.y-
polyval(a(12:-1:9), z3.x)];
y2=norm(zz);
function [z1 z2 z3]=data( )
%% 赋给初始数据
x=[0  0.323 0.326 0.578 2.836 3.6 4.756 5.6050 6.167
   7.12 8 11.5290 12 12.5 13 13.5 14 14.7450 15 19.2410];
y=[100 99.6 99.45 98.7 98.3 96.4 93.214 93.355 90 89
   88 85.471 83 82.5 84 85.5 86 81.255 83 77.7590]/100;
t1=5;
t2=12;
t3=20;
z1.x=x(x<=t1);
z1.y=y(x<=t1);
z2.x=x((t1<x)&(x<=t2));
z2.y=y((t1<x)&(x<=t2));
z3.x=x((t2<x)&(x<=t3));
z3.y=y((t2<x)&(x<=t3));
```

系数计算程序如下所示。

```
%文件名：IneterFit1.m
clear;clc;
A=zeros(7, 12);
t1=5;
t2=12;
t3=20;
%求解等式方程
z=0:3;
A(1, 1)=1;
%样条函数在节点处连续
A(2, 1:4)=t1.^z;        A(2, 5:8) =-t1.^z;
A(3, 5:8)=t2.^z;        A(3, 9:12) =-t2.^z;
%样条函数一阶导数在节点处连续
A(4, 2:4)=[1 2 3].*t1.^(0:2); A(4, 6:8) =-[1 2 3].*t1.^(0:2);
A(5, 6:8)=[1 2 3].*t2.^(0:2); A(5, 10:12)=-[1 2 3].*t2.^(0:2);
%样条函数二阶导数在节点处连续
A(6, 3:4)=[2 6].* [1, t1];   A(6, 7:8) =-[2 6].* [1, t1];
```

```
A(7, 7:8)=[2 6].* [1, t2];   A(7, 11:12)=-[2 6].*  [1, t2];
%设定初值
x1=[1.0000  0.7929  -0.1899  0.0198  4.5275  -1.3236
    0.2334 -0.0085  -15.5503  3.6958  -0.1849  0.0032];
b=[1;0;0;0;0;0;0];
options = optimset('Algorithm', 'interior-point')
[ff, gg] = fmincon(@myfun1, x1, [], [], A, b, [], [], [], options)
x=[0.3230  0.3260  0.5780  2.836  3.60  4.7560  5.6050
   6.1670  7.12   8   11.5290  12   12.5  13
13.5   14    14.7450  15   19.2410];
y=[99.60  99.4500  98.7  98.30  96.4  93.214  93.355
   90   89    88   85.471  83   82.5  84
   85.5  86    81.255  83   77.7590]/100;
z1.x=x(x<=t1);
z2.x=x((t1<x)&(x<=t2));
z3.x=x((t2<x)&(x<=t3));
%计算拟合结果
y1.y =polyval(ff( 4:-1:1), z1.x);
y2.y =polyval(ff( 8:-1:5), z2.x);
y3.y =polyval(ff(12:-1:9), z3.x);
%绘图
plot(x, y, '*', [z1.x, z2.x, z3.x], [y1.y, y2.y, y3.y]);
title('贴现曲线拟合图');
xlabel('时间');
ylabel('贴现率');
ylim([0.75, 1]);
```

运行得到贴现率曲线拟合图如图 2-4 所示。

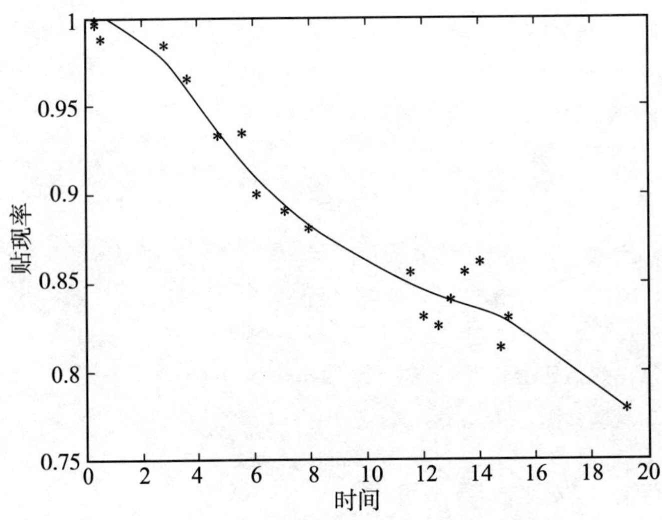

图 2-4　贴现率曲线拟合图

【例 2-6】 时间利率如表 2-5 所示，试用分段样条函数进行拟合。

表 2-5　　时间利率

时间	0.1	1.3	1.50	1.85	2.30	3.65	4.50	5.15	5.20
利率	1.15	1.56	1.67	1.75	1.79	2.85	2.88	3.12	3.14
时间	5.55	6.10	6.35	7.20	7.75	8.20	8.85	9.20	9.5
利率	3.24	3.25	3.14	3.33	3.4	3.55	5.35	5.45	6.28
时间	10.00	11.00	12.20	13.25	14.53	15.35	18.40	19.45	20
利率	6.18	7.21	7.53	8.70	9.02	9.02	9.23	9.53	10

选用拟合的目标函数：

$$\min_a \sum_i (y_i - f(a, x_i))^2$$

用非线性约束拟合利率期限结构的步骤如下。

（1）构造目标函数文件。

```
function y2=myfun2(a)
% 文件名：myfun2.m
[z1 z2 z3]=data;
%% 计算范数
zz1=z1.y-[a(1)+ a(2) *z1.x+ a(3) *z1.x.^2+ a(4) *z1.x.^3];
zz2=z2.y-[a(5)+ a(6) *z2.x+ a(7) *z2.x.^2+ a(8) *z2.x.^3];
zz3=z3.y-[a(9)+ a(10)*z3.x+ a(11)*z3.x.^2+ a(12)*z3.x.^3];
y2=sum(zz1.^2)+sum(zz2.^2)+sum(zz3.^2)
function [z1 z2 z3]=data( )
%% 赋初始数据
x=[0.1   1.3   1.5   1.85   2.3   3.65   4.5   5.15   5.2   5.55   6.1   6.35
 7.2   7.75   8.2   8.85   9.2   9.5   10   11   12.2   13.25   14.53   15.35
 18.4   19.45   20];
y=[1.15   1.56   1.67   1.75   1.79   2.85   2.88   3.12   3.14   3.24
 3.25   3.14   3.33   3.4   3.55   5.35   5.45   6.28   6.18   7.21   7.53
 8.7   9.02   9.02   9.23   9.53   10];
t1=5;
t2=12;
t3=20;
z1.x=x(x<=t1);
z1.y=y(x<=t1);
z2.x=x((t1<x)&(x<=t2));
z2.y=y((t1<x)&(x<=t2));
z3.x=x((t2<x)&(x<=t3));
z3.y=y((t2<x)&(x<=t3));
```

（2）给出计算最优拟合系数。

```
% 文件名：IneterFit2.m
clear;clc;
A=zeros(7, 12);
t1=5;
t2=12;
t3=20;
%% 求解等式方程
z=0:3;
A(1, 1)=1;
%% 样条函数在节点处连续
A(2, 1:4)=t1.^z;                A(2, 5:8)  =-t1.^z;
A(3, 5:8)=t2.^z;                A(3, 9:12) =-t2.^z;
%% 样条函数一阶导数在节点处连续
A(4, 2:4)=[1 2 3].*[t1.^(0:2)];  A(4, 6:8)  =-[1 2 3].*  [t1.^(0:2)];
A(5, 6:8)=[1 2 3].*[t2.^(0:2)];  A(5, 10:12)=-[1 2 3].*  [t2.^(0:2)];
%% 样条函数二阶导数在节点处连续
A(6, 3:4)=[2 6].*  [1, t1];      A(6, 7:8)  =-[2 6].*   [1, t1];
A(7, 7:8)=[2 6].*  [1, t2];      A(7, 11:12)=-[2 6].*   [1, t2];
%% 计算极值
x1=[1.0000   0.7929   -0.1899   0.0198   4.5275   -1.3236   0.2334   -0.0085
-15.5503   3.6958   -0.1849   0.0032] ;
b=[1;0;0;0;0;0;0];
options=optimset('Algorithm', 'interior-point')
[ff,  gg] = fmincon(@myfun2, x1, [], [], A, b, [], [], [], options)
x=[0.1   1.3   1.5   1.85   2.3   3.65   4.5   5.15   5.2   5.55   6.1   6.35
 7.2   7.75   8.2   8.85   9.2   9.5   10   11   12.2   13.25   14.53   15.35
 18.4   19.45   20];
y=[1.15    1.56    1.67    1.75    1.79    2.85    2.88    3.12    3.14    3.24
 3.25    3.14    3.33    3.4    3.55    5.35    5.45    6.28    6.18    7.21    7.53
 8.7   9.02   9.02   9.23   9.53   10];
z1.x=x(x<=t1);
z2.x=x((t1<x)&(x<=t2));
z3.x=x((t2<x)&(x<=t3));
%% 计算拟合结果
y1.y =polyval(ff( 4:-1:1),  z1.x);
y2.y =polyval(ff( 8:-1:5),  z2.x);
y3.y =polyval(ff(12:-1:9), z3.x);
```

```
%% 绘图
plot(x, y, '*', [z1.x, z2.x, z3.x], [y1.y, y2.y, y3.y])
title('利率曲线拟合图')
xlabel('时间')
ylabel('利率')
% 计算系数
ff =
    1.0000    0.8822   -0.2235    0.0226    4.9343   -1.4784    0.2486   -0.0089
-15.5211   3.6354   -0.1775   0.0029
gg =
    4.3427
```

从结果可以看出，最优系数保存在变量 *ff* 中，相应目标函数值为 3.2747，如图 2-5 所示是利率曲线拟合图。

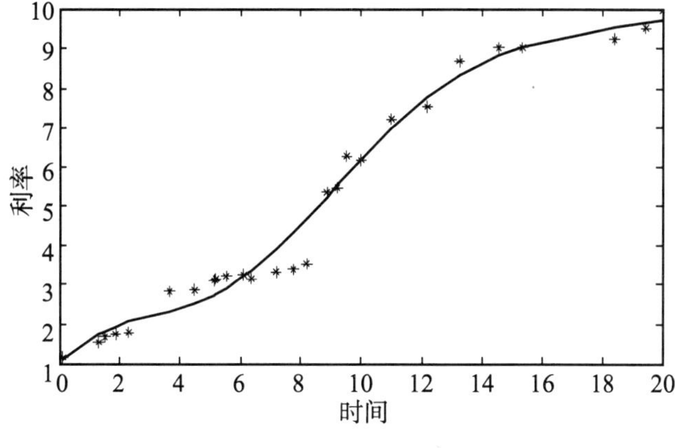

图 2-5　利率曲线拟合图

2.3.2　分段三次样条函数拟合价格

1．样条函数

假设 M 中债券到期日 $T_1 < T_2 < T_3 < \cdots < T_M$，拟合时选取时间节点为 $0=\tau_0 < \tau_1 < \tau_2 < \cdots < \tau_k = T_M$，假设样条贴现函数形式为：

$$\overline{D}(t) = \sum_{j=0}^{k-1} G_j(t) I_j(t)$$

其中，$G_j(t)$为基函数，$I_j(t)$为阶梯函数，其函数值为：

$$I_j(t) = \begin{cases} 1 (t > \tau_j) \\ 0 (t \leqslant \tau_j) \end{cases}$$

从前面的定义可以看出存在如下关系。

- 当$t\in[\tau_0,\tau_1]$时，$\overline{D}(t)=G_0(t)$。
- 当$t\in[\tau_1,\tau_2]$时，$\overline{D}(t)=G_0(t)+\overline{G}_1(t)$。

选取 $G_j(t)$的三次样条函数，其形式为：

$$G_j(t)=a_j(t-\tau_j)^3+b_j(t-\tau_j)^2+c_j(t-\tau_j)+d_j$$

其中，$t\in[\tau_j,\tau_{j+1}]$，a_j、b_j、c_j、d_j为常数。

当$t\in[\tau_0,\tau_1]$时，

$$G_0(t)=a_0t^3+b_0t^2+c_0t+d_0 \tag{2-9}$$

需要注意的是，贴现函数在 0 时刻的价格为 1，即 d_0=1。当$t\in[\tau_1,\tau_2]$时，

$$G_1(t)=a_0\tau_1^{\ 3}+b_0\tau_1^{\ 2}+c_0\tau_1+d_0+a_1(t-\tau_1)^3+b_1(t-\tau_1)^2+c_1(t-\tau_1)+d_1 \tag{2-10}$$

为了保持光滑性，要求分段函数在节点处连续，而且一阶导数、二阶导数连续，这样在τ_1处，即有：

$$\overline{D}(\tau_1-)=\overline{D}(\tau_1+) \tag{2-11}$$

$$\overline{D}'(\tau_1-)=\overline{D}'(\tau_1+) \tag{2-12}$$

$$\overline{D}''(\tau_1-)=\overline{D}''(\tau_1+) \tag{2-13}$$

由式(2-11)，可以推导出 d_1=0。

以下为计算式(2-9)及式(2-10)的一阶导数。

- 在 τ_1 处 $\overline{D}(t)$ 的左导数为：$\overline{D}'(\tau_1-)=3a_0\tau_1^{\ 2}+2b_0\tau_1+c_0$。
- 在 τ_1 处 $\overline{D}(t)$ 的右导数为：$\overline{D}'(\tau_1+)=(3a_0\tau_1^{\ 2}+2b_0\tau_1+c_0)+c_1$。

根据左右导数相等可以得出 c_1=0。

以下为计算等式(2-9)及式(2-10)的二阶导数。

- 在 τ_1 处 $\overline{D}(t)$ 的二阶左导数为：$\overline{D}''(\tau_1-)=6a_0\tau_1\ +2b_0$。
- 在 τ_1 处 $\overline{D}(t)$ 的二阶右导数为：$\overline{D}''(\tau_1+)=6a_0\tau_1^{\ 2}+2b_0+2b_1$。

根据左右导数相等可以得出 b_1=0。

2．无套利模型

假设 M 中债券到期日 $T_1<T_2<T_3<\cdots<T_N$，债券 i 的价格为 P_i，在 n 时刻的现金流为 C_{in}，对各个时期现金流进行贴现得：

$$P_i=\sum_{n=1}^{N}C_{in}\overline{D}(t_n)$$

上式可以写为：

$$P_i=\sum_{n=1}^{N}C_{in}\overline{D}(t_n)+\varepsilon_i$$

将 $P_i=\sum_{n=1}^{N}C_{in}(a_0t_n^3+b_0t_n^2+c_0t_n+1+\sum_{j=1}^{k-1}a_j(t_n-\tau_j)^3I_j(t_n))+\varepsilon_i$ 整理后，可以得出：

$$P_i-\sum_{n=1}^{N}C_{in}(a_0t_n^3+b_0t_n^2+c_0t_n+\sum_{j=1}^{k-1}a_j(t_n-\tau_j)^3I_j(t_n))=\varepsilon_i$$

拟合的目标是使 $\sum_i\varepsilon_i^2$ 最小。对于 M 种证券，需要估计的参数 $a_0, b_0, c_0, a_1, a_2, \cdots, a_{k-1}$，一共有 k+2 个。

【例 2-7】 零息券的报价如表 2-6 所示，根据报价试用分段最小二乘函数估计出贴现函数。

表 2-6　　零息券的报价

年限	0.5	1.5	2.5	3.5	4.5	5.5	6.5	报价
债券 1	2	102	0	0	0	0	0	95.41
债券 2	0	100	0	0	0	0	0	91.63
债券 3	3	3	103	0	0	0	0	93.67
债券 4	0	0	100	0	0	0	0	85.43
债券 5	4	4	4	104	0	0	0	93.05
债券 6	0	0	0	100	0	0	0	78.91
债券 7	5	5	5	5	105	0	0	93.51
债券 8	0	0	0	0	100	0	0	72.22
债券 9	6	6	6	6	6	106	0	94.96
债券 10	0	0	0	0	0	100	0	65.48
债券 11	7	7	7	7	7	7	107	95.49
债券 12	0	0	0	0	0	0	100	57.11
债券 13	8	8	8	8	8	8	108	100.98

将时间节点分为 5 年和 10 年，需要估计的三次样条函数如下。

对于[0，5]分段函数：$\overline{D}_0(t)=a_0t^3+b_0t^2+c_0t+1$。

对于[5，10]，分段函数：$\overline{D}_1(t)=a_0t^3+b_0t^2+c_0t+1+a_1(t-5)^3I_1$。

对于大于 10 年的分段函数：

$$\overline{D}2(t)=a_0t^3+b_0t^2+c_0t+1+a_1(t-5)^3I_1+a_2(t-10)^3I_2$$

需要估计的参数为 a_0、b_0、c_0、a_1、a_2。

对于债券 1：

$$\varepsilon_1=95.41-2(a_0\times0.5^3+b_0\times0.5^2+c_0\times0.5+1)-102(a_0\times1.5^3+b_0\times1.5^2+c_0\times1.5+1)$$

对于债券 3：

$$\varepsilon_3=93.67-3(a_0\times0.5^3+b_0\times0.5^2+c_0\times0.5+1)-3(a_0\times1.5^3+b_0\times1.5^2+c_0\times1.5+1)$$
$$-103(a_0\times2.5^3+b_0\times2.5^2+c_0\times2.5+1)$$

对于债券 5：

$$\varepsilon_5=93.05-4(a_0\times0.5^3+b_0\times0.5^2+c_0\times0.5+1)-4(a_0\times1.5^3+b_0\times1.5^2+c_0\times1.5+1)-4(a_0\times2.5^3+b_0\times2.5^2$$
$$+c_0\times2.5+1)-104(a_0\times3.5^3+b_0\times3.5^2+c_0\times3.5+1)$$

非线性约束拟合利率期限结构的求解步骤如下。

（1）构造目标函数。

```
function y2=myfun3(a)
%% 文件名：myfun3.m
%% 现金流矩阵
x=[2  102    0    0    0    0    0
   0  100    0    0    0    0    0
   3  3      103  0    0    0    0
   0  0      100  0    0    0    0
   4  4      4    104  0    0    0
   0  0      0    100  0    0    0
   5  5      5    5    105  0    0
   0  0      0    0    100  0    0
   6  6      6    6    6    106  0
   0  0      0    0    0    100  0
   7  7      7    7    7    7    107
   0  0      0    0    0    0    100
   8  8      8    8    8    8    108];
%% 价格矩阵
%假设第一年贴现率如下
% 年份 0.5   1.5   2.5  3.5   4.5  5.5   6.5
y=[95.41   91.63   93.67   85.43   93.05   78.91   93.51   72.22   94.96   65.48
95.49   57.11   100.98];
```

```
y=y';
%% 分段函数形式
syms t;
G1=a(1)*t^3+a(2)*t^2+a(3)*t+1;
G2=a(1)*t^3+a(2)*t^2+a(3)*t+1+a(4)*(t-5)^3;
G3=a(1)*t^3+a(2)*t^2+a(3)*t+1+a(4)*(t-5)^3+a(5)*(t-10)^3;
%% 计算范数
pv=x(:, 1)*subs(G1, t, 0.5)^0.5+x(:, 2)*subs(G1, t, 1.5)^1.5+...
   x(:, 3)*subs(G2, t, 2.5)^2.5+x(:, 4)*subs(G2, t, 3.5)^3.5+...
   x(:, 5)*subs(G2, t, 4.5)^4.5+x(:, 6)*subs(G2, t, 5.5)^5.5+...
   x(:, 7)*subs(G2, t, 6.5)^6.5 ;
y2=norm(y-pv);
```

（2）计算贴现函数系数。

```
% 文件名：IneterFit3.m
x0=[0.01  -0.0520   0.1345  -0.0063  -0.5];
a = fminsearch(@myfun3, x0);
% 现金流矩阵
x=[2  102    0   0   0   0   0
   0  100    0   0   0   0   0
   3  3      103 0   0   0   0
   0  0      100 0   0   0   0
   4  4      4   104 0   0   0
   0  0      0   100 0   0   0
   5  5      5   5   105 0   0
   0  0      0   0   100 0   0
   6  6      6   6   6   106 0
   0  0      0   0   0   100 0
   7  7      7   7   7   7   107
   0  0      0   0   0   0   100
   8  8      8   8   8   8   108];
T=[0.5  1.5  2.5   3.5   4.5  5.5  6.5]
 % 价格矩阵
y=[95.41   91.63   93.67   85.43   93.05   78.91   93.51   72.22   94.96   65.48
95.49  57.11  100.98];
y=y';
%% 分段函数形式
syms t;
G1=a(1)*t^3+a(2)*t^2+a(3)*t+1;
G2=a(1)*t^3+a(2)*t^2+a(3)*t+1+a(4)*(t-5)^3;
```

```
G3=a(1)*t^3+a(2)*t^2+a(3)*t+1+a(4)*(t-5)^3+a(5)*(t-10)^3;
%% 计算拟合价格
normprice=x(:, 1)*subs(G1, t, 0.5)^0.5+x(:, 2)*subs(G1, t, 1.5)^1.5+...
          x(:, 3)*subs(G2, t, 2.5)^2.5+x(:, 4)*subs(G2, t, 3.5)^3.5+...
          x(:, 5)*subs(G2, t, 4.5)^4.5+x(:, 6)*subs(G2, t, 5.5)^5.5+...
          x(:, 7)*subs(G2, t, 6.5)^6.5;
```

计算的拟合价格如下。

```
normprice =
   96.3887
   92.5592
   93.8460
   85.5357
   92.2766
   78.0732
   93.4838
   72.1234
   95.6047
   66.0115
   95.3642
   56.8587
  100.8650
```

贴现率函数形式为：

$$D(t)=\begin{cases}-0.0009t^3+0.0114t^2-0.0486t+1 & t<5\\ -0.0009t^3+0.0114t^2-0.0486t+1-0.0002(t-5)^3 & 5\leqslant t<10\\ -0.0009t^3+0.0114t^2-0.0486t+1-0.0002(t-5)^3+1.0006(t-10)^3 & t\geqslant 10\end{cases}$$

（3）绘制贴现率曲线图。

```
% 文件名：PlotDis.m
% 绘制贴现率曲线
%% 绘制拟合图
a=[-0.0009   0.0114   -0.0486   -0.0002   1.0006];
%% 绘制贴现率曲线
T=0.5:0.01:6.6;
k=1;
for t=T
   if i<5
   normp(k)=a(1)*t^3+a(2)*t^2+a(3)*t+1;
```

```
    elseif i<=10
    normp(k)=a(1)*t^3+a(2)*t^2+a(3)*t+1+a(4)*(t-5)^3;
    else
    normp(k)=a(1)*t^3+a(2)*t^2+a(3)*t+1+a(4)*(t-5)^3+a(5)*(t-10)^3;
    end
    k=k+1;
end
plot(T, normp)
title('贴现率曲线拟合图')
xlabel('时间')
ylabel('贴现率')
xlim([1.5 6.5])
```

运行得到贴现率曲线拟合图如图 2-6 所示。

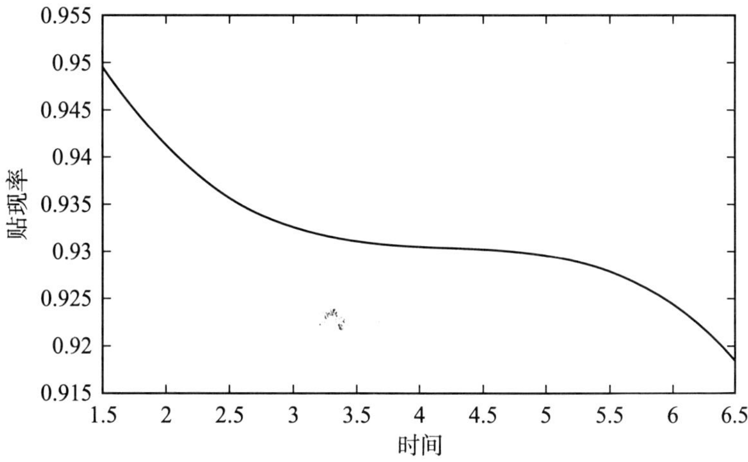

图 2-6 贴现率曲线拟合图

2.4 B 样条函数拟合

鲍威尔(Powell，1981)提出 B 样条函数作为基函数拟合利率期限结构，B 样条函数形式为：

$$g_s^p(t)=\sum_{j=s}^{s+p+1}\left(\prod_{j=s,j\neq i}^{s+p+1}\frac{1}{T_j-T_i}\right)\max(t-T_j,0)^p\,,\quad t\in[t_s,t_{s+p+1}]$$

其中，g_s^p 表示第 s 个 p 阶 B 样条函数。

二阶 B 样条函数形式如下。

当 $t<t_1$ 时：

$$g_1^2(t)=0$$

当 $t_1 \leqslant t \leqslant t_2$ 时：

$$g_1^2(t)=\frac{1}{T_2-T_1}\times\frac{1}{T_3-T_1}\times\frac{1}{T_4-T_1}\times(t-t_1)^2$$

当 $t_2 \leqslant t \leqslant t_3$ 时：

$$g_1^2(t)=\frac{1}{T_2-T_1}\times\frac{1}{T_3-T_1}\times\frac{1}{T_4-T_1}\times(t-t_1)^2+\frac{1}{T_1-T_2}\times\frac{1}{T_3-T_2}\times\frac{1}{T_4-T_2}\times(t-t_2)^2$$

当 $t_3 \leqslant t \leqslant t_4$ 时：

$$g_1^2(t)=\frac{1}{T_2-T_1}\times\frac{1}{T_3-T_1}\times\frac{1}{T_4-T_1}\times(t-t_1)^2+\frac{1}{T_1-T_2}\times\frac{1}{T_3-T_2}\times\frac{1}{T_4-T_2}\times(t-t_2)^2+\frac{1}{T_1-T_3}\times\frac{1}{T_2-T_3}\times\frac{1}{T_4-T_3}\times(t-t_3)^2$$

当 $t>t_4$ 时：

$$g_1^2(t)=0$$

考虑三次 B 样条函数，可以分别选取 5 年、10 年、15 年、20 年作为时间节点。

$$g_4^3=\begin{cases}0 & t<0\\ \dfrac{t^3}{15000} & 0\leqslant t<5\\ \dfrac{t^3}{15000}-\dfrac{(t-5)^3}{3750} & 5\leqslant t<10\\ \dfrac{t^3}{15000}-\dfrac{(t-5)^3}{3750}+\dfrac{(t-10)^3}{2500} & 10\leqslant t<15\\ \dfrac{t^3}{15000}-\dfrac{(t-5)^3}{3750}+\dfrac{(t-10)^3}{2500}-\dfrac{(t-15)^3}{3750} & 15\leqslant t<20\\ 0 & 20\leqslant t\end{cases}$$

这个函数在区间[0，20]上关于 t 有两次连续的导数，这样贴现函数可以写为：

$$D(t)=\sum_{p=-3}^{n-1}\lambda_p B_p(t)$$

其中，λ_i是待估参数。

【例 2–8】 零息券的报价如表 2–7 所示，试根据报价用 B 样条函数估计出贴现函数。

表 2-7 **零息券的报价**

序号	1	2	3	4	5	6	7	8	9
存续期	0	1.5	2	3.1	3.5	5.5	7.1	8.5	9
报价	100	97	96	95.7	95.5	95	94.8	94.3	94.2
序号	10	11	12	13	14	15	16	17	18
存续期	10	11	12	13	13.5	14	15.5	17	20
报价	94	93.7	93.6	93.5	93.4	93	92.5	92	91.6

在 MATLAB 中，输入如下程序。

```
% 文件名：BsplFit.m
t=[0   1.5   2   3.1   3.5   5.5   7.1   8.5   9
  10   11   12   13   13.5   14   15.5   17   20]
P=[100   97   96   95.7   95.5   95   94.8   94.3   94.2
   94   93.7  93.6  93.5  93.4   93   92.5   92   91.6]
T=[0 2 3 5 10 13 15 20 1000]
gt1=@(t, t1, t2, t3, t4, a)max((t-a)^3, 0)/((t1-a)*(t2-a)*(t3-a)*(t4-a))
for i=1:length(t)
   tt=t(i)
  for j=1:length(T)-4
     ss=T(j:j+4);
     t1=ss(1); t2=ss(2); t3=ss(3); t4=ss(4);t5=ss(5)
     d(i, j)=gt1(tt, t2, t3, t4, t5, t1)+gt1(tt, t1, t3, t4, t5, t2)...
+gt1(tt, t1, t2, t4, t5, t3)+gt1(tt, t1, t2, t3, t5, t4)+gt1(tt, t1, t2, t3, t4, t5)
end
end
r=log(P'/100)
c=regress(r, d)
```

运行的结果如下。

```
>> c
c =
  -0.6496
  -0.4139
  -0.8384
  -0.9263
 -85.7124
```

期利率为：

$$R(t)=0.6496B_1-0.4139B_2-0.8384B_3-0.9263B_4-85.7124B_5$$

B 样条函数示意图如图 2-7 所示。

拟合程序如下所示。

```
% BsPlot.m
  x1=linspace(0, 21, 100)
  for i=1:length(x1)
  tt=x1(i)
  for  j=1:length(T)-4
      ss=T(j:j+4);
      t1=ss(1); t2=ss(2);t3=ss(3);t4=ss(4);t5=ss(5);
  d(i, j)=gt1(tt, t2, t3, t4, t5, t1)+gt1(tt, t1, t3, t4, t5, t2)+gt1(tt, t1, t2, t4, t5, t3)+...
gt1(tt, t1, t2, t3, t5, t4)+gt1(tt, t1, t2, t3, t4, t5);
  end
  end
  gq=0
 for k=1:length(c)
 gq=gq+c(k)*d(:, k)
 end
  plot(t, P, '*', x1', 100*exp(gq))
```

运行得到 B 样条函数的利率拟合图如图 2-8 所示。

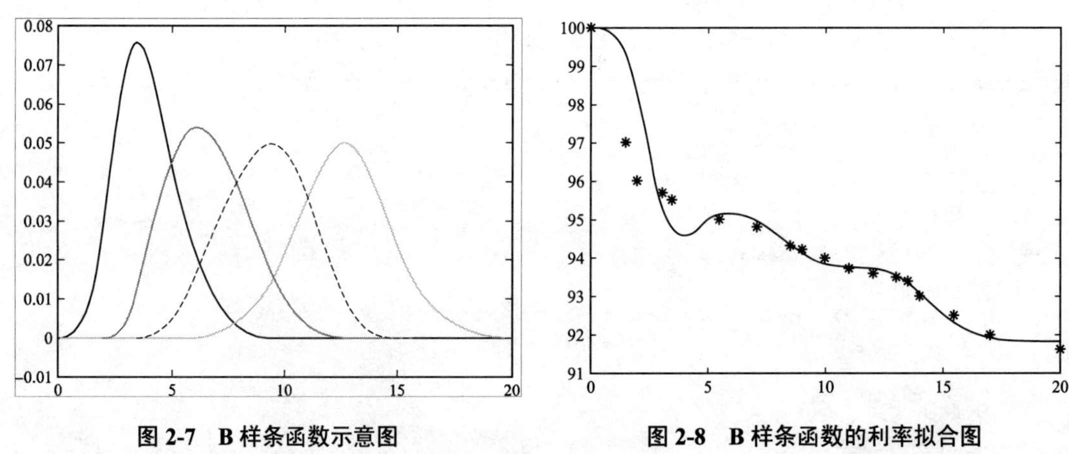

图 2-7　B 样条函数示意图　　图 2-8　B 样条函数的利率拟合图

从拟合结果看，从 0～5 年的误差偏大，5 年以后的拟合误差比较小。在 B 样条函数的应用中，有一个重要的问题就是设置节点，即确定节点数目和节点位置。在利率期限结构估计中，节点的数目和位置对估计的拟合优度有重要影响，节点数目越多，拟合优度越高，将增加利率期限结构摆动性。通常节点设置需综合考虑拟合优度与平滑性两个方面。一般认为，节点数目大约为国债数目的平方根，各节点间债券数目大致相当。

2.5　Nelson-Siegel 方法拟合

2.5.1　Nelson–Siegel 模型

Nelson-Siegel 模型可以用如下公式来说明即期利率。

$$f(t)=\beta_0+\beta_1\exp\left(-\frac{t}{\theta}\right)+\beta_2\left(\frac{t}{\theta}\right)\exp\left(-\frac{t}{\theta}\right) \tag{2-14}$$

其中，$f(t)$表示当前时刻利率远期；θ为适合该方程的时间常数；β_0、β_1、β_2为待估参数。当β_0固定时，通过β_1、β_2的不同组合，这个方程能够产生常见的远期利率曲线形状，如单调型、水平和倒置型曲线，将其转换为即期利率曲线时，却无法推导出更为复杂形状，如 V 形和驼峰形曲线。

零息券期限结构为：

$$y(t)=\frac{1}{t}\int_0^t f(u)\mathrm{d}u=\beta_0+\beta_1\frac{1-\exp(-t/\theta)}{t/\theta}+\beta_2\left(\frac{1-\exp(-t/\theta)}{t/\theta}-\exp(-t/\theta)\right) \tag{2-15}$$

【例 2–9】 在式(2–15)中，假设θ=1、β_0=0.05、β_1=0.1、β_2=0.5，绘出在$t\in[1/8,30]$的函数形状图。

在 MATLAB 中，输入如下程序。

```
% 文件名： NelSiePlot.m
par.beta = [.05 0.1 0.5];par.theta  = 1;
t = linspace(1/8, 30, 50);
i = t(:)/par.theta;
j = 1-exp(-i);
y = par.beta(1) + par.beta(2)*j./i + par.beta(3)*((j./i)+j-1);
% 下面绘出曲线的形状
plot(t, y)
```

运行得到的 Nelson-Siegel 函数形状图如图 2-9 所示。

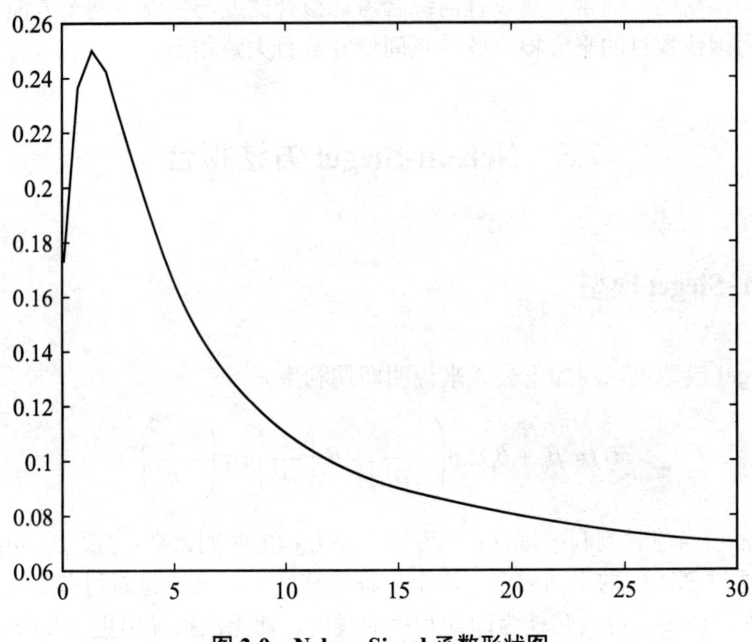

图 2-9　Nelson-Siegel 函数形状图

【例 2-10】 利率期限结构如表 2-8 所示，试用 Nelson-Siegel 函数拟合利率期限结构。

表 2-8　利率期限结构

时间	0.125	0.25	0.5	1	2	3	5	7	10	20	30
利率(%)	2.57	3.18	3.45	3.34	3.12	3.13	3.52	3.77	4.11	4.56	4.51

在 MATLAB 中，输入如下程序。

```
function f=NelsonFun(theta)
%文件名为 NelsoFfun.m
x = [.125 .25 .5  1   2   3   5   7   10  20  30]
y = [2.57 3.18 3.45 3.34 3.12 3.13 3.52 3.77 4.11 4.56 4.51]
 i = x(:)/theta;
 j = 1-exp(-i);
 n = length(x);
 z = [ones(n, 1) j./i (j./i)+j-1];
 beta = (z'*z)\(z'*y(:))  %这是最小二乘估计的系数，即 beta。
 e = y(:) - z*beta;
f = e'*e;
>>theta  = fminbnd(@(theta) nelsonfun(theta), 0, 10)% 调用非线性最优函数
beta =
   4.9562
  -1.9020
  -1.7409
```

```
theta =
      2.7680
```

当系数估计出来后，可以绘出实际的利率期限结构图与拟合的利率期限结构图。首先绘制实际的利率期限结构图，输入如下程序。

```
x = [.125 .25 .5  1   2   3   5   7   10   20   30]
y = [2.57 3.18 3.45 3.34 3.12 3.13 3.52 3.77 4.11 4.56 4.51]
figure
set(gcf, 'Color', 'w')
plot(x, y, '-rs');
hold on
```

运行得到实际的利率期限结构图如图 2-10 所示。

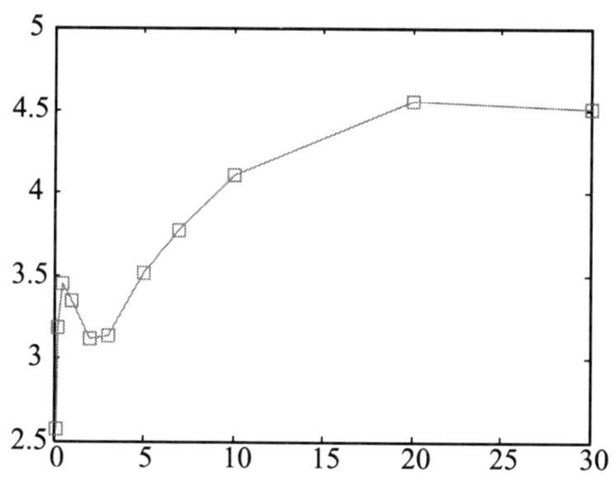

图 2-10　实际的利率期限结构图

然后将绘出拟合的曲线图叠加到实际的曲线上。

```
% NelsonPlot.m
clc;clear;
x = [0.125 0.25 0.5  1   2   3   5   7   10   20   30]
y = [2.57  3.18  3.45  3.34  3.12  3.13  3.52  3.77  4.11  4.56  4.51]
figure
set(gcf, 'Color', 'w')
plot(x, y, '-rs');
hold on
par.beta = [4.9562 -1.9020  -1.7409]';
par.theta  = 2.7680;
t = linspace(1/8, 30, 50);
i = t(:)/par.theta;
j = 1-exp(-i);
y1 = par.beta(1) + par.beta(2)*j./i + par.beta(3)*((j./i)+j-1);
plot(t, y1, '-')
```

```
% 添加图形标识
title('Nelson-Siegel 拟合利率期限结构图')
xlabel('时间(年)')
legend('实际的利率期限结构', ...
    ['Nelson-Siegel 拟合(\beta_{0} = ' sprintf('%3.2f', par.beta(1)) ', ' ...
        '\beta_{1} = ' sprintf('%3.2f', par.beta(2)) ', ' ...
        '\beta_{2} = ' sprintf('%3.2f', par.beta(3)) ', ' ...
        '\theta = ' sprintf('%3.2f', par.theta)    ')'])
legend(gca, 'boxoff')
```

运行得到实际利率期限结构与 Nelson-Siegel 模型拟合的期限结构对比图如图 2-11 所示。

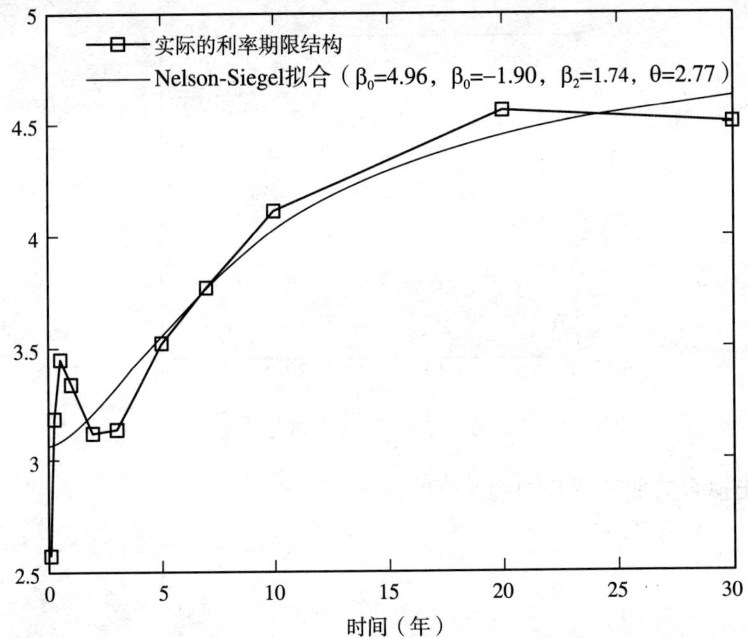

图 2-11　实际利率期限结构与 Nelson-Siegel 模型拟合的期限结构对比图

2.5.2　Nelson-Siegel 模型扩展形式

根据定义计算零息券期限结构 $R(0,t)$，由 $R(0,t)=\frac{1}{t}\int_0^t f(0,x)\mathrm{d}x$ 可以得到：

$$R(0,t)=\beta_0+\beta_1\left[\frac{1-\exp\left(\frac{t}{\theta_1}\right)}{\frac{t}{\theta_1}}\right]+\beta_2\left[\frac{1-\exp\left(-\frac{t}{\theta_1}\right)}{\frac{t}{\theta_1}}-\exp\left(-\frac{t}{\theta_1}\right)\right]$$

以上就是 Nelson-Siegel 模型的基本表达式。当 β_0 固定时，通过 β_1 与 β_2 的不同组合，可以推出 4 种不同形状的利率期限结构，但是该模型无法拟合更加复杂的期限结构，如 V 形期限结构。为了克服上述困难，Svensson 将 Nelson-Siegel 模型扩展为：

$$f(0,t)=\beta_0+\beta_1\exp\left(-\frac{t}{\theta_1}\right)+\beta_2\left(\frac{t}{\theta_1}\right)\exp\left(-\frac{t}{\theta_1}\right)+\beta_3\left(\frac{t}{\theta_2}\right)\exp\left(-\frac{t}{\theta_2}\right)$$

类似地有：

$$R(0,t)=\beta_0+\beta_1\left[\frac{1-\exp\left(-\frac{t}{\theta_1}\right)}{\frac{t}{\theta_1}}\right]+\beta_2\left[\frac{1-\exp\left(-\frac{t}{\theta_1}\right)}{\frac{t}{\theta_1}}-\exp\left(-\frac{t}{\theta_1}\right)\right]$$

$$+\beta_3\left[\frac{1-\exp\left(-\frac{t}{\theta_2}\right)}{\frac{t}{\theta_2}}-\exp\left(-\frac{t}{\theta_2}\right)\right]$$

这两个模型的优点在于：克服了尾部震荡的缺点，而且需要估计的参数相对较少，需要样本债券数量也不多，而且模型中每个参数都有其经济含义。

2.6　利用互换市场数据拟合利率期限结构

在利率实务操作中，投资者经常需要互换市场数据。利用互换市场数据建立的零息券收益率曲线，在衍生产品定价与套期保值方面发挥着关键作用。

利用互换市场价格推导零息债券收益率曲线包括以下 3 个步骤。

第 1 步：将市场数据转化为等价的零息票利率。

市场数据的来源有以下几个途径。

- 到期期限为 1 周、1 个月、2 个月、3 个月的 LIBOR 利率。
- 到期期限为上述 4 种期限的，以 3 个月 LIBOR 利率为基准的利率远期合约。
- 到期期限为 2～10 年的，以 3 个月 LIBOR 为基准的标准互换利率。

下面是利率转换方法。

（1）LIBOR 利率转换为零息债券利率。LIBOR 利率是货币市场利率，应计天数法则为 Act/360，当它们转换为零息债券的利率时，需要表示成 Act/365。例如，1999 年 2 月 1 日，1 个月的 LIBOR 利率是 2.5%，其转换成 1 个月的零息券利率(用 $ZC\left(\frac{1}{12}\right)$ 表示)公式为：

$$ZC\left(\frac{1}{12}\right)=\left(1+\frac{31}{360}2.5\%\right)^{\frac{365}{31}}-1$$

（2）3 个月 LIBOR 远期合约转换为零息债券利率。3 个月 LIBOR 远期合约的利率报价可由 100 减去 3 个月的基础利率求出，即 100−*i*，*i* 为单利利率。例如，1999 年 3 月 15 日，3 个月的 LIBOR 利率为 3%，起始日为 1999 年 6 月 15 日的 3 个月期利率远期报价为 96.5，这样，从 1999 年 6 月 15 日算起，3 个月的远期利率为 3.5%，所以计算 6 个月的即期利率(用 $ZC\left(\frac{6}{12}\right)$ 表示)公式为：

$$ZC\left(\frac{6}{12}\right)=\left[\left(1+\frac{90}{360}3\%\right)\left(1+\frac{92}{360}3.5\%\right)\right]^{\frac{365}{182}}-1$$

（3）互换利率转换为零息券利率。互换利率是名义利率，期限为 2 年的零息票债券利率 $ZC(2)$ 可以通过如下公式求出。

$$\frac{TS(1)}{1+ZC(1)}+\frac{1+TS(2)}{(1+ZC(2))^2}=1$$

其中，TS(2)是 2 年互换利率，ZC(1)等于 TS(1)，即期利率 ZC(3)、ZC(4)等可以用类似方法求出。

第 2 步：选用拟合多项式。如果用 ZC_n(n=1，2，3，…，17)表示 17 个零息债券的利率；用 B 样条函数 R(0，t)表示期限为 t 的零息券利率，则有：

$$R(0,t)=\sum_{l=-3}^{4}a_l B_l^3(t)=\sum_{l=-3}^{4}a_l\left[\sum_{j=l}^{l+4}\left(\prod_{\substack{i=l\\ i\neq l}}^{l+4}\frac{1}{\lambda_i-\lambda_j}\right)\max((t-\lambda_j)^3,0)\right] \tag{2-16}$$

注意式(2-16)是三次有界多项式的线性组合，样条函数取值为 0、1/2、1、2、5、10，这样就可以将函数与所有的 ZC_n 完全保持一致。

第 3 步：用最小二乘法估计出样条多项式中的各个参数。

第3章 资产组合

3.1 二次型的基本原理

由于资产组合通常写成二次型的形式，所以首先介绍二次型的基本原理。二次型的标准形式为：

$$
\begin{aligned}
f(x_1,x_2,x_3,\cdots,x_n) = & a_{11}x_1^2 + a_{12}x_1x_2 + a_{13}x_1x_3 + \cdots + a_{1n}x_1x_n \\
& +a_{21}x_1x_2 + a_{22}x_2^2 + a_{23}x_2x_3 + \cdots + a_{2n}x_2x_n + \\
& \cdots \\
& +a_{n1}x_1x_n + a_{2n}x_2x_n + a_{n3}x_nx_3 + \cdots + a_{2n}x_n^n \\
= & \sum_{i,j=1}^{n} a_{i,j}x_ix_j
\end{aligned}
$$

定义矩阵 A 为：

$$
A=\begin{pmatrix} a_{11} & a_{12} & \dots & a_{1n} \\ a_{21} & a_{22} & \dots & a_{2n} \\ \dots & \dots & \dots & \dots \\ a_{n1} & a_{n2} & .. & a_{nn} \end{pmatrix}
$$

向量 X 为：

$$X = (x_1, x_2, x_3, \cdots, x_n)^T$$

二次型可以用矩阵乘积的形式表示为：

$$f(x_1,x_2,x_3,\cdots,x_n) = X^T AX$$

可以很容易地看出，二次型矩阵 A 是对称矩阵。下面来分析经过线性变换后的二次型和原二次型之间关系。

假设：

$$f(x_1,x_2,x_3,\cdots,x_n) = X^T AX$$

其中，A 是对称矩阵，进行 $X=CY$ 变换后，有：

$$f(x_1,x_2,x_3,\cdots,x_n) = X^T AX = (CY)^T A(CY) = Y^T (C^T AC)Y$$

如果设 $B=C^TAC$，那么 $f(x_1,x_2,x_3,\cdots,x_n) = Y^T BY$，$B$ 也是一个对称矩阵。为了方便后面

讨论，定义几个特殊形式的矩阵。

设矩阵 A、B 是两个同阶方阵，如果存在可逆矩阵 C，使得 $A=C'BC$，则称矩阵 A 与 B 是相似矩阵；如果实数矩阵 C 满足 $C'C=I$，那么矩阵 C 称为正交矩阵。正交矩阵具有以下 4 个性质。

- 正交矩阵行列式的值为 1 或者-1。
- 正交矩阵的转置矩阵是其逆矩阵。
- 正交矩阵的逆矩阵是正交矩阵。
- 两个正交矩阵的乘积是正交矩阵。

对于二次型 $f(x_1,x_2,x_3,\cdots,x_n)=\sum_{i=1}^{n}\sum_{j=1}^{n}a_{i,j}x_ix_j=X^TAX$，都存在一个正交变换 $X=PY$，使得原二次型变为：

$$\lambda_1y_1^2+\lambda_2y_2^2+\cdots+\lambda_ny_n^2 \tag{3-1}$$

其中，λ_1，λ_2，…，λ_n 为矩阵 A 的特征根。式(3-1)称为原二次型的标准形式，将原二次型变成标准二次型的过程称为二次型标准化。

【例 3–1】 试将如下二次型标准化。

$$f(x_1,x_2,x_3)=x_1^2+4x_2^2+x_3^2-4x_1x_2-8x_1x_3-4x_2x_3$$

具体的操作步骤如下。

(1)将二次型写成矩阵形式。

$$f(x_1,x_2,x_3)=(x_1,x_2,x_3)\begin{pmatrix}1&-2&-4\\-2&4&-2\\-4&-2&1\end{pmatrix}\begin{pmatrix}x_1\\x_2\\x_3\end{pmatrix}$$

记矩阵 $A=\begin{pmatrix}1&-2&-4\\-2&4&-2\\-4&-2&1\end{pmatrix}$。

(2)用特征多项式计算矩阵 A 的特征根。

$$|\lambda E-A|=\begin{vmatrix}\lambda-1&2&4\\2&\lambda-4&2\\4&2&\lambda-1\end{vmatrix}=(\lambda-5)^2(\lambda+4)$$

特征根为 5、−4，由 $\lambda=5$ 得到齐次方程为：

$$\begin{cases}4x_1+2x_2+4x_3=0\\2x_1+x_2+2x_3=0\\4x_1+2x_2+4x_3=0\end{cases}$$

则基础解为：

$$\alpha_1=\begin{pmatrix}1\\0\\-1\end{pmatrix}\quad \alpha_2=\begin{pmatrix}1\\-2\\0\end{pmatrix}$$

经过正交化得到的特征向量为：

$$\gamma_1=\begin{pmatrix}\frac{\sqrt{2}}{2}\\0\\-\frac{\sqrt{2}}{2}\end{pmatrix}\qquad \gamma_2=\begin{pmatrix}\frac{\sqrt{2}}{6}\\-\frac{2\sqrt{2}}{3}\\\frac{\sqrt{2}}{6}\end{pmatrix}$$

同样，由 $\lambda=-4$ 得出基础解为：$\alpha_3=\begin{pmatrix}2\\1\\2\end{pmatrix}$

单位化后：$\gamma_3=\begin{pmatrix}\frac{2}{3}\\\frac{1}{3}\\\frac{2}{3}\end{pmatrix}$

由 γ_1、γ_2、γ_3 构成的正交矩阵为：

$$P=\begin{pmatrix}\frac{\sqrt{2}}{2} & \frac{\sqrt{2}}{6} & \frac{2}{3}\\0 & -\frac{2\sqrt{2}}{3} & \frac{1}{3}\\-\frac{\sqrt{2}}{2} & \frac{\sqrt{2}}{6} & \frac{2}{3}\end{pmatrix}$$

(3)构造正交变换 $X=PY$，即：

$$\begin{cases} x_1 = \dfrac{\sqrt{2}}{2}y_1 + \dfrac{\sqrt{2}}{6}y_2 + \dfrac{2}{3}y_3 \\ x_2 = -\dfrac{2\sqrt{2}}{3}y_2 + \dfrac{1}{3}y_3 \\ x_3 = -\dfrac{\sqrt{2}}{2}y_1 + \dfrac{\sqrt{2}}{6}y_2 + \dfrac{2}{3}y_3 \end{cases}$$

其标准型为：

$$5y_1^2 + 5y_2^2 - 4y_3^2$$

在 MATLAB 中，计算特征值与特征根函数为 eig，具体实现的程序如下。

```
>> [V,D]=eig(sym(A))
V =
   [1,     1,    0]
   [1/2,  -2,   -2]
   [1,     0,    1]
D =
   [-4,  0,   0]
   [0,   5,   0]
   [0,   0,   5]
```

其中，D 中主对角线上的元素为特征值，V 为各特征值对应的特征向量。

【例 3-2】已知浦发银行、恒瑞医药、万科 A 和 ST 金花 4 只股票，从 2008 年 11 月 1 日～2008 年 11 月 30 日股票的相关系数及标准差如表 3-1 所示，试构造出 4 个互不相关组合。

表 3-1　　4 只股票的相关系数与标准差

		浦发银行	恒瑞医药	万科 A	ST 金花
相关系数矩阵	浦发银行	1.0000	0.0257	0.6828	0.4646
	恒瑞医药	0.0257	1.0000	0.0112	0.2127
	万科 A	0.6828	0.0112	1.0000	0.3793
	ST 金花	0.4646	0.2127	0.3793	1.0000
标准差		0.0513	0.0214	0.0465	0.0305

首先输入相关系数与标准差。

```
>>coef=[1.0000    0.0257    0.6828    0.4646
        0.0257    1.0000    0.0112    0.2127
        0.6828    0.0112    1.0000    0.3793
        0.4646    0.2127    0.3793    1.0000]
```

```
>>std1=[0.0513   0.0214   0.0465   0.0305]
```

然后根据相关系数和标准差计算出协方差矩阵，将相关系数矩阵转换为协方差矩阵。

```
>>cov1=corr2cov(std1,coef)
>>cov1=[0.0026   0.0000   0.0016   0.0007
        0.0000   0.0005   0.0000   0.0001
        0.0016   0.0000   0.0022   0.0005
        0.0007   0.0001   0.0005   0.0009]
```

下面对协方差矩阵进行标准化。

```
>>[V,D]=eig(cov1)
V =
     0.1051  -0.5756  -0.3462   0.7334
     0.9087   0.3359  -0.2472   0.0167
     0.0202   0.4037   0.6651   0.6279
    -0.4034   0.6268  -0.6138   0.2601
D =
     0.0004   0         0         0
     0        0.0007    0         0
     0        0         0.0008    0
     0        0         0         0.0043
```

其中，V 为正交矩阵，D 中主对角线上的元素为对应的特征根。

如果构造出新组合 $Y(Y=V^TX$、$Y=(y_1,y_2,y_3,y_4))$，Y 与 X 的关系如下。

$$\begin{cases} y_1 = 0.1051x_1 + 0.9087x_2 + 0.0202x_3 - 0.4034x_4 \\ y_2 = -0.5756x_1 + 0.3359x_2 + 0.4037x_3 + 0.6268x_4 \\ y_3 = -0.3462x_1 - 0.2472x_2 + 0.6651x_3 - 0.6138x_4 \\ y_4 = 0.7334x_1 + 0.0167x_2 + 0.6279x_3 + 0.2601x_4 \end{cases}$$

经过变换后发现，原来证券之间的相关性强，而虚拟出的证券 y_1、y_2、y_3、y_4 之间消除了相关性，虚拟证券 Y 组合的方差为：

$$\sigma_p^2 = 0.0004y_1^2 + 0.0007y_2^2 + 0.0008y_3^2 + 0.0043y_4$$

3.2　资产组合的基础知识

证券投资组合理论(Portflio Theory)主要研究如何配置各种不同的金融资产，来满足投资者的各种要求。1952 年美国学者马克维茨(H.Markowitz)创立了资产组合理论，该理论在实践中得到了广泛的运用。

3.2.1 资产组合收益与风险

假设证券组合中包含 N 种证券，每种证券的收益率为一列随机变量 $r_1, r_2, r_3, \cdots$，r_N。资产组合的收益等于其中各证券收益率的加权平均值，即：

$$R_P = \sum_i w_i r_i$$

其中，R_P 表示资产组合的收益率；w_i 表示第 i 种资产的权重；r_i 表示第 i 种资产的收益率。

证券组合的风险取决于各个证券之间的协方差，组合风险为：

$$\sigma_P^2 = r^{\mathrm{T}} \mathrm{Cov}\, r$$

其中，σ_P^2 表示资产组合的方差；r 表示资产的收益率向量；Cov 表示各资产之间的协方差。

例如，在投资组合中由四川长虹与青岛海尔两种证券构成，其比率分别为 w_1=30%、w_2=70%；年期望收益率分别为 r_1=13.03%、r_2=8.69%，则该组合的收益率为：

$$\begin{aligned} ER_p &= w_1 r_1 + w_2 r_2 \\ &= 0.3 \times 0.1303 + 0.7 \times 0.0869 \\ &= 9.99\% \end{aligned}$$

3.2.2 协方差矩阵与相关系数矩阵

假设两个随机变量 X 与 Y 是独立的，对于事件 $X(X \leqslant a)$与事件 $Y(Y \leqslant b)$也是独立的，即：

$$F(a,b) = P(X \leqslant a, Y \leqslant b) = P(X \leqslant a, Y \leqslant b) = P(X \leqslant a)P(Y \leqslant b)$$

如果 $p(x, y)$是概率函数，$f(x, y)$是随机变量 X 与 Y 的联合密度函数，$f_X(x)$ 是随机变量 X 的密度函数，$f_Y(y)$是随机变量 Y 的密度函数。则有：

$$p(x, y) = p(x)\, p(y), \quad f(x, y) = f_X(x)\, f_Y(y)$$

协方差是考虑两个随机变量相关性的指标，其定义如下。

$$\mathrm{Cov}(X,Y) = \mathrm{E}[X - \mathrm{E}(X)][Y - \mathrm{E}(Y)] = \mathrm{E}(XY) - \mathrm{E}(X)\mathrm{E}(Y)$$

如果 X 与 Y 是独立的，则有 Cov(X, Y)=0；如果 Cov$(X, Y)>0$，表示随机变量 X 与 Y 正相关，当 X 增加时，Y 也增加；如果 Cov$(X, Y)<0$，表示随机变量 X 与 Y 负相关，当 X 增加时，Y 却减小。

协方差具有如下性质。

$$\mathrm{Cov}(X,X) = \mathrm{Var}(X,X) \qquad \mathrm{Cov}(X,Y) = \mathrm{Cov}(Y,X)$$

$$\mathrm{Cov}(aX,Y) = a\mathrm{Cov}(X,Y) \qquad \mathrm{Cov}(X,Y+Z) = \mathrm{Cov}(X,Y) + \mathrm{Cov}(X,Z)$$

通过上面的性质，可以得出以下结论。

$$\mathrm{Var}(X+Y)=\mathrm{Var}(X)+\mathrm{Var}(Y)+2\mathrm{Cov}(X,Y)$$
$$\mathrm{Var}(X-Y)=\mathrm{Var}(X)+\mathrm{Var}(Y)-2\mathrm{Cov}(X,Y)$$

更一般地，对于多元随机变量 $X_1, X_2, X_3, \cdots, X_n$，有：

$$\mathrm{Var}(\sum_{i=1}^{n}X_i)=\sum_{i=1}^{n}\mathrm{Var}(X_i)+2\sum_{\substack{i,j=1\\ i\neq j}}^{n}\mathrm{Cov}(X_i,X_j)$$

如果 $X_1, X_2, X_3, \cdots, X_n$ 彼此独立，即 $\mathrm{Cov}(X_i,X_j)=0$ 时：

$$\mathrm{Var}(\sum_{i=1}^{n}X_i)=\sum_{i=1}^{n}\mathrm{Var}(X_i)$$

记随机向量 $X=(X_1, X_2, X_3, \cdots, X_n)^T$，则 X 的协方差矩阵为：

$$\sum=\mathrm{E}[(X-\mu)(X-\mu)^T]$$

X 的联合概率分布 $f(x)$ 为：

$$f(x)=\frac{1}{(2\pi)^{n/2}\left|\Sigma\right|^{1/2}}\mathrm{e}^{-\frac{1}{2}(x-\mu)^T\Sigma^{-1}(x-\mu)}$$

其中，$\left|\Sigma\right|$ 表示协方差行列式的值。

对协方差矩阵标准化，就可以得到相关系数，随机变量 X 与 Y 的相关系数 ρ_{XY} 为：

$$\rho_{XY}=\frac{\mathrm{Cov}(X,Y)}{\sqrt{\mathrm{Var}(X)}\sqrt{\mathrm{Var}(Y)}}$$

如果 X 与 Y 为实数，则 $-1\leqslant\rho_{XY}\leqslant1$。

协方差有时也会出现误差，下面举一个例子。

```
>> x=-1:0.001:1;
>> y=sqrt(1-x.^2);
>> cov(x,y)
ans =
    0.3338   -0.0000
   -0.0000    0.0501
```

如果定义 X 为[-1，1]区间上的均匀分布，Y 产生 X 方式为：

$$Y=\sqrt{1-X^2}$$

根据协方差性质：

$$\mathrm{Cov}(X,Y)=\mathrm{E}(XY)-\mathrm{E}(X)\mathrm{E}(Y)$$

X为[-1, 1]区间上的均匀分布，E(X)=0，同时有：

$$E(XY)=\int_{-1}^{1}x\frac{1}{2}\sqrt{1-x^2}\,dx=0$$

虽然 X 与 Y 存在很大的相关性，但是协方差却为 0，这是因为协方差度量的线性关系对于非线性关系并不有效。

期望收益和方差是描述单个证券的重要特征，但实际上，股价的变化常常表现出联动性。一种证券的价格往往和其他证券同时变化，两种证券之间存在一定的关联性，不同证券之间的相关性是不同的，刻画关联程度的指标是协方差与相关系数。

假设有 N 种证券，第 i 种证券与第 j 种证券收益率分别为 r_i、r_j，其收益率的均值分别为 $\overline{r_i}$、$\overline{r_j}$，标准差分别为 σ_i、σ_j，那么证券 i 与证券 j 的协方差 $\sigma_{i,j}$ 为：

$$\sigma_{i,j}=E(r_i-\overline{r_i})(r_j-\overline{r_j})$$

协方差可以表示两种证券之间的协同程度。当 $\sigma_{i,j}>0$ 时，表示两种证券之间同向变动；当 $\sigma_{i,j}<0$ 时，表示两种证券之间反向变动，记协方差矩阵 Cov=($\sigma_{i,j}$)。

在 MATLAB 中，使用 corr2cov 函数把相关系数矩阵转换为协方差矩阵，其调用方式为：

Covariances = corr2cov(STDs, Correlations)

其中，STDs 为各个资产的标准差组成的向量；Correlations 为相关系数矩阵；Covariances 为协方差矩阵。

【例 3–3】 已知资产组合中有 3 个品种，各资产标准差与相关系数如表 3–2 所示，试计算资产协方差矩阵。

表 3-2　　各资产标准差与相关系数

		资产 A	资产 B	资产 C
标准差		0.21	0.25	0.18
相关系数矩阵	资产 A	1	0.8	0.4
	资产 B	0.8	1	0.3
	资产 C	0.4	0.3	1

在 MATLAB 中，输入如下程序。

```
>> STDs= [0.21  0.25  0.18];
>> Correlations=[1   0.8   0.4   0.8   1   0.3   0.4   0.3   1];
>> Covariances=corr2cov(STDs, Correlations)
Covariances=

            0.0441   0.0420   0.0151
            0.0420   0.0625   0.0135
            0.0151   0.0135   0.0324
```

3.2.3　资产组合收益率与标准差

在 MATLAB 中，使用 portstats 函数可以计算资产组合的回报与方差，其调用方式为：

[PortRisk, PortReturn] = portstats(ExpReturn, ExpCovariance, PortWts)

其中，ExpReturn 为各资产期望收益向量；ExpCovariance 为资产的协方差矩阵；PortWts 为资产权重向量；PortRisk 为总资产的标准差；PortReturn：总资产的收益。

【例 3-4】2 个资产组合中有 3 种资产 A、B、C，组合中各资产预期回报、权重如表 3-3 所示。

表 3-3　　资产组合中各资产明细表

		资产 A	资产 B	资产 C
协方差	资产 A	0.009	-0.0061	0.0042
	资产 B	-0.0061	0.0400	-0.0252
	资产 C	0.0042	-0.0252	0.0225
预期回报		0.1	0.2	0.15
组合 1 各资产权重		0.4	0.2	0.4
组合 2 各资产权重		0.2	0.4	0.4

在 MATLAB 中，输入如下程序。

```
>> ExpReturn = [0.1 0.2 0.15];
>> ExpCovariance = [0.009  -0.0061   0.0042
                  -0.0061   0.0400  -0.0252
                   0.0042  -0.0252   0.0225];
>> PortWts=[0.4 0.2 0.4; 0.2 0.4 0.4];
>> [PortRisk, PortReturn] = portstats(ExpReturn, ExpCovariance,PortWts)
PortRisk =
          0.0546
          0.0446
PortReturn =
         0.1400
         0.1600
```

从上述结果可以看出，这两个资产组合标准差分别为 0.0546、0.0446；资产回报分别为 0.14、0.16。

【例 3-5】假设资产组合中有 5 种资产，收益分别为 0.11、0.12、0.14、0.16、0.2，方差分别为 0.02、0.03、0.01、0.05、0.02，资产收益率各不相关，各资产权重分别为 0.1、0.2、0.3、0.2、0.2，试计算该组合的收益率与方差。

在 MATLAB 中，执行如下命令。

```
>> returns=[0.11 0.12 0.14 0.16 0.2]; variances=[0.02 0.03 0.01 0.05 0.02];
>> ws=[0.1 0.2 0.3 0.2 0.2];
>> mean=dot(returns,ws)
mean =
      0.1490
>> variance=sum(variances.*ws.^2)
variance =
      0.0051
```

该资产组合收益率为 0.1490，方差为 0.0051。

3.3 资产组合原理

3.3.1 均值方差理论

投资者在选择投资策略时，总希望收益尽可能的大且风险尽可能的小，但高收益必然伴随着高风险。所以投资者可以选择在既定收益率的情况下，使投资风险尽可能小的投资策略；或者选择承受一定风险的情况下，使总收益率尽可能大的策略。

假定投资者选定了 n 种证券，每种资产权重为 w_i，收益率为 μ_i，考虑资产组合权重向量 $w=(w_1, w_2, \cdots, w_n)^T$，资产收益率向量 $\mu=(\mu_1, \mu_2, \cdots, \mu_n)^T$，则组合收益与方差分别为：

$$E(r)=\sum_{i=1}^{n} w_i \mu_i \tag{3-2}$$

$$\sigma^2=\sum_{i=1}^{n}\sum_{j=1}^{n} w_i w_j \sigma_{ij} \tag{3-3}$$

其中，σ_{ij} 为第 i 种证券与第 j 种证券协方差，σ_{ii} 为证券 i 方差，记 $\Sigma=(\sigma_{ij})_{n\times n}$，则式(3-2)和式(3-3)变为：

$$\mathrm{E}(r)=w^T\mu \qquad \sigma^2=w^T\sum w$$

选择有效组合，使在目标收益给定的情况下，让风险降到最低，即满足以下条件。

$$\min_{w} \sigma^2=w^T\sum w$$

$$\text{s.t.} \quad \sum_{i=1}^{n}\mu_i w_i=\mu \qquad \sum_{i=1}^{n} w_i=1$$

其中，$\sum \geqslant 0$ 为半正定矩阵，可以用拉格朗日乘数法计算最优权重。

$$L=\frac{1}{2}w^T\sum w+\lambda_1(1-w^T\mathrm{e})+\lambda_2(\mu-w^T\mathrm{E}(r))$$

其中，$\mathrm{e}=(1,1,1,\cdots,1)^{\mathrm{T}}$，该向量中所有元素均为 1。

最优一阶条件为：

$$\begin{cases}\dfrac{\partial L}{\partial w}=\left(\dfrac{\partial L}{\partial w_1},\dfrac{\partial L}{\partial w_2},\cdots,\dfrac{\partial L}{\partial w_n}\right)=\sum w-\lambda_1\mathrm{e}-\lambda_2\mathrm{E}(r)=0\\ \dfrac{\partial L}{\partial \lambda_1}=1-w^T\mathrm{e}=0\\ \dfrac{\partial L}{\partial \lambda_2}=\mu-w^T\mathrm{E}(r)^T=\mu-\mathrm{E}(r)=0\end{cases} \tag{3-4}$$

假设$\sum$为可逆矩阵，则最优解为：

$$w_\mu=\sum{}^{-1}(\lambda_1\mathrm{e}+\lambda_2\mathrm{E}(r)) \tag{3-5}$$

将式(3-4)代入式(3-5)，则有：

$$\lambda_1\mathrm{e}^T\sum{}^{-1}\mathrm{e}+\lambda_2\mathrm{e}^T\sum{}^{-1}\mathrm{E}(r)=1$$

$$\lambda_1\mathrm{E}(r)^T\sum{}^{-1}\mathrm{e}+\lambda_2\mathrm{E}(r)^T\sum{}^{-1}\mathrm{E}(r)=\mu$$

记：

$$a=e^T\sum{}^{-1}\mathrm{e}\qquad b=\mathrm{e}^T\sum{}^{-1}\mathrm{E}(r)$$

$$c=\mathrm{E}(r)^T\sum{}^{-1}\mathrm{E}(r)\qquad d=ac-b^2$$

因为，$\sum>0$、b＞0、c＞0，可以得出 $d=ac-b^2>0$，有：

$$\lambda_1=\frac{1}{d}(c-\mu b)\qquad \lambda_2=\frac{1}{d}(\mu a-b)$$

这时最优组合中各资产的权重为：

$$w_P=\frac{(c-\mu b)}{d}\sum{}^{-1}\mathrm{e}+\frac{(\mu a-b)}{d}\sum{}^{-1}\mathrm{E}(r)$$

此时最小方差为：

$$\sigma_{w_P}^2=w_P^T\sum w_P=w_P^T\sum\left(\sum{}^{-1}(\lambda_1\mathrm{e}+\lambda_2\mathrm{E}(r))\right)$$

$$=\lambda_1w_P^T\mathrm{e}+\lambda_2w_P^T\mathrm{E}(r)=\lambda_1+\mu\lambda_2$$

整理得：

$$\sigma_{w_P}^2 = \frac{1}{d}(a\mu^2 - 2b\mu + c) = \frac{a}{d}\left(\mu - \frac{b}{a}\right)^2 + \frac{1}{a}$$

其中，μ=E(r)是期望收益，$\sigma_{w_P}^2$ 是组合最小方差，由此可以知道，在最小方差的组合中方差—期望的形状是抛物线，其顶点在$\left(\frac{b}{a},\frac{1}{a}\right)$上，如图 3-1 所示。

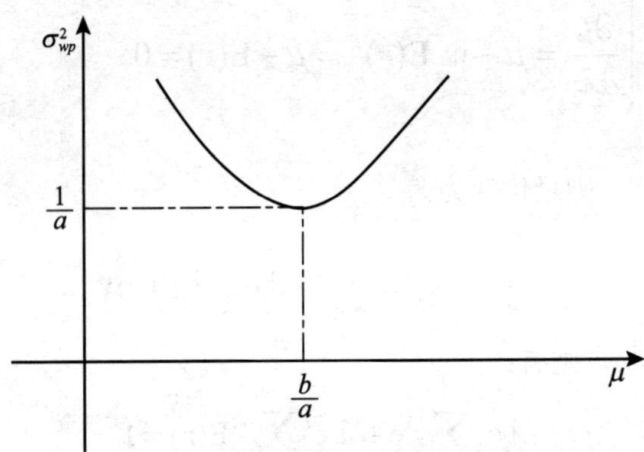

图 3-1　最优资产组合时的收益与方差

抛物线最低点就是方差最小组合。

3.3.2　考虑投资者偏好的组合

假设投资者风险偏好函数为：

$$U = r_P - \frac{\lambda}{2}\sigma_P^2$$

其中，λ 表示投资者相对风险厌恶系数，r_p 表示投资组合收益率，σ_P^2 表示投资组合方差。

1．没有权重限制的最优组合

投资者目标函数为：

$$\max U = \max\left(\sum_{i=1}^{n} w_i \mathrm{E}(r_i) - \frac{\lambda}{2}\sum_{i,j=1}^{n} w_i w_j \sigma_{ij}\right)$$

解得最优投资组合权重为：$w^* = \left(\lambda\sum\ \right)^{-1}\mathrm{E}(r)$。

2．有权重限制的最优组合

假设投资者目标函数为：

$$\max U = \max \lambda \sum_{i=1}^{n} w_i \mathrm{E}(r_i) - \frac{1}{2} \sum_{i,j=1}^{n} w_i w_j \sigma_{ij}$$

$$\text{s.t.} \qquad w_1 + w_2 + w_3 + \ldots + w_n = 1$$

可以解得最优投资组合权重为：

$$w_P = \frac{1}{a} \sum{}^{-1} \mathrm{e} + \lambda \sum{}^{-1} \left(\mathrm{E}(r) - \frac{b}{a} \mathrm{e} \right)$$

其中，

$$\mathrm{e} = \begin{pmatrix} 1 \\ 1 \\ 1 \\ \vdots \\ 1 \end{pmatrix} \qquad \mathrm{E}(r) = \begin{pmatrix} \mathrm{E}(r_1) \\ \mathrm{E}(r_2) \\ \mathrm{E}(r_3) \\ \vdots \\ \mathrm{E}(r_n) \end{pmatrix}$$

$$a = \mathrm{e}^T \mathrm{e} \qquad b = \mathrm{E}(r)^T \sum{}^{-1} \mathrm{e} \qquad c = \mathrm{E}(r)^T \sum{}^{-1} \mathrm{E}(r)$$

由于$\sum$是正定矩阵，所以 $a>0$、$c>0$。将 w_P 带入 $\mathrm{E}(r)^T w_P$ 和$(w_P)^T \sum w_P$，得到最优组合收益率与方差分别为：

$$r_P = (w_P)^T \mathrm{E}(r) = \frac{b}{a} + \lambda \left(c - \frac{b^2}{a} \right) \qquad \sigma_P^2 = (w_P)^T \sum w_P = \frac{1}{a} + \lambda^2 \left(c - \frac{b^2}{a} \right)$$

消去上面两个方程中的 λ，组合处于最优状态，最优组合收益率与方差之间的关系如下：

$$\left(r_P - \frac{b}{a} \right)^2 = \left(c - \frac{b^2}{a} \right) \left(\sigma_P^2 - \frac{1}{a} \right)$$

3.4　投资组合评价指标

3.4.1　夏普比率

夏普比率又被称为夏普指数（Sharp Ratio），由诺贝尔奖获得者威廉·夏普于 1966 年最早提出，目前已成为衡量基金绩效最为常用的一个指标。如果夏普比率为正值，说明该基金的平均净值增长率超过了无风险利率。如果同期银行存款利率作为无风险利率，说明基金比银行存款好。夏普比率越大，说明基金单位风险所获得的风险回报越高。夏普比率为负时，按大小排序没有意义。

假设投资者可以以无风险利率进行借贷，通过确定适当的融资比例，高夏普比率的基金总是能够在同等风险的情况下，获得比低夏普比率基金高的投资收益。例如，有两个基金 A 和 B，A 基金的年平均净值增长率为 20%，标准差为 10%；B 基金的年平均净值增长率为 15%，标准差为 5%，年平均无风险利率为 5%，那么基金 A 和基金 B 的夏普比率分别为 1.5 和 2。依据夏普比率，基金 B 的风险调整收益要好于基金 A，为了更清楚地说明，可以以无风险利率的水平，融入等量的资金(融资比例为 1∶1)投资于 B，B 的标准差将会扩大 1 倍，达到与 A 相同的水平，但这时 B 的净值增长率等于 25%（即 2×15%－5%）则要大于 A 基金。

夏普比率的计算公式为：

$$\text{sharpe} = \frac{\bar{r} - r_f}{\sigma}$$

其中，sharpe 为夏普比率；$\bar{r}$ 为资产的平均收益；r_f 为无风险利率；σ 为资产收益率的标准差。

sharpe 函数的调用方式为：Ratio = sharpe(Asset, Cash)。其中，输入参数 Asset 为资产收益率序列，Cash(可选)为无风险资产的收益率序列，其默认值为 0；输出参数 Ratio 为夏普比率。

在 MATLAB 自带的数据文件 FundMarketCash 中，含有某共同基金 5 年的月数据。其中，变量 TestData 中各列的数据分别为共同基金价格、市场价格、90 天国库券的月价格；变量 Assets 保存了数据的名称。

```
>> load FundMarketCash
% 将价格序列转化为收益率序列
>> Returns = tick2ret(TestData);
% 计算夏普比率
>> sha=sharpe(Returns(:,1),Returns(:,3))
sha =
      0.0886
```

3.4.2 信息比率

不同于夏普比率，信息比率(Information Ratio)是从主动管理的角度描述风险调整后的收益，信息比率的定义如下。

$$\text{inforatio=}\frac{\mathrm{E}(R - R_{\text{Benchmark}})}{\sigma(R - R_{\text{Benchmark}})}$$

其中，inforatio 表示信息比率；R 表示资产收益率序列；$R_{\text{Benchmark}}$ 表示基准收益率序列；

$R-R_{\text{Benchmark}}$表示超额收益率；$E(R-R_{\text{Benchmark}})$、$\sigma(R-R_{\text{Benchmark}})$分别表示超额收益均值与标准差。

inforatio 函数的调用方式为：Ratio = inforatio(Asset, Benchmark)。其中，输入参数 Asset 为资产的收益率序列，Benchmark 为基准资产的收益率序列；输出参数 Ratio 为信息比率。

下面选用 FundMarketCash 文件中的数据，第二列市场收益率为基准收益率，计算投资组合信息比率。

```
>> load FundMarketCash
>> Returns=TestData(:,1);Benchmark=TestData(:,2);
>> InfoRatio = inforatio(Returns, Benchmark)
InfoRatio =
         3.1123
```

3.5 资 产 配 置

由于证券市场投资存在风险，一般不主张把投资集中在一种资产上，运用组合理论可以有效地降低投资风险，其核心思想是在目标收益率给定的情况下，要求资产组合风险最小。资产组合理论是由马克维茨(H.Markowitz)于 1952 年提出的均值方差理论模型，即：

$$\min:\sigma^2=x^T\sum x=\sum_{i,j}x_ix_j\sigma_{i,j}$$

$$\text{s.t.}\quad \mathrm{E}(r_x)=x^T\mathrm{E}(r)=\sum x_i\mathrm{E}(r_i)=\mu\text{；}\ \sum x_i=1$$

其中，μ 表示投资者目标收益率；Σ 表示协方差矩阵 $\Sigma=(\sigma_{i,j})$；r_i 表示第 i 种资产的收益率；x_i 表示第 i 种资产在总资产中所占的权重。

3.5.1　两种资产组合收益期望与方差

假设两种资产的收益率分别用 R_1、R_2 表示，协方差为 $\Sigma=(\sigma_{i,j})$。记资产组合为 P，资产组合收益率、方差分别为 R_P、σ_P^2，x_1、x_2 分别表示权重，则有 $R_P=x_1R_1+x_2R_2$。

该资产组合期望收益率与方差分别为：

$$\mathrm{E}(R_P)=x_1\mathrm{E}(R_1)+x_2\mathrm{E}(R_2)$$

$$\sigma_P^2=(x_1,x_2)\begin{pmatrix}\sigma_1^2 & \sigma_{1,2}\\ \sigma_{1,2} & \sigma_2^2\end{pmatrix}\begin{pmatrix}x_1\\ x_2\end{pmatrix}=x_1^2\sigma_1^2+2x_1x_2\sigma_{1,2}+x_2^2\sigma_2^2$$

这样资产组合收益率均值与方差，如图 3-2 所示。

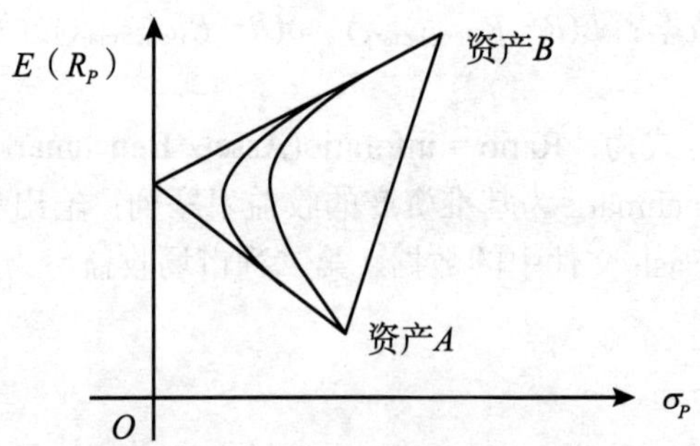

图 3-2 资产组合收益率均值与方差

马克维茨资产组合理论就是寻找一个有效组合，所谓有效组合是指在同样收益率水平下具有最小风险，这样不同收益与最小风险构成有效前沿。

在不允许卖空的情况下，求解有效组合目标函数为：

$$\min \frac{1}{2} x \sum x^T$$

$$\text{s.t.} \qquad x^T \overline{R} = \overline{R}_P; x_1 + x_2 = 1, x_1, x_2 \geqslant 0$$

这是一个约束条件为线性且含有不等式的二次规划方程，给定一个组合收益率就有一个最小方差，这样组合收益与最小方差构成有效前沿关系，如图 3-3 所示。

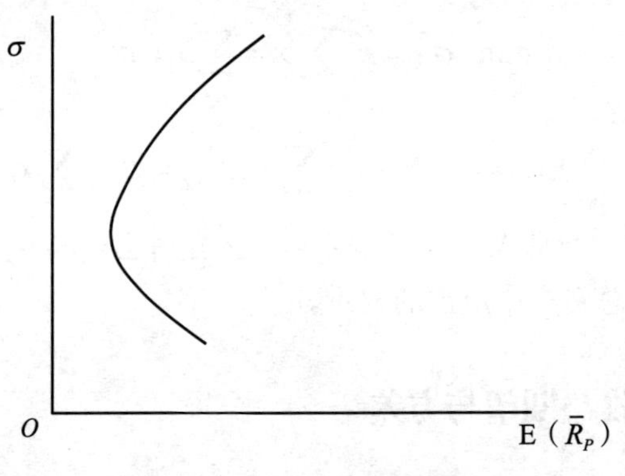

图 3-3 资产组合有效前沿

3.5.2 均值方差有效前沿

在 MATLAB 工具箱中包含了资产均值方差有效前沿函数，这些都是基于 MATLAB 最优化理论工具箱。

frontcon 函数的调用方式为：

[PortRisk, PortReturn, PortWts] =frontcon (ExpReturn, ExpCovariance, NumPorts, PortReturn, AssetBounds, Groups, GroupBounds)

其中，ExpReturn 为资产组合中每项资产预期回报，为一行向量；ExpCovariance 为各个资产之间协方差矩阵，为对称矩阵；NumPorts(可选)为在资产组合有效前沿上的点的个数，默认值是

10；PortReturn(可选)为有效前沿上每个点回报；AssetBounds(可选)为每种资产权重的上限、下限区间；Groups(可选)：如果 Groups(i, j)=1，表示第 *i* 个资产属于第 *j* 个群，如果 Groups(i, j)=0，表示第 *i* 个资产不属于第 *j* 个群；GroupBounds(可选)为每个群的权重约束区间，默认值规定下限为 0，上限为 1；PortRisk 为组合的标准差；PortReturn 为组合的回报；PortWts 为组合中每个资产的权重。

注意，可以用“[ ]”代替默认值。

【例 3-6】 考虑 3 个资产组合，预期收益率分别为 0.1、0.2、0.15，资产协方差矩阵如表 3-4 所示，求该资产组合的有效前沿。

表 3-4　　资产协方差矩阵

	资产 1	资产 2	资产 3
资产 1	0.0100	−0.0061	0.0042
资产 2	−0.0061	0.0400	−0.0252
资产 3	0.0042	−0.0252	0.0225

在 MATLAB 中，输入如下程序。

```
>> ExpReturn = [0.1 0.2 0.15];
>> ExpCovariance = [ 0.0100  -0.0061   0.0042
                    -0.0061   0.0400  -0.0252
                     0.0042  -0.0252   0.0225];
>> NumPorts = 4; % 资产组合有效前沿上选 4 个点
>> [PortRisk, PortReturn, PortWts] = frontcon(ExpReturn, ExpCovariance, NumPorts)
```

有效前沿上每个点的标准差、回报以及各资产权重如下。

```
PortRisk =
        0.0426
        0.0483
        0.1089
        0.2000
PortReturn =
        0.1569
        0.1713
        0.1856
        0.2000
PortWts =
       0.2134    0.3518    0.4348
       0.0096    0.4352    0.5552
            0     0.7128   0.2872
            0     1.0000        0
```

3.5.3 带约束条件的资产组合有效前沿

投资组合中的问题很少有简单的约束，大多数情况下是多种约束，监管当局为了防止流动性风险，对资产组合中每种资产的比例加以限制，如证监会规定封闭式基金持股上限为80%，开放式基金持股上限为 95%，单只基金持有一家公司发行的股票不得超过该基金资产净值的 10%；同一基金管理公司管理的全部基金持有一家公司发行的股票不得超过该公司总股本的 10%，这时就需要考虑多个约束条件下的最优组合问题。

MATLAB 利用均值—方差理论求解资产组合问题，首先是将约束条件写成矩阵形式，如 $Ax \leqslant b$ 或者 $Ax=b$，下面用一个例子进行说明。

【例 3–7】某资产组合中有 5 种资产，第 i 种资产预期回报率为 $r_i\,(i=1, 2, 3, 4, 5)$，w_i 为第 i 种资产在总资产中的权重，考虑 w_i 具有如下约束条件。

$$0 \leqslant w_1 \leqslant 0.35,\ \ 0 \leqslant w_2 \leqslant 0.3,\ \ 0 \leqslant w_3 \leqslant 0.3,\ \ 0 \leqslant w_4 \leqslant 0.4,\ \ 0 \leqslant w_5 \leqslant 0.35$$

$$0.2 \leqslant w_1 + w_2 \leqslant 0.6$$

$$0.3 \leqslant w_3 + w_4 + w_5 \leqslant 0.7$$

上述约束条件写成矩阵形式为：

$$\begin{pmatrix} 1 & 0 & 0 & 0 & 0 & 0.35 \\ 0 & 1 & 0 & 0 & 0 & 0.30 \\ 0 & 0 & 1 & 0 & 0 & 0.30 \\ 0 & 0 & 0 & 1 & 0 & 0.40 \\ 0 & 0 & 0 & 0 & 1 & 0.5 \\ -1 & 0 & 0 & 0 & 0 & 0 \\ 0 & -1 & 0 & 0 & 0 & 0 \\ 0 & 0 & -1 & 0 & 0 & 0 \\ 0 & 0 & 0 & -1 & 0 & 0 \\ 0 & 0 & 0 & 0 & -1 & 0 \\ -1 & -1 & 0 & 0 & 0 & -0.2 \\ 0 & 0 & -1 & -1 & -1 & -0.3 \\ 1 & 1 & 0 & 0 & 0 & 0.6 \\ 0 & 0 & 1 & 1 & 1 & 0.7 \end{pmatrix}$$

注意，约束条件 $0 \leqslant w_1 \leqslant 0.35$ 可以分解成两个约束条件，$0 \leqslant w_1$（可以写成约束条件 $-w_1 \leqslant 0$）和 $w_1 \leqslant 0.35$，下面计算约束条件下资产组合有效前沿。

portopt 函数调用方式为：[PortRisk, PortReturn, PortWts] = portopt(ExpReturn, ExpCovariance, NumPorts, PortReturn, ConSet)。

其中，ExpReturn 为资产的期望回报率；ExpCovariance 为资产的协方差；NumPorts(可选)为资产组合中投资品种的个数；PortReturn(可选)为要求组合的回报率；ConSet(可选)为约束条件；PortRisk 为资产组合的风险；PortReturn 为资产组合的回报；PortWts 为组合中各个资产的权重。

【例 3-8】 设有两种资产其回报率分别为 0.1、0.3，协方差矩阵为$\begin{pmatrix} 0.02 & 0 \\ 0 & 0.04 \end{pmatrix}$，要求组合没有借贷，第一种资产的权重小于 20%；第二种资产的权重大于 30%，求这两种资产组合有效前沿，其约束条件为：

$$w_1 + w_2 = 1, 0 \leqslant w_1 \leqslant 0.2, 0.3 \leqslant w_2$$

在 MATLAB 中，输入如下程序。

```
>> ret=[0.1 0.3];cov=[0.02 0;0 0.04];
>> constr=[1 1 1;1 0 0.2;-1 0 0 ;0 -1 -0.3];% 约束矩阵
>> portopt(ret,cov,[],[],constr)
```

则满足上述约束条件的均值方差有效前沿如图 3-4 所示。

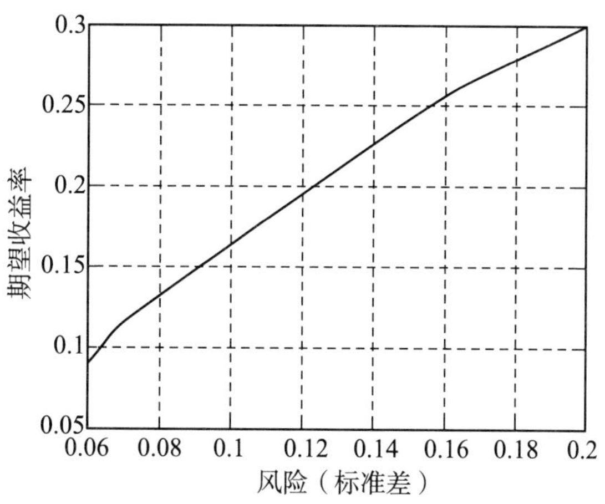

图 3-4　含约束条件的均值方差有效前沿

【例 3-9】 资产 A、B、C 的相关系数矩阵、预期回报、标准差如表 3-5 所示，试计算其有效前沿。

表 3-5　　各资产相关系数矩阵、预期回报、标准差

		资产 A	资产 B	资产 C
相关系数矩阵	资产 A	1	0.8	0.4
	资产 B	0.8	1	0.3
	资产 C	0.4	0.3	1
预期回报		0.1	0.15	0.12
各资产标准差		0.2	0.25	0.18

在MATLAB中，输入如下程序。

```
>> Returns   = [0.1 0.15 0.12];
>> STDs      = [0.2 0.25 0.18];
>> Correlations = [1  0.8  0.4  0.8  1  0.3  0.4  0.3  1];
>> Covariances = corr2cov(STDs, Correlations);% 相关系数转换为协方差矩阵
>> portopt(Returns, Covariances, 20)              % 绘出组合的有效前沿
>> hold on
```

选择不同权重的资产组合。

```
>> rand('state', 0);
>> Weights = rand(1000, 3);                  % 产生1000乘3的随机数
>> Total = sum(Weights, 2);                  % Weights中数据沿对列求和
>> Weights(:,1) = Weights(:,1)./Total;
>> Weights(:,2) = Weights(:,2)./Total;
>> Weights(:,3) = Weights(:,3)./Total; % 这时Weights变成了权重矩阵
```

绘出各个资产组合风险与收益图。

```
>> [PortRisk, PortReturn] = portstats(Returns, Covariances, Weights);
>> plot (PortRisk, PortReturn, '.r')
>> title('均值—方差有效前沿以及各个资产组合风险与收益')
>> xlabel('风  险(标准差)')
>> ylabel('期望收益率')
>> hold off
```

运行得到的资产组合有效前沿和各个资产组合风险与收益如图3-5所示。

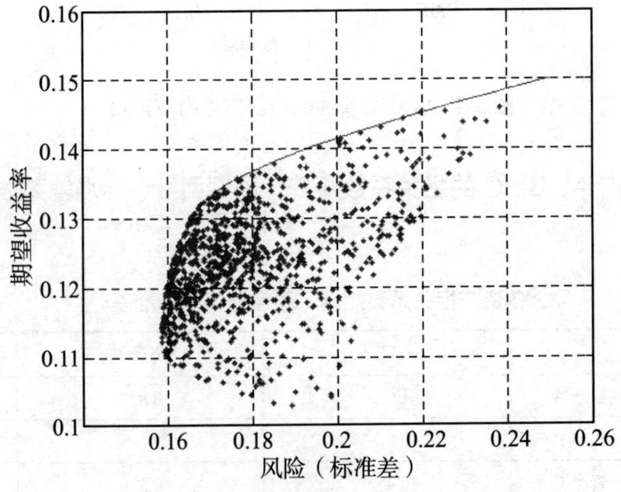

图3-5　资产组合有效前沿及各个组合的风险与收益

3.5.4　考虑无风险资产及借贷情况下的资产配置

资产组合有效前沿上的点很多，那该如何选择一个有效点呢？这就需要投资者根据自己的效用函数权衡风险与回报，在 MATLAB 中投资者效用函数为：

$$U=E(r)-0.5\times A\times \sigma^2$$

其中，E(r)表示未来回报；A 为投资者风险厌恶系数，一般在 2～4 之间；σ 为资产标准差。

投资者决策就是自身效用函数最大化，在 MATLAB 中考虑无风险资产时的资产配置函数是 portalloc，其功能是根据风险—收益最优原则配置每项资产，其中包括无风险资产。

其调用方式：[RiskyRisk, RiskyReturn, RiskyWts, RiskyFraction, OverallRisk, OverallReturn]=portalloc(PortRisk, PortReturn, PortWts, RisklessRate, BorrowRate, RiskAversion)。

其中，PortRisk 为有效前沿上每项资产的标准差；PortReturn 为有效前沿上每项资产的回报；PortWts 为有效前沿上的每项资产的权重；RisklessRate 为无风险利率；BorrowRate(可选)为借款利率，默认为没有借贷；RiskAversion(可选)为投资者的风险厌恶系数，大多数投资者风险厌恶系数在 2～4 之间，通常选择 3；RiskyRisk 为风险资产部分标准差；RiskyReturn 为风险资产部分回报；RiskyWts 为风险资产的权重；RiskyFraction 为总资产中风险资产的回报；OverallRisk 为总资产的标准差；OverallReturn 为总资产的回报。

如果资产组合中没有借贷关系，全部是风险资产，这时 RiskyFraction=1，RiskyRisk=OverallRisk，RiskyReturn=OverallReturn。如果存在借贷关系，这时 RiskyFraction＞1，RiskyFraction=1.5，意味着 50%的资金是借来的；RiskyFraction＝0.8，意味着风险资产的投资比率为 80%，还有 20%投资于无风险资产。

【例 3-10】已知一个组合中含有 3 种资产，各资产预期回报与协方差矩阵如表 3-6 所示。无风险利率为 0.08，借贷利率为 0.12，投资者风险厌恶系数为 3，试分析无风险资产和借贷情况下的最优资产配置。

表 3-6　　资产预期回报与协方差矩阵

		资产 A	资产 B	资产 C
预期回报		0.1	0.2	0.15
协方差	资产 A	0.005	−0.010	0.004
	资产 B	−0.010	0.040	−0.002
	资产 C	0.004	−0.002	0.023

其实现程序与分析如下。

```
>> ExpReturn = [0.1 0.2 0.15];
>> ExpCovariance = [0.005  -0.010   0.004
                   -0.010   0.040  -0.002
                    0.004  -0.002   0.023];
```

```
>> [PortRisk, PortReturn, PortWts] = portopt(ExpReturn,ExpCovariance);
```

由于没有输入位于有效前沿上点的数目，MATLAB 默认在有效前沿上选取 10 个点，每个点代表一种组合，每个组合标准差保存在 PortRisk 中，收益率保存在 PortReturn 中，组合中各资产权重保存在 PortWts 中。

下面调用 portalloc 函数，求出无风险资产以及允许借贷时的资产配置。

```
>> RisklessRate  = 0.08;
>> BorrowRate    = 0.12;
>> RiskAversion  = 3;
>> [RiskyRisk, RiskyReturn, RiskyWts, RiskyFraction, ...
OverallRisk, OverallReturn] = portalloc(PortRisk, PortReturn,...
PortWts, RisklessRate, BorrowRate, RiskAversion)
RiskyRisk =
             0.1283
RiskyReturn =
             0.1788
RiskyWts =
           0.0265    0.6023    0.3712
RiskyFraction =
                 1.1898
OverallRisk =
                 0.1527
OverallReturn =
                 0.1899
```

结果表明，最优组合中风险资产组合的标准差为 0.1283，收益率为 0.1788，风险资产组合中每项资产权重分别为 0.0265、0.6023、0.3712，总资产中风险资产配置权重为 1.1898，总资产回报为 0.1899，总资产标准差为 0.1527。

如果选取有效前沿上的 20 个点，得到结果如下。

```
>> [PortRisk, PortReturn, PortWts] = portopt(ExpReturn,
ExpCovariance,20);
>> [RiskyRisk, RiskyReturn, RiskyWts, RiskyFraction,OverallRisk, OverallReturn]
= portalloc(PortRisk, PortReturn, PortWts, RisklessRate, BorrowRate, RiskAversion)
RiskyRisk =
           0.1288
RiskyReturn =
           0.1791
RiskyWts =
           0.0057    0.5879    0.4064
RiskyFraction =
         1.1869
```

```
OverallRisk =
        0.1529
OverallReturn =
        0.1902
```

结果表明，最优组合中，风险资产部分的标准差为 0.1288，风险资产组合中收益率为 0.1791，风险资产中每项资产权重分别为 0.0057、0.5879、0.4064，总资产中风险资产配置权重为 1.1869，总资产回报为 0.1902，总资产标准差为 0.1529，除了第一项资产配置进一步减小，其他差别并不大。

3.5.5　线性规划求解资产组合问题

线性规划研究的是目标函数和约束条件均为线性的最优化问题。

标准形式线性规划问题简称 LP(Linear Programming)问题，在 MATLAB 中用 linprog 函数求解线性规划问题，即：

$$
\begin{aligned}
\min\quad & fx \\
\text{s.t.}\quad & Ax \leqslant b \\
& Aeqx = beq \\
& Lb \leqslant x \leqslant Ub
\end{aligned}
$$

其中，f、x、b、beq 是向量，A、Aeq 为矩阵，Lb、Ub 分别为 x 的下界与上界，linprog 函数的调用方式如下。

- x = linprog(f, A, b)　　f、A、b、Aeq、Beq 分别为标准线性规划模型中的参数。
- x = linprog(f, A, b, Aeq, beq, lb, ub)　　参数 ub、lb 分别为变量 x 的上界与下界。

【例 3-11】 某资产组合中有 3 种资产，各资产收益率分别为 0.2、0.1、0.15，要求资产 1 与资产 3 权重之和小于资产 2，且没有卖空。求使得上述收益率最大的投资组合。

首先确定目标函数为：max $0.2x_1+0.1x_2+0.15x_3$。

资产约束条件可写为：$x_1+x_3\leqslant x_2$，$x_1+x_2+x_3=1$ 且 $0\leqslant x_1$、$x_2\leqslant 1$、$0.1\leqslant x_3\leqslant 1$。

在 MATLAB 中，输入如下程序。

```
>> f=[-0.2 -0.1 -0.15];% 目标函数向量
>> A=[1 -1 1];
>> b=0;
>> Aeq=[1 1 1];
>> beq=1;
>> lb=[0 0 0.1] ;
>> ub=[1 1 1];
>> x=linprog(f,A,b,Aeq,beq,lb,ub)
Optimization terminated.
x =
   0.4000
```

```
   0.5000
   0.1000
```

最后得出资产 1、资产 2、资产 3 的权重分别为 0.4、0.5、0.1。

3.5.6 线性规划求解现金流匹配最小成本

【例 3–12】假设有 3 种付息券与 3 种已经被剥离的零息券，其现金流如表 3–7 所示。某养老基金未来 3 年每年需要支付 100 元，要求当前花费成本最小，每种债券要购买多少。

表 3-7 现金流表

证券	当前价格	第 1 年	第 2 年	第 3 年
债券 1	100.625	10	10	110
债券 2	95.548	8	8	108
债券 3	105.7561	12	12	112
剥离 1	94.3396	100	0	0
剥离 2	85.7339	0	100	0
剥离 3	75.1315	0	0	100

首先计算被剥离的债券的收益率，对于被剥离债券 1，其价格应该等于贴现后的面值。

$$94.3396 = \frac{100}{1+r_1}$$

在 MATLAB 中，计算其内部收益率。

```
>> irr([-94.3396,100])
ans =
    0.0600
```

同样地，对于被剥离债券 2、3 分别有：

$$85.7339 = \frac{100}{(1+r_2)^2}$$

$$75.1513 = \frac{100}{(1+r_3)^3}$$

在 MATLAB 中，分别计算剥离债券 2、3 的内部收益率。

首先输入剥离债券 2、3 的现金流。

```
>> cashflow=[-85.7339,0,100,0;-75.1315,0,0,100]
cashflow =
  -85.7339      0       100.0000        0
  -75.1315      0              0         100.0000
```

计算内部收益率。

```
>> Irr=irr('cashflow')
Irr =
     0.0800   0.1000
```

最后得出剥离债券 2、债券 3 的内部收益率分别为 8%与 10%。

下面计算 3 只付息券的内部收益率。设 r_1、r_2、r_3 分别代表 1 年期、2 年期、3 年期的即期利率，则有：

$$100.6520=\frac{10}{1+r_1}+\frac{10}{\left(1+r_2\right)^2}+\frac{110}{\left(1+r_3\right)^3}$$

$$95.5480=\frac{8}{1+r_1}+\frac{8}{\left(1+r_2\right)^2}+\frac{108}{\left(1+r_3\right)^3}$$

$$105.7561=\frac{12}{1+r_1}+\frac{12}{\left(1+r_2\right)^2}+\frac{112}{\left(1+r_3\right)^3}$$

求解上面 3 个方程，得 r_1=6%、r_2=8%、r_3=10%。所以债券 1、债券 2、债券 3 的内部收益率等于零息券的收益率，因此最简单的办法是分别购买 3 种零息债券。这个策略的成本为：94.3396+85.7339+75.1315=255.2050，即该策略的成本现值为 255.2050。

目标函数：

$$\min_{(n_1,n_2,n_3,\ldots,n_N)}\sum_{i=1}^{N}n_iP_{i,0}$$

且满足以下约束条件：

$$\sum_{i=1}^{N}n_ix_{i,1}\geqslant 100\qquad \sum_{i=1}^{N}n_ix_{i,2}\geqslant 100\qquad \sum_{i=1}^{N}n_ix_{i,3}\geqslant 100$$

其中，$P_{i,0}$ 为 0 时刻第 i 种债券的价格；$x_{i,1}$ 为证券 i 在第一年的现金流。选择 n_i 为购买证券的数量。使得：

$$10n_1+8n_2+12n_3+100n_4+0n_5+0n_6\geqslant 100$$
$$10n_1+8n_2+12n_3+0n_4+100n_5+0n_6\geqslant 100$$
$$110n_1+108n_2+112n_3+0n_4+0n_50+100n_6\geqslant 100$$

则总成本为：

$$\cos t=100.6520n_1+95.5480n_2+105.7561n_3+94.3396n_4+85.7339n_5+75.1315n_6$$

在 MATLAB 中，输入如下程序。

```
>> f=[100.652,95.5480,105.7561,94.3396,85.7339,75.1315]
>> a =[-10    -8    -12    -100    0     0;
       -10    -8    -12       0  -100    0;
      -110  -108   -112       0     0  -100;
```

```
    -1      0      0      0     0     0;
     0     -1      0      0     0     0;
     0      0     -1      0     0     0;
     0      0      0     -1     0     0;
     0      0      0      0    -1     0;
     0      0      0      0     0    -1]
>> b=[-100;-100;-100;0;0;0;0;0;0]
b =
    -100
    -100
    -100
       0
       0
       0
       0
       0
       0
>> x=linprog(f,a,b)
Optimization terminated.
x =
    0.1993
    0.0037
    0.0500
    0.9738
    0.9738
    0.7208
```

该组合中 6 种证券的数量分别为 0.1993、0.0037、0.0500、0.9738、0.9738、0.7208。

```
>> f*x
ans =
    255.2050
```

实际上也可以根据债券 1、债券 2、剥离债券 1，计算出剥离债券 2、剥离债券 3 的价格。

假设剥离各期零息券的价格为 p_1、p_2、p_3，第 i 种债券在第 j 期的现金流为 $a_{i,j}$，第 i 种债券的贴现价格为 b_1、b_2、b_3，现金流矩阵为 $A=(a_{i,j})_{3\times3}$，则有 $p=Ab$，即 $b=A^{-1}p$。

其中，b 为各期零息券的贴现价格；p 为各债券的当前价格；A 为各债券的现金流矩阵。

```
>> A=[10,10,110;8,8,108;100,0,0]
A =
   10     10   110
   8       8   108
   100     0     0
>> p=[100.6520   95.5480 94.3396]'
```

```
P =
   100.6520
   95.5480
   94.3396
>> b=A^-1*p
b =
    0.9434
    0.8573
    0.7513
```

【例 3-13】如果 3 种债券的现金流如表 3-8 所示，某养老基金未来 3 年每年支付现金 100，如何购买债券才能使得成本最小。

表 3-8　　　　　　　　　　　　现金流

证券	当前价格	第 1 年	第 2 年	第 3 年
债券 1	100.00	10	10	110
债券 2	95.00	8	8	108
债券 3	105.00	12	12	112
剥离 1	94.3396	100	0	0
剥离 2	85.7339	0	100	0
剥离 3	75.1315	0	0	100

对比表 3-7 与表 3-8 可以看出，表 3-8 中的债券 1、债券 2、债券 3 的当前价格低于表 3-7，故其收益率要高于表 3-7 中的债券，在资产配置中应该增加其数量。

在 MATLAB 中，输入如下程序。

```
>> f=[100,  95,  105,  94.3396, 85.7334,  75.1315] ;
>> a =[-10   -8   -12  -100    0    0;
       -110  -8   -12    0   -100   0;
         0  -108  -112   0     0  -100;
        -1    0     0    0     0    0;
         0   -1     0    0     0    0;
         0    0    -1    0     0    0;
         0    0     0   -1     0    0;
         0    0     0    0    -1    0;
         0    0     0    0     0   -1]
>> b=[-100;-100;-100;0;0;0;0;0;0]
>> x=linprog(f,a,b)
Optimization terminated.
x =
```

```
    0.8117
    0.0000
    0.8929
    0.8117
    0.0000
    0.0000
```

组合中各债券的数量分别为 0.8117、0、0.8929、0.8117、0、0。

```
>> f*x
ans =
    251.4932
```

最小成本为 251.4932，可以看出配置的成本较例 3-12 有所降低。

3.5.7 二次规划求解资产组合问题

下面考虑二次规划求解资产组合，二次规划问题(Quadratic Programming)的标准形式如下。

$$
\begin{aligned}
&\min \frac{1}{2} x^T H x + q^T x \\
&\text{s.t.} \quad Ax \leqslant b \\
&\quad Aeqx = beq \\
&\quad Lb \leqslant x \leqslant Ub
\end{aligned}
\tag{3-6}
$$

其中，x 为权重向量，H 为对称矩阵，约束条件分成两个部分，前一部分约束条件是不等式；后一部分约束条件是等式。在资产组合问题中，H 多为协方差阵。

在 MATLAB 中，求解此类问题的函数是 quadprog，其调用方式如下。

- x=quadprog(H, q, A, b)
- x=quadprog(H, q, A, b, Aeq, beq)
- x=quadprog($H, q, A, b, Aeq, beq, lb, ub$)

【例 3-14】资产组合中有 5 种资产，各资产收益率和协方差矩阵如表 3-9 所示。要求寻找最优资产组合，使得资产组合收益率为 0.1，且该组合为方差最小资产组合。

表 3-9　　各资产收益率与协方差矩阵

		资产 1	资产 2	资产 3	资产 4	资产 5
协方差矩阵	资产 1	0.2	0.05	−0.01	0.03	0.05
	资产 2	0.05	0.3	0.015	0.01	0.03
	资产 3	−0.01	0.015	0.1	0.02	0.01
	资产 4	0.03	0.01	0.02	0.1	0.015
	资产 5	0.05	0.03	0.01	0.015	0.15
预期收益率		0.2	0.14	0.12	0.05	0.07

在 MATLAB 中，输入如下程序。

```
>>H=[0.2,0.05,-0.01,0.03,0.05;0.05,0.3,0.015,0.01,0.03;-0.01,0.015,0.1,0.02,
0.01;0.03,0.01,0.02,0.1,0.015;0.05,0.03,0.01,0.015,0.15];%各资产协方差矩阵
>> q=[0 0 0 0 0];
>> aeq=[1 1 1 1 1;0.2 0.14 0.12 0.05 0.07];                %等式约束条件
>> beq=[1;0.1];
>> lb=[0 0 0 0 0];ub=[1 1 1 1 1];                          %权重的上下界
>> quadprog(H,q,[],[],aeq,beq,lb,ub)
ans =
    0.1067
    0.0743
    0.3379
    0.2984
    0.1826
```

上述结果表明，最优资产配置是：资产 1、资产 2、资产 3、资产 4、资产 5 所占的比率分别为 10.67%、7.43%、33.79%、29.84%、18.26%。

3.6　资产定价理论

3.6.1　证券市场线

证券市场线(Security Market Line，SML)的形式为：

$$E(r_i)=r_f+\beta(E(r_m)-r_f)$$

证券市场线是证券 i 收益率与 β_i 关系的表达式，β 的特征如下。

- 由于无风险资产与有效组合的协方差一定为零，则任何无风险资产的 β 值也一定为零，同时任何 β 值为零的资产超额回报率也一定为零。
- 如果某种风险证券的协方差与有效组合的方差相等，并且 β 值为 1，则该资产的期望回报率一定等于市场有效组合的期望回报率，即这种风险资产可以获得有效组合的平均回报率。
- β 值高时，投资于该证券所获得的预期收益率就越高；β 值低时，投资于该证券所获得的预期收益率就越低。

3.6.2　CAPM（资本资产定价模型）

CAPM(Capital Asset Pricing Model，资本资产定价模型)是由美国学者夏普（William Sharpe）、林特尔（John Lintner）、特里诺（Jack Treynor）和莫辛（Jan Mossin）等人在资产组合理论的基础上发展起来的，是现代金融市场价格理论的支柱，广泛应用于投资决策和公

司理财领域，该模型假设非系统性风险可通过多元化投资分散掉，不发挥作用，只有系统性风险发挥作用。

CAPM 是对风险和收益如何定价和度量的均衡理论，根本作用在于确认期望收益和风险之间的关系，揭示市场是否存在非正常收益，一个资产的预期回报率与衡量该资产风险的一个尺度——贝塔值相联系。

1. CAPM 的理论假设

CAPM 的核心假设是将证券市场中所有投资人视为初始偏好都相同的个人，并且 CAPM 是在马克维茨均值—方差模型的基础上发展而来的，它还继承了证券组合理论的假设，具体内容包括以下几点。

- 证券市场是有效的，即信息完全对称。
- 无风险证券存在，投资者可以自由地按无风险利率借入或贷出资本。
- 投资总风险可以用方差或标准差表示，系统风险可用 β 系数表示。
- 所有的投资者都是理性的，他们均依据马克维茨证券组合模型进行均值方差分析，然后做出投资决策。
- 证券交易不征税，也没有交易成本，证券市场是无摩擦的，而现实中往往根据收入的来源(利息、股息和收入等)和金额按政府税率缴税。证券交易要依据交易量的大小和客户的资信交纳手续费、佣金等费用。

除了上述这些明确的假设之外，还有一些隐含性的假设：每种证券的收益率分布均服从正态分布，每项资产都是无限可分的。这意味着在投资组合中，投资者可持有某种证券的任何一部分。

2. CAPM 方程

在上述假设条件下，可以推导出 CAPM 方程的具体形式为：

$$\mathrm{E}(r_i)-r_f=\beta_i(\mathrm{E}(r_m)-r_f)$$

$$\beta_i=\mathrm{Cov}(r_i,r_m)/\mathrm{Var}(r_m)=\sigma_{im}/\sigma_m^2$$

其中，$E(r_i)$表示证券 i 的期望收益；$E(r_m)$为市场组合的期望收益；r_f 为无风险资产的收益；$\sigma_{im}=\mathrm{Cov}(r_i, r_m)$为证券 i 收益率和市场组合收益率的协方差；$\sigma_m^2=\mathrm{Var}(r_m)$ 为市场组合收益率的方差。

CAPM 与证券市场线的区别在于：CAPM 考虑 $E(r_m)$与风险溢价之间的关系；而证券市场线是研究 $E(r_i)$与 β_i之间的关系。

3. CAPM 的理论意义

资本资产定价理论认为，一项投资所要求的必要报酬率取决于以下 3 个方面的因素。

（1）无风险报酬率，即将国债投资（或银行存款）视为无风险投资。

（2）市场平均报酬率，即整个市场的平均报酬率，如果一项投资所承担的风险与市场平均风险程度相同，该项报酬率与整个市场平均报酬率相同。

（3）投资组合的系统风险系数（β 系数），是某一投资组合的风险程度与市场证券组合的风险程度之比。CAPM 说明了单个证券投资组合的期望收益率与相对风险程度间的关系，即任何资产的期望报酬一定等于无风险利率加上一个风险调整，后者相对整个市场组合的风险程度越高，需要得到的额外补偿也就越高。这也是资产定价模型（CAPM）的主要结果。

4．CAPM 理论的主要作用

CAPM 理论是现代金融理论的核心内容，其主要作用在于：通过预测证券的期望收益率和标准差的定量关系来考虑已经上市的不同证券价格的“合理性”；可以帮助确定准备上市证券的价格；能够估计各种宏观经济变化对证券价格的影响。

由于 CAPM 从理论上说明在有效率资产组合中，β 描述了任一项资产的系统风险（非系统风险已经在分散中相互抵消掉了），任何其他因素所描述的风险被 β 所包容，并且模型本身要求存在一系列严格的假设条件，所以 CAPM 存在理论上的抽象和对现实经济的简化，与一些实证经验不完全符合，但它仍被推崇为抓住了证券市场本质的经典经济模型。鉴于 CAPM 的这些优势，虽然我国股市和 CAPM 的假设条件有相当的差距，但没有必要等到市场发展到某种程度后再来研究 CAPM 在我国的实际应用问题。相反，充分利用 CAPM 较强的逻辑性、实用性，通过对市场的实证分析和理论研究，有利于发现问题，推动我国股市的发展。

5．CAPM 估计

标准的 CAPM 是线性模型，对于 n 种资产，每个样本的观察值为 m，第 k 项资产在第 t 时刻观察的收益率为 $R_{k,t}$，市场的回报为 M_t，无风险利率为 C_t，CAPM 模型为：

$$R_{k,t} = \alpha_k + C_t + \beta_k(M_t - C_t) + \varepsilon_{k,t}(k=1, 2, 3, \cdots, n;\ t=1, 2, 3, \cdots, m)$$

其中，α_k 与 β_k 分别为资产 k 的 ALPHA 与 Beta；ε 为白噪音。要求 $E(\varepsilon_{k,t})=0$，$E(\varepsilon_i, \varepsilon_j)=\sigma_{i,j}$ 为残差。

实际上回归的形式为：

$$R_{k,t} - C_t = \alpha_k + \beta_k(M_t - C_t) + \varepsilon_{k,t}$$

6．估计 CAPM 的 Beta 和方差

【例 3-15】 利用 MATLAB 自带的数据估计 CAPM 中的参数，数据文件名称是 CAPMuniverse，其中有 3 个变量，变量 Assets 是 14 个品种名称，前面 12 个是股票，后面 2 个分别代表市场与货币市场，Data 是股票自 2000 年 1 月 1 日 ~ 2005 年 11 月 7 日的日收益率，前面 12 列为股票数据，第 2 个和第 6 个股票数据不全，其中一个是 Google 公司发行新股，后面两个分别为股票市场与货币市场收益率，变量 Dates 是日期。

下面首先去掉缺失数据的股票，然后估计 CAPM 中的参数。

```
% 文件名:CapmStat.m
% 载入 MATLAB 自带数据
load CAPMuniverse
Data(:,[2,6])=[]
```

```
Assets(:,[2,6])=[]
[NumSamples, NumSeries] = size(Data);
NumAssets = NumSeries - 2; % 确定股票的个数，不含市场、货币市场收益率
% 确定起始日和结束日
StartDate = Dates(1);
EndDate = Dates(end);
% 输出表头
fprintf(1,'对每日数据进行 CAPM 模型回归,');
fprintf(1,'回归从 %s 到 %s\n',datestr(StartDate,1),datestr(EndDate,1));
fprintf(1,'  %4s %-20s %-20s %-20s\n','','Alpha','Beta','Sigma');
fprintf(1,'  ---- -------------------- ');
fprintf(1,'-------------------- --------------------\n');
% 对每个资产进行估计
for i = 1:NumAssets
  TestData = zeros(NumSamples,1);
  TestDesign = zeros(NumSamples,2);
% 股票的超额收益率
  TestData(:) = Data(:,i) - Data(:,12);
  TestDesign(:,1) = 1.0;  % 表示模型中含有常数项
% 市场的超额收益率
  TestDesign(:,2) = Data(:,11) - Data(:,12);
% 带有缺失数据的多元回归模型估计 CAPM，Param 是系数，Covar 是残差
  [Param, Covar] = mvnrmle(TestData, TestDesign);
% 根据残差估计多元正态分布的协方差矩阵
   [StdParam, StdCovar] = mvnrstd(TestData, TestDesign, Covar);
% 确定输出结果变量 Assets 是股票的名称，Data 是股票的价格，Dates 是序数型日期
  Alpha = Param(1);
  Beta = Param(2);
  Sigma = sqrt(Covar);
  StdAlpha = StdParam(1);
  StdBeta = StdParam(2);
  StdSigma = sqrt(StdCovar);
% 确定显示格式
  fprintf('  %4s %9.4f (%8.4f) %9.4f (%8.4f) %9.4f (%8.4f)\n', ...
     Assets{i},Alpha(1),abs(Alpha(1)/StdAlpha(1)), ...
     Beta(1),abs(Beta(1)/StdBeta(1)),Sigma(1),StdSigma(1));
end
```

执行结果如下。

```
   对每日数据进行 CAPM 模型回归,回归从 03-Jan-2000 到 07-Nov-2005
```

```
            Alpha                  Beta               Sigma
     -------------- -------------------- ----------- ----------------
     AAPL     0.0012 (1.3882)     1.2294 (17.1839)     0.0322 (0.0062)
     CSCO    -0.0002 (0.2878)     1.5653 (23.6085)     0.0298 (0.0057)
     DELL    -0.0000 (0.0368)     1.2594 (22.2164)     0.0255 (0.0049)
     EBAY     0.0014 (1.4326)     1.3441 (16.0732)     0.0376 (0.0072)
     HPQ      0.0001 (0.1747)     1.3745 (24.2390)     0.0255 (0.0049)
     IBM     -0.0000 (0.0312)     1.0807 (28.7576)     0.0169 (0.0032)
     INTC     0.0001 (0.1608)     1.6002 (27.3684)     0.0263 (0.0050)
     MSFT    -0.0002 (0.4871)     1.1765 (27.4554)     0.0193 (0.0037)
     ORCL     0.0000 (0.0389)     1.5010 (21.1855)     0.0319 (0.0061)
     YHOO     0.0001 (0.1282)     1.6543 (19.3838)     0.0384 (0.0074)
```

3.6.3 计算经过风险调整的 ALPHA 及回报

衡量投资组合的优劣不能仅仅凭借收益率指标，高收益可能会承担过高的风险，需要剔除风险因素，然后再进行比较。剔除风险因素的方式有很多，有时还需参照无风险利率、市场收益率。无风险利率一般用短期国债，或者信用等级比较高的商业票据(AAA 级商业票据)收益率，通过比较经过风险调整的 ALPHA 及回报可以衡量不同投资组合的优劣。在 MATLAB 中，可通过 portalpha 函数来实现该功能，其调用方式如下。

- portalpha(Asset, Benchmark)
- portalpha(Asset, Benchmark, Cash)
- portalpha(Asset, Benchmark, Cash, Choice)
- Alpha = portalpha(Asset, Benchmark, Cash, Choice)
- [Alpha, RAReturn] = portalpha(Asset, Benchmark, Cash, Choice)

其中，Asset：资产回报；Benchmark：基准市场回报；Cash(可选)：无风险利率，默认为 0；Choice(可选)：ALPHA 的计算方法，默认为'xs'；Alpha：资产的 ALPHA；RAReturn：经过风险调整的收益。

具体可选的 ALPHA 计算方法有'xs'(没有经过风险调整回报)、'sml'(证券市场线)、'capm'(詹森法计算的 ALPHA)、'mm'(穆迪尼安尼－米勒法)、'gh1'(Graham-Harvey1 法)、'gh2'(Graham-Harvey2 法)和'all'(分别计算上面所有的回报)。

如果选择'xs'，那么 ALPHA 和收益的计算公式分别为：

$$\alpha = R - R_M \qquad \hat{R} = R$$

其中，α 表示组合的溢价；R 为组合收益率；R_M 表示市场收益率；$\hat{R}$ 表示没有经过风险调整的收益率。

如果选择'sml'，那么 ALPHA 和经过风险调整收益的计算公式分别为：

$$\alpha = R - R_f - (R - R_f)\frac{R_M - R_f}{\sigma_M - \sigma_f} \qquad \hat{R} = R - \alpha$$

其中，α 表示 ALPHA；$\hat{R}$ 表示经过风险调整的收益率；R 为组合收益率；R_f表示无风险收益率；R_M表示市场收益率；σ_M表示市场收益率的标准差；σ_f表示无风险收益率的标准差。

如果选择'capm'，那么 ALPHA 和经过风险调整的收益的计算公式分别为：

$$\alpha = R - R_f - \frac{\mathrm{Cov}(R, R_M)}{\sigma_R \sigma_M}(R_M - R_f) \qquad \hat{R} = R - \alpha$$

其中，Cov(R, R_M)为组合收益率与市场收益率之间的协方差；σ_R 表示组合收益率的标准差；$\hat{R}$ 表示经过风险调整的收益率。

如果选择'mm'，那么 ALPHA 和经过风险调整的收益的计算公式分别为：

$$\alpha = \frac{\sigma_M}{\sigma_R}(R - R_f) - (R_M - R_f) \qquad R = \alpha + R_f$$

如果选择'gh1'，那么 ALPHA 和经过风险调整的收益的计算公式分别为：

$$\alpha = (R - R_r) - \mathrm{Factor} \times (R_M - R_f) \qquad \hat{R} = R - \alpha$$

其中，

$$\mathrm{Factor} = \frac{L1 + \sqrt{|\mathrm{disc}|}}{L1 + L2} \qquad \mathrm{disc} = L1^2 + (L1 + L2)(\sigma_M^2 - \sigma_f^2)$$

$$L1 = \sigma_f^2 - \mathrm{Cov}(R_M, R_f) \qquad L2 = \sigma_M^2 - \mathrm{Cov}(R_M, R_f)$$

如果选择'gh2'，那么 ALPHA 和经过风险调整的收益的计算公式分别为：

$$\alpha = \mathrm{Factor} \times (R - R_f) - (R_M - R_f)$$
$$\hat{R} = \alpha + R_M$$

其中，

$$\mathrm{Factor} = \frac{L1 + \sqrt{|\mathrm{disc}|}}{L1 + L2}$$
$$L1 = \sigma_f^2 - \mathrm{C\,ov}(R, R_f)$$
$$L2 = \sigma^2 - \mathrm{C\,ov}(R, R_f)$$

其中，σ 为组合收益率的标准差。

下面计算在不同方法下的 ALPHA 和回报。

```
    >> load FundMarketCash
    %将价格序列转化为收益率序列
    >> Returns = tick2ret(TestData);
    %计算没有经过风险调整的 ALPHA 和回报
    >> [Alpha, RAReturn]=portalpha(Returns(:,1),Returns(:,2),
Returns(:,3))
    Alpha =
          8.0632e-004
```

```
RAReturn =
        0.0038
%计算资本市场线下的 ALPHA 和回报
>>[Alpha,RAReturn]=portalpha(Returns(:,1),Returns(:,2),Returns(:,3),'sml')
Alpha =
        0.0013
RAReturn =
        0.0025
% 根据 CAPM 计算 ALPHA
>>[Alpha,RAReturn]=portalpha(Returns(:,1),Returns(:,2),Returns(:,3),'capm')
Alpha =
        0.0013
RAReturn =
        0.0024
```

3.7　Black-Litterman 模型

Black-Litterman 模型是由费希尔·布莱克和罗伯特·利特曼(Fisher Black and Robert Litterman)在 1992 年提出的，是对马克维茨(H.Markowitz)资产管理理论的发展，该模型可以在市场基准的基础上由投资者对金融资产未来走势提出观点。

3.7.1　Black–Litterman 模型的理论基础

Black-Litterman 模型是对马克维茨理论的深化，它把投资者对资本市场未来的看法及其可靠性融合进了投资模型中。在马克维茨模型中最优组合权重为 $w^* = \left(\lambda\Sigma\right)^{-1}\mathrm{E}(r)$，当市场均衡时，即 $w^* = w_{mkt}$，则反解出均衡时收益。

$$\mu_M = \left(\lambda\Sigma\right) w_{mkt} \tag{3-7}$$

其中，$w_{\mathrm{mkt}} = (w_1^{mkt}, w_2^{mkt}, w_3^{mkt}, \cdots, w_N^{mkt})^T$ 表示市场处于均衡时各资产权重；λ 是风险厌恶系数；Σ 是各资产协方差矩阵。

1．Black-Litterman 模型的证明

假设：

$$\mu_M = \mathrm{E}(r) + u_1,\quad u_1 \sim N(0,\ \tau\Sigma)$$
$$Q = P\mathrm{E}(r) + u_2,\quad u_2 \sim N(0, \Omega)$$

其中，

$$\Omega=\begin{pmatrix}\omega_1 & 0 & \cdots & 0\\ 0 & \omega_2 & \cdots & 0\\ 0 & 0 & \ddots & \cdots\\ 0 & 0 & \cdots & \omega_m\end{pmatrix}$$

如果令：

$$Y=\begin{pmatrix}\mu_M\\ Q\end{pmatrix},\quad X=\begin{pmatrix}I\\ P\end{pmatrix}P,\quad Z=\begin{pmatrix}\tau\Sigma & 0\\ 0 & \Omega\end{pmatrix},\quad u\sim N(0,Z)$$

这样最优解类似于线性方程：

$$Y=X\mathrm{E}(r)+u$$

由线性模型理论可知，$\mathrm{E}(r)$估计为$(X^TZ^{-1}X)^{-1}X^TZ^{-1}Y$，也即：

$$\mathrm{E}(r)=\left(\begin{pmatrix}I & P^T\end{pmatrix}\begin{pmatrix}\tau\Sigma & 0\\ 0 & \Omega\end{pmatrix}^{-1}\begin{pmatrix}I\\ P^T\end{pmatrix}\right)^{-1}\left(\begin{pmatrix}I & P^T\end{pmatrix}\begin{pmatrix}\tau\Sigma & 0\\ 0 & \Omega\end{pmatrix}^{-1}\begin{pmatrix}\mu_M\\ Q\end{pmatrix}\right)$$

$$=\left(\begin{pmatrix}(\tau\Sigma)^{-1} & P^T\Omega^{-1}\end{pmatrix}\begin{pmatrix}I\\ P^T\end{pmatrix}\right)^{-1}\left(\begin{pmatrix}(\tau\Sigma)^{-1} & P^T\Omega^{-1}\end{pmatrix}\begin{pmatrix}\mu_M\\ Q\end{pmatrix}\right)$$

$$=\left((\tau\Sigma)^{-1}+P^T\Omega^{-1}P\right)^{-1}\left((\tau\Sigma)^{-1}\mu_M+P^T\Omega^{-1}Q\right)$$

这样得到 Black-Litterman 的计算公式为：

$$\mathrm{E}(r)=\left((\tau\Sigma)^{-1}+P^T\Omega^{-1}P\right)^{-1}\left((\tau\Sigma)^{-1}\mu_M+P^T\Omega^{-1}Q\right)$$

上式也可以改写为：

$$\mathrm{E}(r)=\left((\tau\Sigma)^{-1}+P^T\Omega^{-1}P\right)^{-1}\left((\tau\Sigma)^{-1}\mu_M+(P^T\Omega^{-1}P)P^{-1}Q\right)$$

其中，$(\tau\Sigma)^{-1}$代表市场变化；$P^T\Omega^{-1}P$代表投资者对后市信心。

可以记为：

$$w_M=((\tau\Sigma)^{-1}+P^T\Omega^{-1}P)^{-1}(\tau\Sigma)^{-1}\qquad w_Q=((\tau\Sigma)^{-1}+P^T\Omega^{-1}P)^{-1}(P^T\Omega^{-1}P)$$

则有：

$$\mathrm{E}(r)=w_M\mu_M+w_Q\mu_Q\,(\text{且}\,w_M+w_Q=1)$$

实际上，Black-Litterman 也可以通过求解如下最优化得到。

$$\min_{E(r)}(\mathrm{E}(r)-\mu_M)^T\Sigma^{-1}(\mathrm{E}(r)-\mu_M)+\tau(Q-P\mathrm{E}(r))^T\Omega^{-1}(Q-P\mathrm{E}(r))$$

其中，τ类似于在市场与投资者主观判断之间进行权衡。

2．Black-Litterman 模型的变化形式

Black-Litterman 模型还可以写为：

$$\mathrm{E}(r)=\mu_M+\tau\Sigma P^T(\Omega+\tau P\Sigma P^T)^{-1}(Q-P\mu_M)$$

证明过程：

$$\mathrm{E}(r)=\left((\tau\Sigma)^{-1}+P^T\Omega^{-1}P\right)^{-1}\left((\tau\Sigma)^{-1}\mu_M+P^T\Omega^{-1}Q\right)$$

$$=\left((\tau\Sigma)^{-1}+P^T\Omega^{-1}P\right)^{-1}(\tau\Sigma)^{-1}(\tau\Sigma)\left((\tau\Sigma)^{-1}\mu_M+P^T\Omega^{-1}Q\right)$$

$$=(I+\tau\Sigma P^T\Omega^{-1}P)^{-1}(\mu_M+\tau\Sigma P^T\Omega^{-1}Q)$$

$$=(I+\tau\Sigma P^T\Omega^{-1}P)^{-1}\left((I+\tau\Sigma P^T\Omega^{-1}P)\mu_M+\tau\Sigma P^T\Omega^{-1}(Q-P\mu_M)\right)$$

$$=\mu_M+(I+\tau\Sigma P^T\Omega^{-1}P)^{-1}(\tau\Sigma P^T\Omega^{-1})(Q-P\mu_M)$$

$$=\mu_M+(\tau\Sigma P^T)((\tau\Sigma P^T)+\tau\Sigma P^T\Omega^{-1}P(\tau\Sigma P^T))^{-1}(\tau\Sigma P^T\Omega^{-1})(Q-P\mu_M)$$

$$=\mu_M+(\tau\Sigma P^T)(\Omega+\tau P\Sigma P^T)^{-1}(Q-P\mu_M)$$

注意，以上的变换用到了$(AB)^{-1}=B^{-1}A^{-1}$。

Black-Litterman 模型首先计算出 $E(r)$，然后再利用马克维茨模型计算权重 w。

$$w=(\lambda\Sigma)^{-1}\mathrm{E}(r)\ =w^M+P^T\left(\frac{\Omega}{\tau}+P\Sigma P^T\right)^{-1}\left(\frac{Q}{\lambda}-P\Sigma w^M\right)$$

其中，w^M($w^M=(\lambda\Sigma)^{-1}\mu^M$)可以理解为当前各资产权重；$w$ 为 Black-Litterman 模型下各资产权重。

3．Black-Litterman 模型贝叶斯特征

可以将 Black-Litterman 模型写为：

$$\mathrm{E}(R)=[(\tau\Sigma)^{-1}+P'\Omega^{-1}P]^{-1}[(\tau\Sigma)^{-1}\Pi+P'\Omega^{-1}Q]$$

其中，$E(R)$表示 Black-Litterman 模型估计的收益；τ 含义不定，一般在 0.15～15 之间；Σ 表示超额回报协方差矩阵；P 表示投资者观点矩阵；Q 表示投资者判断；Ω 表示对称的观点误差矩阵；Π 表示当前市场的资产收益。

Black-Litterman 模型将先验证的信息与历史信息结合起来，属于典型的贝叶斯分析方法。图 3-6 所示是 Black-Litterman 模型示意图。

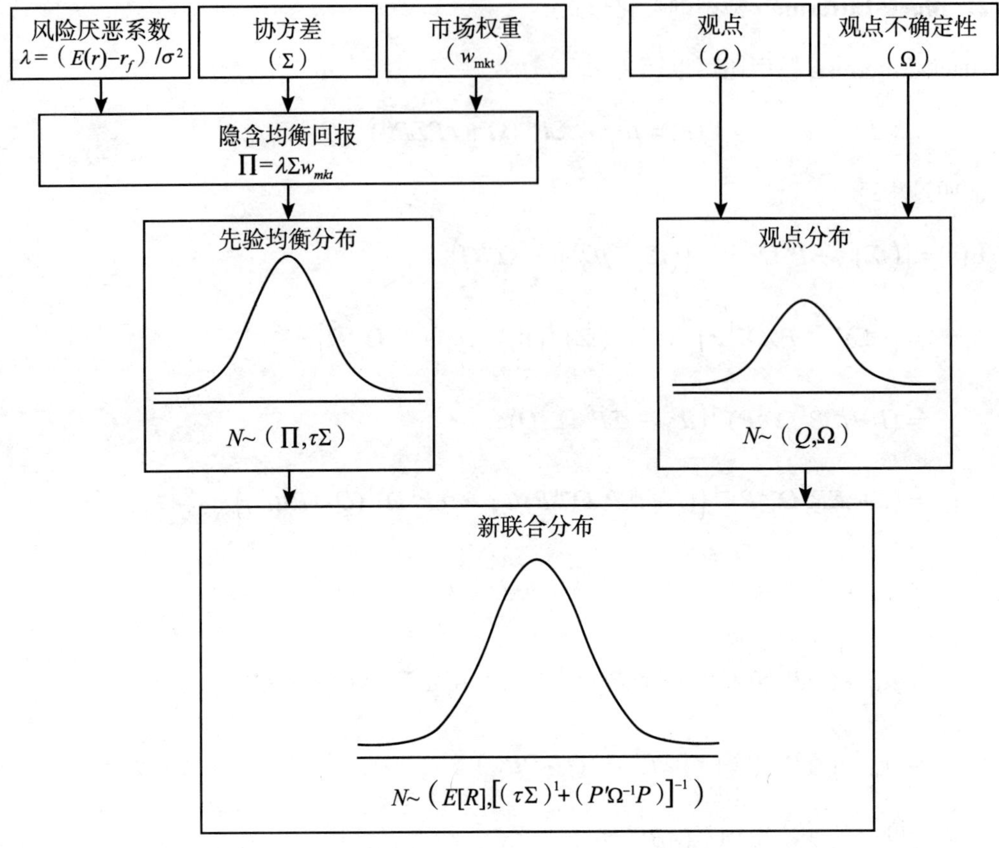

图 3-6 Black-Litterman 模型示意图

3.7.2 Black–Litterman 模型的参数说明

1. 标量 τ

在 Black-Litterman 模型中，标量 τ 的涵义目前没有形成统一的说法，表 3-10 列出了标量 τ 的不同涵义。

表 3-10　　标量 τ 的不同涵义

文　献	对于 τ 的看法
Black and Litterman(1992)	收益均值的不确定性远远小于收益本身，因此 τ 近似于 0
Bevan and Winkelmann(1998)	所设定的 τ 需使得信息比率不超过 2，τ 通常应在 0.5～0.7 之间
He and Litterman(1999)	假定一个 τ 值，然后校准观点的信心水平，使得 ω/τ 等于观点的方差 $P_k\Sigma P_k'$
Satchell and Scowcroft(2000)	τ 被认为是一个标量，通常设定为 1
Lee(2000)	通常设在 0.01～0.05 之间
Christodoulakis and Cass(2002)	τ 是一个标量，来刻画历史协方差矩阵
Blamont and Firoozye(2003)	$\tau\Sigma$ 是隐含均衡收益率标准差，τ=1/样本数
Charlotta Mankert(2006)	使用抽样理论推导出 B-L 模型，$\tau=n/m$，n 为市场中资产的数目；m 为主观的观点数目

2．投资者观点

在 Blak-Litterman 模型中需要投资者对未来收益进行估计，投资者对未来收益估计的方式分为绝对估计和相对估计两种，绝对估计是直接给出估计收益和置信度；相对估计是给出相对的收益与置信度。

绝对估计方式：上证 50 指数 2009 年收益将会是 1%，可信度为 90%。

相对估计方式：万科 2009 年收益比北辰实业高 10%。

3．观点矩阵形式

Blak-Litterman 模型不需要预测所有股票收益，如有 8 种资产，但是观点矩阵 Q 可以为 3×1 维矩阵，不确定性保存在随机变量中，通常假设其为独立正态分布的随机变量 ε，这样观点矩阵可以写为：

$$Q+\varepsilon=\begin{pmatrix} Q_1 \\ \vdots \\ Q_K \end{pmatrix}+\begin{pmatrix} \varepsilon_1 \\ \vdots \\ \varepsilon_K \end{pmatrix}$$

例如：

$$Q+\varepsilon=\begin{pmatrix} 5.25 \\ 0.25 \\ 2 \end{pmatrix}+\begin{pmatrix} \varepsilon_1 \\ \vdots \\ \varepsilon_K \end{pmatrix}$$

如果对某种资产的收益具有 100%信心，那么预测方差为 0。注意，误差项 ε_i 并不能直接进入矩阵 Q 中。

Q 矩阵中列出的数目必须和 P 矩阵匹配，如观点矩阵为 $1\times N$ 维，那么 K 个投资者观点矩阵为 $K\times N$ 维。例如，3 个投资者评价 8 只股票，则 P 为 3×8 维的矩阵。矩阵 P 的形式为：

$$P=\begin{pmatrix} p_{11} & \cdots & p_{1n} \\ \vdots & \ddots & \vdots \\ p_{k1} & \cdots & p_{kn} \end{pmatrix}$$

例如：

$$P=\begin{pmatrix} 0 & 0 & 0 & 0 & 0 & 0 & 1 & 0 \\ -1 & 1 & 0 & 0 & 0 & 0 & 0 & 0 \\ 0 & 0 & 0.5 & -0.5 & 0.5 & -0.5 & 0 & 0 \end{pmatrix}$$

矩阵 P 的第一行表示第一个投资者观点 1，仅仅预测了 1 只股票，观点 2 与观点 3 分别用第 2 行、第 3 行表示。在相对观点矩阵 P 中，每一行的和都是 0。

4．Ω 矩阵

Ω 是一个对角矩阵，除主对角线上的元素外，其他元素均为 0，其形式为：

$$\Omega=\begin{pmatrix}\omega_1 & 0 & 0\\ 0 & \ddots & 0\\ 0 & 0 & \omega_3\end{pmatrix}$$

ω 表示预测的误差项，ω 越大，表示观点变化越大。由于投资者观点彼此之间不受影响，所以主对角线外元素均为 0。

把之前矩阵 P 中的每个行向量写为：

$$p_1=(0\quad 0\quad 0\quad 0\quad 0\quad 0\quad 0\quad 1\quad 0)$$

$$p_2=(-1\quad 1\quad 0\quad 0\quad 0\quad 0\quad 0\quad 0\quad 0)$$

$$p_3=(0\quad 0.5\quad -0.5\quad 0.5\quad -0.5\quad 0\quad 0\quad 0\quad 0)$$

各资产协方差矩阵(Σ)如表 3-11 所示。

表 3-11　　各资产协方差矩阵(Σ)

	US Bond	Int'l Bond	US Large Growth	US Large Value
US Bond	0.001005	0.001328	−0.000579	−0.000675
Int'l Bond	0.001328	0.007277	−0.001307	−0.000610
USLarge Growth	−0.000579	−0.001307	0.059852	0.027588
US Large Value	−0.000675	−0.000610	0.027588	0.029609
US Small Growth	0.000121	−0.002237	0.063497	0.026572
US Small Value	0.000128	−0.000989	0.023036	0.021465
Int'l Dev.Equity	−0.000445	0.001442	0.032967	0.020697
Int'l Emerg.Equity	−0.000437	−0.001535	0.048039	0.029854

	US Small Growth	US Small Value	Int'l Dev.Equity	Int'l Emerg.Equity
US Bond	0.000121	0.000128	−0.000445	−0.000437
Int'l Bond	−0.002237	−0.000989	0.001442	−0.001535
USLarge Growth	0.063497	0.023036	0.032967	0.048039
US Large Value	0.026572	0.021465	0.020697	0.029854
US Small Growth	0.102488	0.042744	0.039943	0.065994
US Small Value	0.042744	0.032056	0.019881	0.032235
Int'l Dev.Equity	0.039943	0.019881	0.028355	0.035064
Int'l Emerg.Equity	0.065994	0.032235	0.035064	0.079958

这时可以确定 Ω 形式为：

$$\omega_{11} = p_1\Sigma p_1^T = 0.02836$$
$$\omega_{22} = p_2\Sigma p_2^T = 0.00563$$
$$\omega_{33} = p_3\Sigma p_3^T = 0.03462$$

则有：

$$\Omega = \begin{pmatrix} 0.02836 & 0 & 0 \\ 0 & 0.00563 & 0 \\ 0 & 0 & 0.03462 \end{pmatrix}$$

【例 3–16】已知相关市场的协方差矩阵和收益率如表 3–11 与表 3–12 所示，$\tau = 0.25$，观点矩阵参数 P、Q 和 Ω 如前所示，试用 Black–Litterman 模型计算均衡时收益率。

表 3-12　　相关市场收益

	历史收益 μ_{Hist}	CAPM GSMI μ_{GSMI}	CAPM Portflio μ_P	均衡状态收益
US Bond	3.15%	0.02%	0.08%	0.08%
Int'l Bond	1.75%	0.18%	0.67%	0.67%
US Large Growth	−6.39%	5.57%	6.41%	6.41%
US Large Value	−2.86%	3.39%	4.08%	4.08%
US Small Growth	−6.75%	6.59%	7.43%	7.43%
US Small Value	−0.54%	3.16%	3.70%	3.70%
Int'l Dev.Equity	−6.75%	3.92%	4.8%	4.8%
Int'l Emerg.Equity	−5.26%	5.6%	6.6%	6.6%
最高	3.15%	6.59%	7.43%	7.43%
最低	−6.75%	0.02%	0.08%	0.08%

在 MATLAB 中，输入的程序如下。

```
% 文件名：Bl.m
% 输入协方差系数等
sigma=[0.001005    0.001328    -0.000579   -0.000675   0.000121    0.000128
    -0.000445   -0.000437   0.001328    0.007277    -0.001307   -0.00061
    -0.002237   -0.000989   0.001442    -0.001535   -0.000579   -0.001307
    0.059852    0.027588    0.063497    0.023036    0.032967    0.048039
    -0.000675   -0.000610   0.027588    0.029609    0.026572    0.021465
    0.020697    0.029854    0.000121    -0.002237   0.063497    0.026572
    0.102488    0.042744    0.039943    0.065994    0.000128    -0.000989
    0.023036    0.021465    0.042744    0.032056    0.019881    0.032235
    -0.000445   0.001442    0.032967    0.020697    0.039943    0.019881
    0.028355    0.035064    -0.000437   -0.001535   0.048039    0.029854
```

```
    0.065994     0.032235    0.035064    0.079958]
r=[0.03;0.02;-0.06;-0.03;-0.07;-0.01;-0.07;-0.05]
tao=0.25
P=[0     0   0   0   0   0   1   0
   -1  1   0   0   0   0   0   0
   0   0  0.5 -0.5 0.5 -0.5  0   0]
Q=[0.0525;0.0025;0.02]
omiga=[0.28360      0         0
       0          0.00563    0
       0          0          0.03462]
ER=inv(inv(tao*sigma)+P'*inv(omiga)*P)*(inv(tao*sigma)*r+P'*inv(omiga)*Q)
```

运行结果如下。

```
ER =
    0.0301
    0.0225
   -0.0439
   -0.0274
   -0.0496
   -0.0063
   -0.0605
   -0.0376
```

3.7.3 Black–Litterman 模型的评价

Black-Litterman 模型直观表示就是期望收益等于市场均衡收益和投资者主观期望收益加权平均。如果市场是有效的，市场均衡收益就是市场收益，可由历史数据获得。对于机构投资者而言，投资者主观期望收益源于从上自下或者自下而上的基本面分析；个人投资者可能来源于各种报纸、杂志、网络、股评家等。

Black-Litterman 模型最终还需依赖机构投资者自己的积极研究判断来盈利。不同投资者有不同的市场观点，因此使用同一模型也会得出不同配置结论。

如果投资者对自己的主观判断信心很大，则主观的期望收益就会被赋予较大权重，资产期望收益就会偏向主观期望收益；反之，如果投资者对自己主观判断的信心不足，资产期望收益就会接近于市场均衡收益。

行业研究员每个季度都会给出非常具体的行业预测，根据 Black-Litterman 模型调整持有组合的权重进行战术资产配置。如果本季度分析师没有预测，则按照市场权重配置。

策略研究员是建立 Black-Litterman 模型的核心，需要通过宏观策略和未来长期展望来考虑市场均衡权重，并且关注宏观变量对不同行业的量化影响，根据行业研究员的观点来提供战术资产配置建议。从长期来讲，市场处在均衡状态中，行业的收益体现了行业的价值。如果策略研究员和行业研究员在短期内对市场收益变化毫无观点，则最优的投资组合应该就是消极投资。但长期的均衡并不排斥短期的失衡，对拥有大量研发能力的机构投资者来讲，总能或多或少找到获得超额利润的机会。

一般来说，策略研究员分析资产收益变化需要的是对宏观策略的把握，如需要回归分析、计量经济分析、主成分分析、风险因子分析、模拟分析等方法。但是数量模型本身并不是最重要的，最重要的是，需要明白宏观变量如何驱动资产价格的收益变化。比如某国家和地区股票市场变化主要受到 GDP、汇率、通货膨胀、实际债券收益率、估值、企业总利润等因素变化的影响。例如，韩国的电信产业主要受到估值和实际债券收益的影响，而保险和多元化金融企业还受到贸易条件和 G7 通货膨胀变动的影响。

对宏观变量的基本把握最重要，因为模型反映的是短期和周期性影响，另外策略研究员建立的宏观体系还需要区分哪些宏观变量具有领先分析作用，哪些具有共时效果。比如企业利润变动整体上与指数收益是共时的。

最后，在策略研究员提供的战术资产配置权重下，基金经理根据自己的风格(比如价值或者成长等)偏好来建立或者调整仓位与选择股票。

就目前情况看，Black-Litterman 模型在我国刚刚起步，2010 年 2 月国内发行了南方策略优化基金，是国内首只公募量化基金，该基金主要依靠 Black-Litterman 模型。该模型中将风险因子可分为四大类型：基本面因子、价值因子、市场面因子和流动性因子。

（1）基本面因子：反映上市公司基本面水平，主要包括上市公司的盈利能力、现金流情况、财务杠杆水平以及未来成长性等，通过净资产收益率、经营现金流、资产负债率、净利润增长率等相关财务指标进行量化。

（2）价值因子：反映股票的绝对和相对估值水平，同时包含上市公司基本面信息和市场价格信息。

（3）市场面因子：反映股票价格受投资者情绪和行为模式的影响程度，单纯考虑市场面因子，包括股票价格的动量/反转趋势、资金流向、相对强度、股票所处风格板块的轮动，股票价格的历史波动等。

（4）流动性因子：反映股票的流动性。基金选取流动性好的股票构建基金的投资组合。

第 4 章

随机过程基本原理及应用

4.1 概率论基本知识

4.1.1 概率空间

现实中的不确定性表现为一种随机现象，一般来讲，随机现象具有以下 3 个基本特征。

- 相同的条件下可以重复试验。
- 每次试验的结果允许不同。
- 事先无法确定出现何种结果。

随机现象中所有可能出现的结果称为样本空间或者全概率空间，记为 Ω，Ω 中的子集称为事件，空集 ϕ 称为不可能事件。需要注意的是，由于事件是集合，所以其运算只有集合运算而没有四则运算。

在研究实际问题时，我们选择一部分事件进行研究，而且这部分事件通常满足一定的条件，这些事件的集合称为事件域 F。

概率空间通常记为 (Ω, F, P)。其中，Ω 为全概率空间；F 为事件域；P 为 F 上概率测度。对于事件域 F，如果满足以下 3 个条件，则称 F 为 σ-代数。

- $\Omega \in F$。
- 如果 $A \in F$，有 $A^c \in F$。
- 对于集合序列 $A_1, A_2, A_3, \cdots, \in F$，有 $\bigcup_{i=1}^{\infty} A_i \in F$。

下面考虑一个测度成为概率测度的两个条件。

- $P(\Omega)=1$。
- 对于互不相交集合序列 $F_1, F_2, F_3, \cdots$，即 $F_i \bigcap F_j = \phi,\ i \neq j$，有 $P\left(\bigcup_{i=1}^{\infty} F_i\right) = \sum_{i=1}^{\infty} P(F_i)$。

【定义 4-1】 X 是概率空间(Ω, F, P)上的实值随机变量，对于实数 R 上的子集 B，称 $\{X \in B\} = \{\omega \in \Omega; X(\omega) \in B\}$ 为域 F 上 σ-代数。

4.1.2 随机变量

假设概率空间(Ω, F, P)，如果对于 F 中事件 $A\in F$，有 $P(A)=1$，我们说事件 A 几乎确定发生(Almost Surely，简记 a.s.)。

【定义 4-2】设 X 是概率空间(Ω, F, P)上的随机变量，将 X 分布函数定义为概率测度 μ_X，概率可以理解为将事件映射到实数波雷尔集 B(由实数轴上左开右闭区间经过集合的并、交、逆等运算得到的集合称为波雷尔集)，记 $\mu_X(B)=P\{X\in B\}$。

【例 4-1】假设 P 是在[0,1]区间上均匀分布的概率测度，那么下面分别定义两个随机变量 $X(\omega)=\omega$、$Y(\omega)=1-\omega(\omega\in[0,1])$，并同时定义一个新概率测度为：

$$\mu_X[a,b]=P(\omega,a\leqslant X(\omega)\leqslant b)=P([a,b])=b-a,\quad 0\leqslant a\leqslant b\leqslant 1$$

尽管在概率测度 P 下，随机变量 X 与 Y 每次取值不同，但是随机变量 X 与 Y 的分布是相同的，其推导过程如下。

$$\begin{aligned}\mu_Y[a,b]&=P(\omega,a\leqslant Y(\omega)\leqslant b)=P(\omega,a\leqslant 1-\omega\leqslant b)=P([1-b,1-a])\\&=(1-a)-(1-b)=b-a=\mu_X[a,b]\end{aligned}$$

4.1.3 数学期望与方差

1．数学期望与方差

假设 X 是随机变量，如果 Ω 中元素的个数是有限的，那么定义 X 期望为：

$$\mathrm{E}(X)=\sum_{\omega\in\Omega}X(\omega)P(\omega)$$

如果 X 是离散型随机变量，而且是无限的，那么定义 X 期望为：

$$\mathrm{E}(X)=\sum_{k=1}^{\infty}X(\omega_k)P(\omega_k)$$

对于一般随机变量 X，可以用积分形式定义 X 期望，即：

$$\mathrm{E}(X)=\int_{\omega\in\Omega}X(\omega)\mathrm{d}P(\omega)$$

数学期望的性质有以下几个方面。

- 如果随机变量 X 取值是有限的，则有：

$$\mathrm{E}(X)=\sum_{k=1}^{n}x_kP(X=x_k)$$

如果 Ω 中的元素也是有限的，则有：

$$\mathrm{E}(X)=\sum_{\omega\in\Omega}x(\omega)p(\omega)$$

- 可积性。随机变量 X 可积的充要条件是 $\mathrm{E}(X)<\infty$。
- 可比较性。对于两个随机变量 X、Y，$X<Y$ 几乎恒成立，即 $\mathrm{E}(X)<\mathrm{E}(Y)$。特别地，$X=Y$ 也几乎恒成立，即 $\mathrm{E}(X)=\mathrm{E}(Y)$。
- 线性性。对于两个可积随机变量 X、Y，α 与 β 是实数，则有：
$$\mathrm{E}(\alpha X+\beta Y)=\alpha\mathrm{E}(X)+\beta\mathrm{E}(Y)$$
- 詹森不等式。对于可积随机变量 X，$E(X)<\infty$，则对任意实值凸函数 φ 有：
$$\varphi(\mathrm{E}(X))\leqslant\mathrm{E}(\varphi(X))$$

随机变量 X 的方差定义为：

$$\mathrm{Var}(X)=\mathrm{E}(X-\mathrm{E}(X))^2$$

根据方差的定义有：

$$\mathrm{Var}(X)=\mathrm{E}(X)^2-(\mathrm{E}(X))^2$$

2．数学期望与方差估计

在实际中，我们通常可以得到很多数据，这些数据既可以通过观察采样得到，也可以通过随机模拟得到，通常样本的期望与方差是最重要的估计参数。

假设有一组观察值 $X_1,X_2,\cdots,X_n$，来自于同一个母体，是独立同分布随机变量，该母体期望是 μ、方差是 σ^2，但是这些参数是未知的，需要对未知参数进行估计，记样本均值 $\overline{X}$ 为：

$$\overline{X}=\frac{\sum_{i=1}^{n}X_i}{n}$$

$\overline{X}$ 是 μ 无偏估计，即 $\mathrm{E}(\overline{X})=\mu$。下面证明当观察样本足够多时，$\overline{X}$ 方差是递减的。

$$\mathrm{E}(\overline{X})=\mathrm{E}\left(\frac{\sum_{i=1}^{n}X_i}{n}\right)=\frac{1}{n^2}\sum_{i=1}^{n}\mathrm{Var}(X_i)=\sigma^2/n$$

构造统计量 $\hat{\sigma}^2=\frac{1}{n-1}\sum_{i=1}^{n}[X_i-\overline{X}]^2$，则可以证明 $\hat{\sigma}^2$ 是 σ^2 的无偏估计。

在 MATLAB 中，用 normrnd 函数生成正态分布随机数。

```
>> x=normrnd(0,1,3,4) %生成均值为 0、方差为 1 的 3 行 4 列随机数矩阵。
x =
    -0.4405   -0.5401   -0.2363    1.2448
```

```
     0.3777   -0.6607    0.8439    1.4382
     0.9027    0.3838   -0.3627   -0.3383
```

normrnd 函数中的前两个参数分别表示正态分布的均值与标准差，后两个参数表示随机矩阵的行数与列数。

首先生成随机数序列，然后计算协方差。

```
>> x=normrnd(0,0.4,10000,4);
>> cov(x)
ans =
     0.1616   -0.0003    0.0002    0.0048
    -0.0003    0.1612   -0.0012    0.0008
     0.0002   -0.0012    0.1594    0.0002
     0.0048    0.0008    0.0002    0.1626
```

随机矩阵每列为一组观察值，来自同一母体，通过 cov 函数计算它们之间的协方差。

在估计参数 μ 时，我们通常还要考虑统计量 $\overline{X}$ 的可靠程度，这时就要计算估计的置信区间。为此我们构造的随机变量 Z 为：

$$Z=\frac{\overline{X}-\mu}{\sqrt{\frac{\overline{\sigma}^2}{n}}}$$

Z 服从标准正态分布，记 $z_{1-\alpha/2}$ 是标准正态分布 $1-\alpha/2$ 的置信度，即：

$$P(Z\leqslant z_{1-\alpha/2})=\frac{1}{\sqrt{2\pi}}\int_{-\infty}^{z_{1-\alpha/2}}\mathrm{e}^{-y^2/2}\mathrm{d}y=1-\alpha/2$$

这时有：

$$P\left(-z_{1-\alpha/2}\leqslant\frac{\overline{X}-\mu}{\sigma}\leqslant z_{1-\alpha/2}\right)=P\left(\overline{X}-z_{1-\alpha/2}\sigma\leqslant\mu\leqslant\overline{X}+z_{1-\alpha/2}\sigma\right)\approx 1-\alpha$$

未知参数 μ 的置信区间为：

$$\overline{X}\pm z_{1-\alpha/2}\sigma$$

通常 α 取 0.01、0.05 和 0.1。

在 MATLAB 中，用 normfit 函数计算正态分布的均值与置信区间。

```
>> x=normrnd(1,2,100,1);
>> [mu,s,mci,sci]=normfit(x)

mu =
     0.7940
s =
     1.9161
```

```
mci =
       0.4138
       1.1742
sci =
       1.6824
       2.2259
```

在函数 normfit 中，mu 是均值；s 是标准差；mci 是 95%置信水平下的均值置信区间；sci 是 95%水平下标准差的置信区间。

4.1.4 随机变量相关性

假设 X、Y 为随机变量，定义它们之间协方差为：

$$\mathrm{Cov}(X,Y)=\mathrm{E}[X-\mathrm{E}(X)][Y-\mathrm{E}(Y)]$$

相关系数为：

$$\rho_{XY}=\frac{\mathrm{Cov}(X,Y)}{\sqrt{\mathrm{D}(X)}\sqrt{\mathrm{D}(Y)}}$$

其中，ρ_{XY}表示随机变量 X 与 Y 之间的相关程度，ρ_{XY}越大表示相关性越强，而且有$|\rho_{XY}|\leqslant 1$。当 $\rho_{XY}=1$ 时，随机变量 X、Y 完全正相关；当 $\rho_{XY}=-1$ 时，随机变量 X、Y 完全负相关；当 $\rho_{XY}=0$ 时，那么随机变量 X、Y 不相关。

如果随机变量 X、Y 是独立的，直观上可以理解为它们各自按照自己的方式取值，彼此之间互不干扰，写成数学表达式的形式为：

$$P(X<x,\ Y<y)=P(X<x)P(Y<y)$$

同样，独立随机变量具有如下性质。

$$\mathrm{E}(XY)=\mathrm{E}(X)\mathrm{E}(Y)$$

读者应该注意，对于多元正态分布的一组随机变量而言，不相关和独立性是等价的，其他分布不一定有该性质。

有时协方差系数不能很好地反应相关性，则需要使用条件概率。

离散情况下的条件概率为：

$$\mathrm{E}(X\,|\,Y=y_j)=\sum_i x_i P(X=x_i\,|\,y=y_j)=\frac{\sum_i x_i P(X=x_i,y=y_j)}{P(Y=y_j)}$$

连续情况下的条件期望为：

$$\mathrm{E}(X\,|\,Y=y)=\frac{\int xf(x,y)\mathrm{d}x}{\int f(x,y)\mathrm{d}x}$$

条件概率具有如下性质。

$$E(X)=E[E(X\mid Y)]$$

实际应用中通常固定一个随机变量的值，计算另一个随机变量期望。

当 Y 离散时：

$$E(X)=\sum_j E(X\mid Y=y_j)P(Y=y_j)$$

当 Y 连续时：

$$E(X)=\int E(X\mid Y=y)f_Y(y)\mathrm{d}y$$

条件方差为：

$$\mathrm{Var}(X\mid Y)=E[(X-E(X\mid Y))^2\mid Y]$$

对于条件方差，下面的公式成立。

$$\mathrm{Var}(X)=E[\mathrm{Var}(X\mid Y)]+\mathrm{Var}(E(X\mid Y))$$

这意味着以下这两种情况成立。

$$\mathrm{Var}(X)\geq E[\mathrm{Var}(X\mid Y)] \qquad \mathrm{Var}(X)\geq \mathrm{Var}[E(X\mid Y)]$$

这两个性质对于减少蒙特卡罗模拟方差非常重要。

4.1.5　随机变量的收敛性

假设随机变量序列 $X_1,X_2,\cdots,X_n$，它是定义在概率空间(Ω,F,P)上随机变量的序列。X 是一个随机变量，也定义在概率空间(Ω,F,P)上，如果对于任意 $\omega\in\Omega$，有：

$$P(\lim_{n\to\infty}X_n=X)=1$$

则随机变量序列 $X_1,X_2,\cdots,X_n$ 几乎处处收敛于 X。

如果记集合 A：

$$A=\{\omega\in\Omega,X_n(\omega)\to X(\omega)\}$$

则有 $P(A)=1$，即对于任意 $\varepsilon>0$，有：

$$P(|X_n-X|>\varepsilon)\to 0$$

下面举一个例子，在掷硬币游戏中，第 k 次掷币的结果用随机变量 Y^k 表示为：

$$Y_K(\omega)=\begin{cases}1\\0\end{cases}(1\text{ 表示正面；}0\text{ 表示反面})$$

定义随机变量 $H_n=\dfrac{\sum_{k=1}^{n}Y_k}{n}$，$H_n$ 为平均每次出现正面的可能性，根据经验可知，掷的次数越多越接近于 50%，即 $H_n\to\dfrac{1}{2}$，$n\to\infty$。

【定理 4-1】（中心极限定理）如果随机变量序列 $X_1, X_2, \cdots, X_n$ 是独立分布的随机变量序列，均值都为 μ，方差都为 σ。

如果记：

$$\overline{X} = \frac{1}{n}\sum_{i=1}^{n} X_i$$

当 $n \to \infty$ 时：

$$\frac{\overline{X}_n - \mu}{\sigma / \sqrt{n}} \sim N(0,1)$$

其中，$N(0, 1)$是标准正态分布。需要注意的是，中心极限定理中并没有要求随机变量序列 $X_1, X_2, \cdots, X_n$ 服从正态分布。

对于任意 $x \in R$，有：

$$P\left(\frac{\overline{X}_n - \mu}{\sigma / \sqrt{n}} \leqslant x\right) = \varPhi(x)$$

其中，$\varPhi(x)$为标准正态分布函数。对于 $\overline{X}_n$ 在区间 $\left(\mu - a\frac{\sigma}{\sqrt{n}}, \mu + b\frac{\sigma}{\sqrt{n}}\right)$ 上的概率为 $\varPhi(b) - \varPhi(-a)$。

4.1.6 离散型概率转移测度

考虑有限个元素构成的状态空间 $\Omega=\{\omega_1, \omega_2, \omega_3, \cdots, \omega_n, \}$，$\Omega$ 的子集构成集合 F，假设 Ω 中第 i 个元素 $\omega_i \in F$，第 i 个元素出现的概率 p_i 记为 $p_i=P\{\omega_i\}$，则有：

$$\sum_{i=1}^{n} p_i = 1$$

考虑到在 F 中还有一个概率测度 Q，记 $q_i=P^Q\{\omega_i\}$，很显然有 $\sum_{i=1}^{n} q_i = 1$。对于状态 i，定义由概率 P 向概率 Q 转移的向量为：

$$\xi_i = \frac{q_i}{p_i} (i=1, 2, 3, \cdots, n)$$

可以将 ξ 视为一个随机变量，在状态 i 取值为 ξ_i，即 $\xi_i = \xi(\omega_i)$ 时，ξ 称为离散的

Radon-Nikodym 导数，记$\xi = \dfrac{\mathrm{d}Q}{\mathrm{d}P}$。

$$\mathrm{E}^P\left[\frac{\mathrm{d}Q}{\mathrm{d}P}\right] = \mathrm{E}^P[\xi] = \sum p_i \xi_i = \sum p_i \frac{q_i}{p_i} = \sum q_i = 1$$

4.1.7　Radon–Nikodym 导数

随机变量 Z 为概率空间(Ω, F, P)上的非负随机变量，且满足 $\mathrm{E}(Z)=1$，对于 $A \in F$，定义新测度为：

$$\tilde{P}(A) = \int_A Z(\omega)\mathrm{d}P(\omega)$$

$\widetilde{P}$ 为概率测度，对于非负随机变量 X，有：

$$\tilde{\mathrm{E}}(X) = \mathrm{E}(XZ)$$

如果 Z 为严格递增的，对任意随机变量 Y，有：

$$\mathrm{E}(Y) = \tilde{\mathrm{E}}\left(\frac{Y}{Z}\right)$$

对于概率空间(Ω, F, P)，$\widetilde{P}$ 是(Ω, F)上的概率测度，随机变量 Z 为概率空间上的非负随机变量，如果满足以下条件，则 Z 为 $\widetilde{P}$ 对 P 的 Radon-Nikodym 导数。

$$Z = \frac{\mathrm{d}\tilde{P}}{\mathrm{d}P}$$

下面用一个例子说明，设 X 是(Ω, F, P)上的正态随机变量，则有：

$$P_X(B) = P(X \in B) = \int_B \varphi(x)\mathrm{d}x$$

其中，$\varphi(x) = \dfrac{1}{\sqrt{2\pi}}\mathrm{e}^{-\frac{x^2}{2}}$，考虑随机变量 X 在区间 $B = (-\infty, b]$的概率为：

$$P(X \leqslant b) = \int_{-\infty}^{b} \varphi(x)\mathrm{d}x$$

即 $E(X)=0$，$\mathrm{Var}(X)=1$。

随机变量 $Y=X+c$(c 是一个常数)，不难看出 $E(X)=c$，$\mathrm{Var}(Y)=1$。

我们需要构造出一个概率测度 $\widetilde{P}$，使得 $\mathrm{E}^P(Y)=0$，$\mathrm{Var}^P(Y)=\mathrm{E}^P(Y-\mathrm{E}^P(Y))^2=1$。构造的随机变量为：

$$Z(\omega) = \exp\left(-\theta X(\omega) - \frac{1}{2}\theta^2\right)$$

这个随机变量有以下两个重要的性质。

性质 1：$Z(\omega)>0$。

性质 2：$E(Z)=1$。

性质 1 显然成立，性质 2 的证明过程如下。

$$\mathrm{E}(Z)=\int_{-\infty}^{\infty}\exp\left(-\theta x-\frac{1}{2}\theta^2\right)\varphi(x)\mathrm{d}x=\frac{1}{\sqrt{2\pi}}\int_{-\infty}^{\infty}\exp\left(-\frac{1}{2}(x^2+2\theta x+\theta^2)\right)\mathrm{d}x$$

$$=\frac{1}{\sqrt{2\pi}}\int_{-\infty}^{\infty}\exp\left(-\frac{1}{2}(x+\theta)^2\right)\mathrm{d}x=\frac{1}{\sqrt{2\pi}}\int_{-\infty}^{\infty}\exp\left(-\frac{1}{2}y^2\right)\mathrm{d}x=1$$

用随机变量 Z 构造一个新测度 $\widetilde{P}$，则有：

$$\tilde{P}(A)=\int_A Z(\omega)\mathrm{d}P(\omega)$$

如果 $X(\omega)$取值为正，θ 为正，$Z(\omega)<1$，则有 $\tilde{E}(\omega)<1$，Y 是标准正态分布，证明过程如下。

$$\tilde{P}(Y\leqslant b)=\int_{\{\omega:Y(\omega)<b\}}Z(\omega)\mathrm{d}P(\omega)=\int_{\{\omega:Y(\omega)<b\}}\exp\left(-\theta X(\omega)-\frac{1}{2}\theta^2\right)\mathrm{d}P(\omega)$$

$$=\int_{\{\omega:x<b-\theta\}}\exp\left(-\theta x-\frac{1}{2}\theta^2\right)\varphi(x)\mathrm{d}x=\frac{1}{\sqrt{2\pi}}\int_{-\infty}^{b-\theta}\exp\left(-\theta x-\frac{1}{2}\theta^2-\frac{x^2}{2}\right)\mathrm{d}x$$

$$=\frac{1}{\sqrt{2\pi}}\int_{-\infty}^{b-\theta}\exp\left(-\frac{1}{2}(\theta+x)^2\right)\mathrm{d}x=\frac{1}{\sqrt{2\pi}}\int_{-\infty}^{b}\exp\left(-\frac{1}{2}y^2\right)\mathrm{d}y$$

整理得：

$$\tilde{P}(Y\leqslant x)=\frac{1}{\sqrt{2\pi}}\int_{-\infty}^{x}\mathrm{e}^{-\frac{1}{2}y^2}\mathrm{d}y$$

在测度 $\widetilde{P}$ 下，随机变量 Y 仍然是标准正态分布。可以证明 Radon-Nikodym 导数在概率测度下不仅存在，而且几乎处处唯一。

4.2 随 机 过 程

4.2.1 随机过程的概念

【定义 4-3】 随机过程是滤子空间 $(\Omega,F,P,F_{t\in\tau})$，对于所有的 $t(t'\in[0,t],\ t<t')$，有下

式成立。

$$P(x_{t'} \in A \big| (x)_{s\in[0,t]}) = P(x_{t'} \in A \big| x_t)$$

这时的随机过程称为马尔可夫过程。马尔可夫过程是描述金融资产变化常用方法，如果随机过程 x_t 满足 $\mathrm{E}_t^P(x_{t'}) = x_t$，则称随机过程 $x_t = (X)_{t\geqslant 0}$ 是 P-鞅的，其中，E^P 是 P 概率下的期望。

4.2.2　独立增量过程

对于随机过程 X_t，在时间段 $0<t_0<t_1<t_2$，有 $X_{t_1} - X_{t_0}$ 与 $X_{t_2} - X_{t_1}$ 独立，这样的随机过程称为独立增量过程。也即历史信息 X_t 对于预测未来价格 $X_{t+\Delta t}$ 无任何帮助，即该随机过程具有“忘记过去”的特征，有时也将这个特征称为无后效性或者马尔可夫性。

4.2.3　随机积分

【ITO 引理】 假设标的资产满足如下过程。

$$\mathrm{d}X_t = a(X_t,t)\mathrm{d}t + b(X_t,t)\mathrm{d}W_t \tag{4-1}$$

其中，$\mathrm{d}W_t$ 是一个维纳过程，设 $f = f(X_t,t)$ 是 X_t 与 t 的函数，函数 G 二次连续可微，则 $f(X_t,t)$ 遵循如下过程。

$$\mathrm{d}f(X_t,t) = \left(\frac{\partial G}{\partial X_t}a + \frac{\partial G}{\partial t} + \frac{1}{2}\frac{\partial^2 G}{\partial X_t^2}b^2\right)\mathrm{d}t + \frac{\partial G}{\partial X_t}b\mathrm{d}W \tag{4-2}$$

证明二元泰勒函数公式的过程如下。

$$\Delta f = \frac{\partial f}{\partial X_t}\Delta X_t + \frac{\partial f}{\partial t}\Delta t + \frac{1}{2}\frac{\partial^2 f}{\partial x^2}\Delta X_t^2 + \frac{\partial^2 f}{\partial X_t \partial t}\Delta X_t \Delta t + \frac{1}{2}\frac{\partial^2 f}{\partial t^2}\Delta t^2 + \cdots \tag{4-3}$$

因为：

$$\Delta X_t = a(X_t,t)\Delta t + b(X_t,t)\varepsilon\sqrt{\Delta t} \tag{4-4}$$

$$\Delta X_t^2 = a^2\Delta t^2 + 2ab\Delta t\sqrt{\Delta t} + b^2\varepsilon^2\Delta t \tag{4-5}$$

其中，ε 服从标准正态分布，$\mathrm{E}(\varepsilon)=0$，$\mathrm{E}(\varepsilon^2)=1$，因此 $\mathrm{E}(b^2\varepsilon^2\Delta t) = b^2\Delta t$，当 $\Delta t \to 0$ 时，$\mathrm{Var}(\Delta X_t^2)\to 0$，式(4-5)有：

$$\Delta X_t^2 = b^2\Delta t + o(\Delta t) \tag{4-6}$$

由式(4-4)得：

$$\Delta X_t \Delta t = a(X_t,t)\Delta t^2 + b(X_t,t)\varepsilon(\Delta t)^{3/2} + o(t) \tag{4-7}$$

将式(4-4)、式(4-6)带入式(4-3)得：

$$\Delta f=\frac{\partial f}{\partial X_t}\Delta X_t+\frac{\partial f}{\partial t}\Delta t+\frac{1}{2}\frac{\partial^2 f}{\partial X_t^{\ 2}}b^2\Delta t+o(\Delta t) \tag{4-8}$$

当 $\Delta t \to 0$ 时：

$$\mathrm{d}f=\frac{\partial f}{\partial X_t}\mathrm{d}x+\frac{\partial f}{\partial t}\mathrm{d}t+\frac{1}{2}\frac{\partial^2 f}{\partial X_t^{\ 2}}b^2\mathrm{d}t \tag{4-9}$$

将式(4-1)代入式(4-9)中得：

$$\mathrm{d}f=\left(\frac{\partial f}{\partial X_t}a+\frac{\partial f}{\partial t}+\frac{1}{2}\frac{\partial^2 f}{\partial X_t^{\ 2}}b^2\right)\mathrm{d}t+\frac{\partial f}{\partial X_t}b\mathrm{d}W$$

命题即得证。

根据 ITO 引理，如果函数 $G(S,t)$遵循 ITO 过程，则有：

$$\mathrm{d}G=\left(\frac{\mathrm{d}G}{\mathrm{d}S}\mu S+\frac{\partial G}{\partial t}+\frac{1}{2}\sigma^2 S^2\frac{\partial^2 G}{\partial S^2}\right)\mathrm{d}t+\sigma S\frac{\partial G}{\partial S}\mathrm{d}W_t$$

特别地，$G=\ln S$，则有：

$$\frac{\partial G}{\partial S}=\frac{1}{S}\qquad \frac{\partial^2 G}{\partial S^2}=-\frac{1}{S^2}\qquad \frac{\partial G}{\partial t}=0$$

根据 ITO 引理有：

$$\mathrm{d}G=\left(\frac{\mathrm{d}G}{\mathrm{d}S}\mu S+\frac{\partial G}{\partial t}+\frac{1}{2}\sigma^2 S^2\frac{\partial^2 G}{\partial S^2}\right)\mathrm{d}t+\sigma S\frac{\partial G}{\partial S}\mathrm{d}W_t=\left(\mu-\frac{\sigma^2}{2}\right)\mathrm{d}t+\sigma\mathrm{d}W_t$$

可以看出，G 服从一维的维纳过程，均值为$\mu-\dfrac{\sigma^2}{2}$，方差为σ^2。

假设当前时刻 t 至将来时刻 T 之间的收益率变化服从正态分布，期望值为$\left(\mu-\dfrac{\sigma^2}{2}\right)(T-t)$，方差为$\sigma^2(T-t)$。

假设 t 时刻股价为 S_t、T 时刻股价为 S_T，从 t 时刻至 T 时刻股票价格的变化为：

$$LnS_T-LnS_t\sim N\left(\left(\mu-\frac{\sigma^2}{2}\right)(T-t),\frac{\sigma^2}{2}(T-t)\right)$$

整理得：

$$S_T=S_t\exp\left(\left(\mu-\frac{\sigma^2}{2}\right)(T-t)+\frac{\sigma^2}{2}(T-t)Z_t\right)$$

其中，Z_t 为标准正态分布，即 $Z_t \sim N(0, 1)$。

对于多元随机过程，设其协方差为 $\Sigma(t)=b(t)b(t)'$，$Y(t)=f(t,X(t))$。

ITO 公式为：

$$\begin{aligned}\mathrm{d}f(t)&=\left(\frac{\partial f}{\partial t}(t,X(t)\right)+\sum_{i=1}^{d}\frac{\partial f}{\partial x_i}(t,X(t))\mathrm{d}X_i(t)+\frac{1}{2}\sum_{i,j=1}^{d}\frac{\partial^2 f}{\partial x_i\partial x_j}(t,X(t))\Sigma_{i,j}(t)\mathrm{d}t\\&=\left(\frac{\partial f}{\partial t}(t,X(t)\right)+\sum_{i=1}^{d}\frac{\partial f}{\partial x_i}(t,X(t))a_i(t)+\frac{1}{2}\sum_{i,j=1}^{d}\frac{\partial^2 f}{\partial x_i\partial x_j}(t,X(t))\Sigma_{i,j}(t))\mathrm{d}t+\sum_{i=1}^{d}\frac{\partial f}{\partial x_i}(t,X(t))b_i(t)\mathrm{d}W(t)\end{aligned}$$

其中，b_i 为矩阵 b 的列元素，上式还可以写成如下积分的形式：

$$\begin{aligned}f(t)=f(0,X(0))+\int_0^t\frac{\partial f}{\partial t}(u,X(u))+\sum_{i=1}^{d}\frac{\partial f}{\partial x_i}(u,X(u))a_i(u)+\frac{1}{2}\sum_{i,j=1}^{d}\frac{\partial^2 f}{\partial x_i\partial x_j}(u,X(u))\Sigma_{i,j}(t)\mathrm{d}u\\+\int_0^t\sum_{i=1}^{d}\frac{\partial f}{\partial x_i}(u,X(u))b_i(t)\mathrm{d}W(u)\end{aligned}$$

如果函数 f 可以写成 $f=f(X(t))$ 形式，则其 ITO 公式为：

$$\mathrm{d}f(t)=\left(\sum_{i=1}^{d}\frac{\partial f}{\partial x_i}a_i(t)+\frac{1}{2}\sum_{i,j=1}^{d}\frac{\partial^2 f}{\partial x_i\partial x_j}\Sigma_{i,j}(t)\right)\mathrm{d}t+\sum_{i=1}^{d}\frac{\partial f}{\partial x_i}b_i(t)\mathrm{d}W(t)$$

进一步而言，如果 X 及 a 和 b 都为标量，则有：

$$\mathrm{d}f(t)=\left(f'a(t)+\frac{1}{2}f''b^2\right)\mathrm{d}t+f'b(t)\mathrm{d}W(t)$$

【推论】 假设(X, Y)满足 ITO 过程，即：

$$\mathrm{d}\begin{pmatrix}X(t)\\Y(t)\end{pmatrix}=\begin{pmatrix}a_X(t)\\a_Y(t)\end{pmatrix}\mathrm{d}t+\begin{pmatrix}b_X(t)\\b_Y(t)\end{pmatrix}\mathrm{d}W(t)$$

则乘积 XY 的导数为：

$$\mathrm{d}(XY)=X\mathrm{d}Y+Y\mathrm{d}X+b_Xb_Y\mathrm{d}t$$

4.2.4　Girsannov 定理

随机过程 $z^{\lambda}=(z_t^{\lambda})$ 的定义方式为：

$$z_t^{\lambda}=z_t+\int_0^t\lambda_s,0\leqslant t\leqslant T$$

在测度 Q^{λ} 下，$z^{\lambda}=(z_t^{\lambda})$ 是一个标准的几何布朗运动，可以将其写成如下微分方程形式：

$$\mathrm{d}z_t^{\lambda}=\mathrm{d}z_t+\lambda_t\mathrm{d}t$$

Girsannov 定理表明，从概率测度 P 到测度 Q^{λ} 仅需对趋势项进行调整即可，可以将 ITO

过程 $\mathrm{d}x_t = \mu_t \mathrm{d}t + \sigma_t \mathrm{d}W_t$，改写为：

$$\mathrm{d}x_t = \mu_t \mathrm{d}t + \sigma_t(\mathrm{d}W_t^{\lambda} - \lambda_t \mathrm{d}t) = (\mu_t - \sigma_t \lambda_t)\mathrm{d}t + \sigma_t \mathrm{d}W_t^{\lambda}$$

其中，$\mu_t-\sigma_t\lambda_t$ 是测度 Q^{λ} 下的趋势项。

4.2.5 Feynman–Kac 定理

假设随机过程 X_t 满足如下随机方程。

$$\mathrm{d}x_t = \mu(x_t, t)\mathrm{d}t + \sigma(x_t, t)\mathrm{d}W_t$$

定义函数：$f(x_t, t) = E_t^x\left(\int_t^T \phi_s^t h(x_s, s)\mathrm{d}s + \phi_T^t g(x_T)\right)$

其中，$\phi_s^t = \exp\left(-\int_s^t r(x_u, u)\mathrm{d}u\right)$，$\mathrm{E}_t^x(\,)$ 表示 t 时刻的条件期望，在时刻 t 有 $x_t=x$。

函数 $f(x_t, t)$ 可以理解为一种证券在时刻 t 的价格，该证券在时刻 $s(s>t)$ 支付红利为 $h(x_t, t)$，到期日 T 支付 $g(x_T)$。函数 $f(x_t, t)$ 满足偏微分方程：

$$\frac{\partial f}{\partial t}(t, x_t) + \frac{\partial f}{\partial x}(t, x_t)\mu(t, x_t) + \frac{1}{2}\frac{\partial^2 f}{\partial x^2}(t, x_t)\sigma_t^2(t, x_t) - r(t, x_t)f + h(t, x_t) = 0 \quad f(x_T, T) = g(x_T)$$

4.3 马尔可夫过程

4.3.1 马尔可夫过程的定义

假设随机过程 $\{X_n, n\in T\}$ 的参数集是离散时间集合，时间集为 $T=\{0, 1, 2, \cdots\}$，那么对于随机过程 $\{X_n, n\in T\}$，如果对任意整数 n 有 $i_0, i_1, i_2, \cdots, i_{n+1}\in I$，且满足如下条件概率。

$$P\{X_{n+1} = i_{n+1} | X_0 = i_0, X_1 = i_2, X_3 = i_3, \cdots, X_n = i_n\} = P\{X_{n+1} = i_{n+1} | X_n = i_n\} \tag{4-10}$$

则随机过程 $\{X_n, n\in T\}$ 为马尔可夫过程，根据条件概率公式：

$$\begin{aligned}
&P\{X_0 = i_0, X_1 = i_1, X_3 = i_3, \cdots, X_n = i_n\} \\
&= P\{X_n = i_n | X_0 = i_0, X_1 = i_1, X_3 = i_3, \cdots, X_{n-1} = i_{n-1}\} P\{X_0 = i_0, X_1 = i_1, X_3 = i_3, \cdots, X_{n-1} = i_{n-1}\} \\
&= P\{X_n = i_n | X_{n-1} = i_{n-1}\} P\{X_0 = i_0, X_1 = i_1, X_3 = i_3, \cdots, X_{n-1} = i_{n-1}\} \\
&= \cdots \\
&= P\{X_n = i_n | X_{n-1} = i_{n-1}\} P\{X_{n-1} = i_{n-1} | X_{n-2} = i_{n-2}\} \cdots P\{X_1 = i_1 | X_0 = i_0\} P\{X_0 = i_0\}
\end{aligned}$$

由此可见，马尔可夫统计特征由条件概率 $P\{X_{n+1} = i_{n+1} | X_n = i_n\}$ 决定。

4.3.2　转移概率

条件概率 $P\{X_{n+1}=j|X_n=i\}$ 的直观涵义是在 n 时刻处于状态 i；在 n+1 时刻变为状态 j 的概率，进一步引入如下概率转移矩阵。

$$P(n)=p_{ij}(n)=P(X_{n+1}=j|X_n=i)$$

马尔可夫链$\{X_n, n\in T\}$为时刻 n 的一步转移概率，$P(n)$为时刻 n 的一步转移概率矩阵。如果概率转移矩阵与 n 无关，则称该马尔可夫链具有平稳性，也称其为齐次的。设矩阵 P 表示一步转移概率，对于状态空间 $I=\{1, 2, 3\cdots\}$，记：

$$P=\begin{pmatrix} p_{11} & p_{12} & \cdots & p_{1n} \\ p_{21} & p_{22} & \cdots & p_{2n} \\ \cdots & \cdots & \cdots & p_{nn} \end{pmatrix}$$

我们将其称为一步转移概率矩阵，其具有以下几方面的性质。

性质 1：$p_{ij}>0(i,j\in I)$。

性质 2：$\sum\limits_{j\in I}p_{ij}=1(i\in I)$。

定义 n 步概率转移矩阵为：

$$p_{ij}(n)=P\{X_{m+n}=j|X_m=i\}$$

同时称矩阵 $P(n)=p_{ij}(n)$为马尔可夫的 n 步概率转移矩阵。

其中，$p_{ij}(n)>0\sum\limits_{i}p_{ij}(n)=1$。当 n=1 时，$p_{ij}(1)=p_{ij}$，此时一步转移概率矩阵 $P(n)=P$，可以假设：

$$P_{ij}(0)=\begin{cases}0, i\neq j\\ 1, i=j\end{cases}$$

【定理 4-2】 设 $P\{X_{n+1}=j|X_n=i\}$ 为马尔可夫链，则对任意整数 $n\geqslant 0$，$0\leqslant l\leqslant n$ 且 $i,j\in I$，n 步转移概率矩阵有以下几方面的性质。

性质 1：$p_{ij}^{(n)}=\sum\limits_{k\in I}p_{ik}^{(l)}p_{kj}^{(n-l)}$。

性质 2：$p_{ij}^{(n)}=\sum\limits_{k_1\in I}\cdots\sum\limits_{k_{n-1}\in I}p_{ik_1}p_{ik_2}\cdots p_{k_{n-1}j}$。

性质 3：$P^{(n)}=PP^{(n-1)}$。

性质 4：$P^{(n)}=P^n$。

利用全概率公式及马尔可夫性，性质 1 的证明过程如下。

$$p_{ij}^{(n)} = P\{X_{m+n} = j \big| X_m = i\} = \frac{P\{X_{m+n} = j, X_m = i\}}{P\{X_m = i\}}$$

$$= \sum_{k\in I} \frac{P\{X_m = i, X_{m+l} = k, X_{m+n} = j\}}{P\{X_m = i, X_{m+l} = k\}} \times \frac{P\{X_m = i, X_{m+l} = k\}}{P\{X_m = i\}}$$

$$= \sum_{k\in I} P\{X_{m+n} = j \big| X_{m+l} = k\} P\{X_{m+l} = k \big| X_m = i\}$$

$$= \sum_{k\in I} p_{ik}^{(l)} p_{kj}^{(n-l)}$$

下面证明性质 2，在性质 1 的公式中，如果令 l=1，k=k_1，则有：

$$p_{ij}^{(n)} = \sum_{k\in I} p_{ik_1} p_{k_1 j}^{(n-1)}$$

这是一个递推公式，即有：

$$p_{ij}^{(n)} = \sum_{k\in I} p_{ik_1} p_{k_1 j}^{(n-1)} = \sum_{k_1\in I} \cdots \sum_{k_{n-1}\in I} p_{ik_1} p_{k_1 k_2} \cdots p_{k_{n-1} j}$$

性质 3 与性质 4 很容易证明，感兴趣的读者可以自行推理。

性质 1 被称为切普曼-克柯尔莫哥洛夫方程，简称 C-K 方程，在马尔可夫转移概率中起着重要作用。性质 3 说明 n 步转移概率完全由一步转移概率决定，性质 4 说明齐次马尔可夫链的 n 步转移概率矩阵是一步转移概率矩阵的 n 次方。

设$\{X_n, n\in T\}$为马尔可夫链，$p_j=P\{X_0=j\}$、$p_j(n)=P\{X_n=j\}$分别为初始概率与绝对概率，即：

$$P(n) = \begin{pmatrix} p_1(n) \\ P_2(n) \\ p_3(n) \\ \cdots \end{pmatrix}$$

初始概率向量为：

$$P(0) = \begin{pmatrix} p_1(0) \\ P_2(0) \\ p_3(0) \\ \cdots \end{pmatrix}$$

【定理 4-3】 设$\{X_n, n\in T\}$为马尔可夫链，则对于任意 $j\in I$、$n\geqslant 1$，绝对概率 $p_j(n)$有以下几方面的性质。

性质 1：$p_j(n) = \sum_{i\in I} p_i p_{ij}^{(n)}$ 。

性质 2：$p_j(n) = \sum_{i\in I} p_i(n-1) p_{ij}$ 。

性质 3：$p^T(n) = p^T(0) P^{(n)}$ 。

性质 4：$P^T(n) = P^T(n-1) P$ 。

性质 1 的证明过程如下。

$$p_j(n)=P\{X_n=j\}=\sum_{i\in I}P\{X_o=i,X_n=j\}=\sum_{i\in I}P\{X_n=j\big|X_0=i\}P(X_0=i)=\sum_{i\in I}p_i p_{ij}^{(n)}$$

性质 2 的证明过程如下。

$$\begin{aligned}p_j(n)=P\{X_n=j\}&=\sum_{i\in I}P\{X_{n-1}=i,X_n=j\}\\&=\sum_{i\in I}P\{X_n=j\big|X_{n-1}=i\}P(X_{n-1}=i)=\sum_{i\in I}p_i(n-1)p_{ij}\end{aligned}$$

性质 3 与性质 4 分别是性质 1 与性质 2 的矩阵形式。

【定理 4-4】 设$\{X_n, n\in T\}$为马尔可夫链，则对任意 $i_1, i_2, \cdots, i_n\in I$、$n\geqslant 1$，有：

$$P(X_1=i_1,X_2=i_2,\cdots,X_n=i_n)=\sum_{i\in I}p_i p_{ii_1},\cdots,p_{i_{n-1}i_n}\text{。}$$

根据全概率公式和马氏性，其证明过程如下。

$$\begin{aligned}P\{X_1=i_1,\cdots,X_n=i_n\}&=P\{\bigcup_{i\in I}X_0=i,X_1=i_1,X_2=i_2,\cdots,X_n=i_n]\\&=\sum_{i\in I}P\{X_0=i,X_1=i_1,X_2=i_2,\cdots,X_n=i_n\}\\&=\sum_{i\in I}P\{X_0=i\}P\{X_1=i_1\big|X_0=i\}\cdots P\{X_n=i_n\big|X_0=i,\cdots,X_{n-1}=i_{n-1}\}\\&=\sum_{i\in I}p_i p_{ii_1}p_{i_1i_2},\cdots,p_{i_{n-1}i_n}\end{aligned}$$

4.4　CreditMetrics 模型

CreditMetrics 模型是由 JP 摩根(JP Morgon)银行于 1997 年 4 月开发的 VaR 信用风险管理模型，该模型以信用转移矩阵为基础，在给定的时间段内估算贷款及债券组合损失分布。

4.4.1　CreditMetrics 模型概述

CreditMetrics 模型是影响较大的信用管理模型之一，该模型用于估计在给定的时间段内贷款及债券产品资产、组合将来价值的变化分布情况。

1．单资产违约概率是常数

随机变量 x 生成函数为：

$$F_x(s)=\mathrm{E}(s^x)\ (s\text{ 为辅助变量})$$

假设债务人存在违约与不违约两种状态，违约的概率是常数 p_A，则不违约的概率是 $1-p_A$，其生成函数为：

$$F_A(s) = p_A s^1 + (1 - p_A)s^0$$

其中，p_A 是违约时概率；s^1 是违约时资产价值；s^0 是不违约时资产价值，可以设其为 1，则有：

$$F_A(s) = p_A s + (1 - p_A) \times 1 = 1 + p_A(s-1) \tag{4-11}$$

2．多资产违约概率生成函数

假设组合中有 N 个资产，彼此之间相互独立，则组合的生成函数等于每个生成函数的乘积，即：

$$F(s) = \prod_{i=1}^{N} F_i(s)$$

两边取对数后：

$$\log F(s) = \log\left(\prod_{i=1}^{N} F_i(s)\right) = \sum_{i=1}^{N} \log(F_i(s)) = \sum_{i=1}^{N} \log(1 + p_i(s-1))$$

考虑到当 x 很小时，$\log(1+x) \approx x$，则有：

$$F(x) \approx \exp\left(\sum_{i=1}^{N} p_i(s-1)\right) = \exp(\mu(s-1)) = \mathrm{E}_\mu(s)$$

其中，$\mu = \sum_{i=1}^{N} p_i$，$\mathrm{E}_\mu(s)$ 是参数为 μ 的泊松分布期望，这说明独立多资产生成函数总体近似于泊松分布。

【例 4-2】某金融机构发放了 100 笔单笔金额为 100 万元的贷款，历史平均违约率为 3%，如果违约损失在 20 万元/笔，下面计算不同违约次数的概率。

首先假设贷款违约次数服从泊松分布，泊松分布的形式为：

$$P(X = n) = \frac{\mathrm{e}^{-m} m^n}{n!}$$

其中，n 表示每 100 笔贷款违约的次数；m 表示 100 笔贷款中平均违约的次数。

每 100 笔贷款中 3 笔违约的概率为：

$$P(X = 3) = \frac{\mathrm{e}^{-3} 3^3}{3!} = 0.224$$

每 100 笔贷款中 4 笔违约的概率为：

$$P(X=4)=\frac{e^{-3}3^4}{4!}=0.168$$

将违约次数与违约损失相乘，即可得到贷款的损失分布。例如，3 笔贷款损失金额=3 笔×20 万元/笔=60（万元）；4 笔贷款损失金额=4 笔×20 万元/笔=80（万元）。

3．同质多资产违约概率生成函数

CreditMetrics 模型给出了 M 组同质资产计算方法。假设各组资产都有相同的风险暴露 v_jL 和相同的损失 $\varepsilon_jL(j=1, 2, 3, \cdots, M)$，$L$ 是单位损失，组分得越细，L 越小。通常假设各组之间违约可能性是独立的。

每组贷款违约的期望值为 μ_j，在每组内部有：

$$\mu_j=\sum_j \mu_{ij}$$

对于整个组合而言，先后对各组进行加总，得到整个组合的概率生成函数 $G(s)$为：

$$G(s)=\mathrm{E}(S^n)=\sum_{n=0}^{\infty} p(\text{各组总的损失})s^n$$

由于各组之间相互独立，则有：

$$G(s)=\prod_{j=1}^{M} G_j(s)=\prod_{j=1}^{M}\left(\sum_{k=0}^{\infty} p(j\text{组的损失数等于}k)s^{kv_j}\right)\approx\prod_{j=1}^{M}\exp(-\mu_j+\mu_j s^{kv_j})$$

同式(4-11)一样，有：

$$G(s)=\exp\left(\sum_{j=1}^{M}\mu_j(s^{v_j}-1)\right)=\exp(\mu(p(s)-1))$$

其中，$\mu=\sum_j \mu_j$，$p(s)=\frac{1}{\mu}\sum_{j=1}^{M}\mu_j s^{v_j}$。

最后得到损失分布为：

$$P(\text{总的损失数}=n)\frac{1}{n!}\frac{\mathrm{d}G^n(s)}{\mathrm{d}s^n}\bigg|_{s=0}$$

4．违约概率是随机情况下的单资产风险

我们考虑一个违约概率是随机情况下的风险暴露。假设各资产是相互独立的，但随机的违约概率使得组合损失产生肥尾型分布。组合包含 N 组资产，各资产的违约性是相互独立的。借款人 A 的违约概率是 X_A，其均值为 p_A，方差为 σ_A。

假设组合 k 的违约概率 X_A 服从 Gamma 分布，均值为 $\mu_k=\sum p_A$，标准差为 $\sigma_k=\sum \sigma_A$ (k=1, 2, 3, ⋯, n)。Gamma 分布的概率密度函数为：

$$f_k(x)=\frac{1}{\beta_k^{\alpha_k}\Gamma(\alpha_k)}\mathrm{e}^{-\frac{x}{\beta_k}}x^{\alpha_k-1}\mathrm{d}x \tag{4-12}$$

其中，$\Gamma(\alpha_k)=\int_0^{\infty}\mathrm{e}^{-u}u^{\alpha_k-1}\mathrm{d}u$。

当违约概率 $X_A=x$ 时，该行业的损失函数为：

$$F_k(s)|_{\{X_k=x\}}=\mathrm{e}^{x(s-1)} \tag{4-13}$$

第 k 组损失的概率生成函数可以写成每个因子的概率分布函数之和。

$$F_k(s)=\int_0^{\infty}\mathrm{e}^{x(s-1)}f_k(x)\mathrm{d}x \tag{4-14}$$

把式(4-12)和式(4-13)带入式(4-14)，整理可得：

$$F_k(s)=\left(\frac{1-p_k}{1-p_k^s}\right)^{\alpha_k} \tag{4-15}$$

其中，$p_k=\dfrac{\beta_k}{1+\beta_k}$。

展开式(4-15)，得到一个损失生成概率函数，即：

$$F_k(s)=\sum_{n=0}^{\infty}C_{n+\alpha_k-1}^{n}p_k^n(1-p_k)^{\alpha_k}s^n \tag{4-16}$$

使用式(4-16)得到 s^n 的期望，即：

$$P(\text{违约次数}=n)=C_{n+\alpha_k-1}^{n}p_k^n(1-p_k)^{\alpha_k}$$

5．同质资产的风险敞口

$$G(s)=\prod_{k=1}^{N}G_k(s)=\prod_{k=1}^{N}\left(\frac{1-p_k}{1-p_kP_k(s)}\right)^{\alpha_k}$$

其中，$P_k(s)=\dfrac{1}{\mu_k}\sum_A\dfrac{\varepsilon_A}{v_A}s^v$。

可以将概率生成函数的泰勒展开写为：

$$G(s)=\sum_{n=0}^{\infty}A_n s^n$$

4.4.2　Creditmetrics 模型实例

【例 4–3】一个 5 年期无担保债券的当前评级是 BBB 级，票息率为 6%，计算 VaR 值，其具体步骤如下。

（1）建立一年期转移矩阵，如表 4-1 和表 4-2 为 1 年期与多年期的信用等级转移矩阵，穆迪和标准普尔公司会定期公布 1 年期与多年期的概率转移矩阵。

（2）根据利率期限结构计算债券价值，如表 4-3 所示是各信用级别债券的利率期限结构。

表 4-1　　不同级别客户一年期信用等级转移矩阵

初始评级	年末评级							
	AAA	AA	A	BBB	BB	B	CCC	违约
AAA	90.81	8.33	0.68	0.06	0.12	0.00	0.00	0.00
AA	0.70	90.65	7.79	0.64	0.06	0.14	0.02	0.00
A	0.09	2.27	91.05	5.52	0.74	0.26	0.01	0.06
BBB	0.02	0.33	5.95	86.93	5.30	1.17	0.12	0.18
BB	0.03	0.14	0.67	7.73	80.53	8.84	1.00	1.06
B	0.00	0.11	0.24	0.43	6.48	83.46	4.07	5.20
CCC	0.22	0.00	0.22	1.30	2.38	11.24	64.86	19.79

表 4-2　　不同级别客户多年期信用等级转移矩阵

期限	1	2	3	4	5	7	10	15
AAA	0.00	0.00	0.07	0.15	0.24	0.66	1.40	1.40
AA	0.00	0.02	0.12	0.25	0.43	0.89	1.29	1.48
A	0.06	0.16	0.27	0.44	0.67	1.12	2.17	3.00
BBB	0.18	0.44	0.72	1.27	1.78	2.99	4.34	4.70
BB	1.06	3.48	6.12	8.68	10.97	14.46	17.73	19.91
B	5.20	11.00	15.95	19.40	21.88	25.14	29.02	30.65
CCC	19.79	26.92	31.63	35.97	40.15	42.64	45.10	45.10

表 4-3　　各信用级别债券的利率期限结构　　单位：%

范畴	1 年	2 年	3 年	4 年
AAA	3.60	4.17	4.73	5.12
AA	3.65	4.22	4.78	5.17

续表

范畴	1 年	2 年	3 年	4 年
A	3.72	4.32	4.93	5.32
BBB	4.10	4.67	5.25	5.63
BB	5.55	6.02	6.78	7.27
B	6.05	7.02	8.03	8.52
CCC	15.05	15.02	14.03	13.52

根据表 4-3 的各信用级别债券期限结构，可以计算 BBB 债券现值：

$$V_{BBB}=6+\frac{6}{1.041}+\frac{6}{1.0467^2}+\frac{6}{1.0525^3}+\frac{106}{1.0563^4}=107.55$$

对其他各个级别债券均按照上述方法计算，就可以得到一年期各级别债券的现值，如表 4-4 所示。

表 4-4　　息票率为 6%的各级别债券的现值

AAA	AA	A	BBB	BB	B	CCC	违约
109.37	109.19	108.66	107.55	102.20	98.10	83.64	51.13

各级别债券违约偿还率如表 4-5 所示。

表 4-5　　各级别债券违约偿还率

优先清偿类别	均值	标准差
高级担保	53.80	26.86
高级未担保	51.13	25.45
高级附属	38.52	23.81
附属	32.74	20.18
次级附属	17.09	10.90

（3）求出将来资产组合价值分布。1 年后 BBB 级债券的价值变化及债券的价值分布如表 4-6 所示。

表 4-6　　一年后 BBB 级债券的价值变化及债券的价值分布

年末评级	评级变化的概率（%）	远期价格	收益率
AAA	0.02	109.37	1.82
AA	0.33	109.19	1.64
A	5.95	108.66	1.11
BBB	86.93	107.55	0
BB	5.30	102.02	−5.53

续表

年末评级	评级变化的概率(%)	远期价格	收益率
B	1.17	98.10	-9.45
CCC	0.12	83.64	-23.91
违约	0.18	51.13	-56.42

价值变化 ΔV 服从正态分布，则其均值为：

$$m=\sum_i P_i\Delta V_i=0.02\%\times1.82+0.33\%\times1.64+\cdots+0.18\times(-56.42)=-0.46$$

方差 σ 为：

$$\sigma^2=\sum p_i(\Delta V_i-m)^2=0.02\%\times(1.82+0.46)^2+0.33\%\times(1.64+0.46)^2+\cdots+0.18\times(-56.42+0.46)^2=8.95$$

则 σ=2.99。

可以计算对于给定 99%置信度，对应的分位数为-7.43。

【例 4-4】 一笔贷款中既有信用级别为 A 级的资产，也有 BB 级别的资产，试计算其共同违约的概率。如表 4-7 所示是不考虑违约相关性的 A 级别债券与 BB 债券的联合转移概率。

表 4-7　　A 级和 BB 级债券违约率零相关下联合转移概率（%）

债务人	(BB 级)	债务人 (A 级)							
		AAA	AA	A	BBB	BB	B	CCC	违约
		0.09	2.27	91.95	5.52	0.74	0.26	0.01	0.06
AAA	0.03	0.00	0.00	0.03	0.00	0.00	0.00	0.00	0.00
AA	0.14	0.00	0.00	0.13	0.01	0.00	0.00	0.00	0.00
A	0.67	0.00	0.02	0.61	0.04	0.00	0.00	0.00	0.00
BBB	7.73	0.01	0.18	7.04	0.43	0.06	0.02	0.00	0.00
BB	80.53	0.07	1.83	73.32	4.45	0.60	0.20	0.01	0.05
B	8.84	0.01	0.20	8.05	0.49	0.07	0.02	0.00	0.00
CCC	1.00	0.00	0.02	0.91	0.06	0.01	0.00	0.00	0.00
违约	1.06	0.00	0.02	0.97	0.06	0.01	0.00	0.00	0.00

为了简化计算，CreditMetrics 模型用股票市值作为公司价值，对股票价格判断采用了默顿 1974 年的期权定价法估算企业资产价值。

$$V_t=V_0\exp\left(\left(\mu-\frac{\sigma^2}{2}\right)t+\sigma\sqrt{t}Z_t\right)$$

其中，Z_t 服从 $N(0,1)$正态分布，则有：

$$E(V_t)=V_0\exp(\mu t)$$

其次假设企业的资本结构非常简单，使用的参数是股票 S_t 和 t 时刻到期面值为 F 的零息券，假设其当前市值为 B_t。

CreditMetrics 模型将默顿模型进行了延伸，如表 4-8 所示是 A 级和 BB 级债务人(与前面的 BBB 级债券不同)转移概率和信用质量阈值。

表 4-8　A 级和 BB 级债务人（与前面的 BBB 级债券不同）转移概率和信用质量阈值

	A 级债务人		BB 级债务人	
一年后的评级	概率	阀值	概率	阈值
AAA	0.09	3.12	0.03	3.43
AA	2.27	1.98	0.14	2.93
A	91.05	−1.51	0.67	2.39
BBB	5.52	−2.30	7.73	1.37
BB	0.74	−2.72	80.53	−1.23
B	0.26	−3.19	8.84	−2.04
CCC	0.01	−3.24	1.00	−2.30
违约	0.06		1.06	

P_{Def} 表示 BB 级债券的违约概率；V_{Def} 表示违约时资产的价值，则有：

$$P_{Def}=P(V_t<V_{Def})$$

根据默顿模型，则有：

$$V_t=V_0\exp\left(\left(\mu-\frac{\sigma^2}{2}\right)t+\sigma\sqrt{t}Z_t\right)\qquad Z_t=\ln\left(\frac{V_t}{V_0}\right)-\left(\mu-\frac{\sigma^2}{2}\right)t$$

假使把 Z_{CCC} 作为违约的阈值，其违约的概率为 P_{Def}，即：

$$P_{Def}=P\left(\frac{\ln\left(\frac{V_{Def}}{V_0}\right)-\left(\mu-\frac{\sigma^2}{2}\right)t}{\sigma\sqrt{t}}>Z_t\right)=P\left(-\frac{\ln\left(\frac{V_0}{V_{Def}}\right)+\left(\mu-\frac{\sigma^2}{2}\right)t}{\sigma\sqrt{t}}>Z_t\right)=N(-d_2)$$

其中，$d_2=\dfrac{\ln\left(\frac{V_0}{V_{Def}}\right)+\left(\mu-\frac{\sigma^2}{2}\right)t}{\sigma\sqrt{t}}$，称其为违约距离 DD。

记 $r=\dfrac{\ln\left(\frac{V_t}{V_0}\right)-\left(\mu-\frac{\sigma^2}{2}\right)t}{\sigma\sqrt{t}}$。

假设 Z_{CCC} 是 P_{Def} 对应的阈值，则引发违约的资产 V_{Def}，使得 $Z_{ccc}=-DD$ 则有：

$$DD = \frac{\ln\left(\frac{V_0}{V_{Def}}\right) + \left(\mu - \frac{\sigma^2}{2}\right)t}{\sigma\sqrt{t}} \quad (DD\text{ 为违约距离})$$

BB 级债务与 A 级债务收益率表达式：

$$f(r_{BB}, r_A, \rho) = \frac{1}{2\pi\sqrt{1-\rho^2}} \exp\left[\frac{-1}{2(1-\rho^2)}(r_{BB}^2 - 2\rho r_{BB} r_A + r_A^2)\right]$$

如果 r_{BB} 与 r_A 的相关系数为 ρ，则可以很容易知道联合收益的概率分布。

当 ρ=0.2 时：

$$P(-1.23 < r_{BB} < 1.37, -1.51 < r_A < 1.98) = \int_{-1.23}^{1.37}\int_{-1.51}^{1.98} f(r_{BB}, r_A, \rho)\,\mathrm{d}r_{BB}\mathrm{d}r_A$$

$$= \int_{-1.23}^{1.37}\int_{-1.51}^{1.98} f(r_{BB}, r_A, 0.2)\,\mathrm{d}r_{BB}\mathrm{d}r_A = 0.7356$$

联合概率分布如表 4-9 所示。

表 4-9　　联合概率分布

		公司评级 A								
		AAA	AA	A	BBB	BB	B	CCC	违约	总计
公司评级 BB	AAA	0	0	0.03	0	0	0	0	0	0.03
	AA	0	0.01	0.13	0	0	0	0	0	0.14
	A	0	0.04	0.61	0.01	0	0	0	0	0.67
	BBB	0.02	0.35	7.1	0.2	0.02	0.01	0	0	7.69
	BB	0.07	1.79	73.65	4.24	0.56	0.18	0.01	0.04	80.53
	B	0	0.08	7.8	0.79	0.13	0.05	0	0.01	8.87
	CCC	0	0.01	0.85	0.11	0.02	0.01	0	0	1
	违约	0	0.01	0.9	0.13	0.02	0.01	0	0	1.07
	总计	0.09	2.29	91.96	5.48	0.75	0.26	0.01	0.06	100

下面计算 BB 级债券和 A 级债券同时违约的概率。

$$P(r_{BB} < -2.30, r_A < -3.24) = 0.0015\%$$

A 级别债券违约概率为：

$$P(r_A < -3.24) = 0.06\%$$

BB 级别债券违约概率为：

$$P(r_{BB} < -2.30) = 1.07\%$$

4.5 基于马尔可夫链价值评估

根据收入水平的不同，我们将消费者划分为 I 个等级，用 X_t 表示在 t 时期消费者收入水平。假设消费者在 t 时期购买某金融产品 H 的概率仅与当前收入相关而与 t 时期以前收入无关，这时 X_t 便具有马尔可夫链性质。

假设 $b_{i,j}^{(t)}$ 表示第 t 年收入为 i 等级消费者在 t+1 时期变成 j 等级的概率，为简单起见，记矩阵 $B^{(t)}=(b_{ij}^{(t)})_{I\times I}$。

$\pi_i(t)=P(X_t=i)$ (i=1, 2, 3, …, I)，表示 t 期处于第 i 类收入者占总人数的比率；$\pi(t)=(\pi_1(t),\pi_2(t),\cdots,\pi_I(t))$，表示 t 期各收入水平客户的分布。

根据马尔可夫链的性质有：

$$\pi(t+1)=\pi(t)*B^{(t)} \qquad \pi(t)=\pi(0)*B^{(1)}*B^{(2)}\cdots\cdots*B^{(t)}$$

特别地，当 $B=B^{(1)}=B^{(2)}=B^{(3)}=\cdots\cdots=B^{(t)}$ 时，上述方程可以简化为：

$$\pi(t)=\pi(0)*B^t$$

如果收入水平为 i 档次的消费者购买金融产品的金额为 L_i，那么 n 期时消费者购买金融产品的消费金额期望为 $\pi_i(n)*L_i$，若记 $L=(L_1,L_2,L_3,\cdots,L_I)$，$V(n)$为第 n 年金融产品的收入，则有：

$$V(n)=\sum_i\pi_i(n)*L_i=\pi(n)*L^\tau$$

其中，τ 为向量的转置符号。

设贴现率为 r，则产品 H 客户资源现值为：

$$V=\sum_n\frac{V(n)}{(1+r)^n}$$

各年客户资源价值现值表如表 4-10 所示。

表 4-10　　各年客户资源价值现值表

年份	第 1 年	第 2 年	…	第 n 年	客户资源价值合计
$\pi(i)$	$\pi(0)\times B^{(1)}$	$\pi(0)\times B^{(1)}\times B^{(2)}$	…	$\pi(0)\times B^{(1)}\times B^{(2)}\times\cdots\times B^{(n)}$	
收入流量	$V(1)=\pi(1)\times L^\tau$	$V(2)=\pi(2)\times L^\tau$	…	$V(n)=\pi(n)\times L^\tau$	
收入流量现值	$\frac{V(1)}{1+r}$	$\frac{V(2)}{(1+r)^2}$	…	$\frac{V(n)}{(1+r)^n}$	$\sum_{n=1}^{\infty}\frac{V(n)}{(1+r)^n}$

假设 n 期的收入转移矩阵为 $B^{(n)}$，下面对其性质进行分析。

（1）如果 $\lim\limits_{n\to\infty}B^{(n)}=B$，则 B 的性质对于分析各种产品未来市场非常重要，如 B 的第 j 列是 1，其他列的元素近似于 0，那么从长期来看，收入档次第 j 等级的客户将是公司收入的主要来源。

（2）如果 $B^{(n)}$具有周期性，设周期为 T，这样公司可以根据不同的时期，推出不同的产品。转移矩阵为：

$$B=\begin{pmatrix} 0.2 & 0.8 & 0 & 0 & 0 \\ 0.7 & 0.3 & 0 & 0 & 0 \\ 0 & 0 & 0 & 1 & 0 \\ 0 & 0 & 0.1 & 0 & 0.9 \\ 0 & 0 & 0 & 0 & 1 \end{pmatrix}$$

下面根据 B 的特征分析不同等级客户的转化规律，第 1、2 等级客户之间相互转化具有周期性，其规律为：如当期第 1 等级客户量大于第 2 等级，则下一期就是第 2 等级客户量大于第 1 等级，客户隔年的波动性大。这要求公司在进行战略规划时具有灵活性，需要每年调整第 1、2 等级客户的营销策略。而第 5 等级客户每年变化不大，比较稳定。

【例 4-5】假设某公司目前经营产品 H，该产品的需求与收入水平相关，公司根据收入水平将客户分为低收入、中等收入、高收入三类，初始时刻各类客户人数都相等，设其均为 1。各等级客户的开发成本 c 均为 0.05。如表 4-11 所示是各等级人群的收入转移矩阵、初始人数以及每等级人群购买产品 H 的金额 L。

表 4-11　　各等级的收入转移表、初始人数以及购买产品 H 的比率

		低收入	中等收入	高收入
概率	低收入	0.8	0.1	0.1
转移	中等收入	0	0.5	0.5
矩阵	高收入	0	0	1.0
当前时刻人数		1	1	1
购买产品 H 金额(L)		0.2	0.1	0.02

从表 4-11 可以看出，收入是从低到高变化的，收入低的人数每年逐渐减少。低收入消费者每人购买产品 H 的金额是 0.2；中等收入消费者购买产品 H 的金额是 0.1；高收入消费者中购买产品 H 的金额是 0.02。由此可以看出，产品 H 是面向中低收入水平的消费者。

记 $\pi(0)$为当前时刻各收入水平的人数。$\pi(0)=(1, 1, 1)^{\tau}$，τ 为向量的转置符号。

i 类客户购买金融产品 H 的金额用 L_i 表示，假设 $L=(0.2, 0.1, 0.02)$。记转移矩阵为 $B^{(n)}=B$，则有：

$$B=\begin{pmatrix} 0.8 & 0.1 & 0.1 \\ 0 & 0.5 & 0.5 \\ 0 & 0 & 1 \end{pmatrix}$$

我们要分析各类客户每年给公司带来的现金流的变化，还要考虑公司关于H产品的决策。$\pi(n)$为在 n 期时各个不同收入档次的客户的分布，则有：$\pi(n)=\pi(0)*B^n$，那么计算各年人群数如下。

$\pi(1)=(0.8, 0.6, 1.6)$

$\pi(2)=(0.64, 0.38, 1.98)$

$\pi(3)=(0.512, 0.254, 2.234)$

$\pi(4)=(0.4096, 0.1782, 2.4122)$

$\pi(5)=(0.3276, 0.1300, 2.5422)$

$\pi(6)=(0.2621, 0.0977, 2.6400)$

$\pi(7)=(0.2097, 0.0751, 2.7151)$

……

$\pi(\infty)=(0, 0, 3)$

从上面可以看出，低收入、中等收入阶层有向高收入集中的趋势。若利率 r=10%，由此可以计算出 i 等级产品 H 客户资源收入为：

$$\pi_i(t)\times L_i$$

利润为：

$$\pi_i(t)\times L_i-c_i$$

为了更明确地对客户进行详细的分析，用表格来表示各类客户给公司带来的利润，最后给出公司产品市场战略，如表 4-12 所示是不同收入水平客户给公司带来的利润表。

表 4-12　　不同收入水平的客户给公司带来的利润表

低收入客户给公司带来的利润表

年份	1	2	3	4	5	6	7	∞
收入	0.16	0.128	0.1024	0.081	0.0655	0.0524	0.042	0
成本	0.05	0.05	0.05	0.05	0.05	0.05	0.05	0.05
税前利润	0.11	0.078	0.0524	0.031	0.015	0.0024(微利)	−0.08(亏损)	(亏损)
决策	承保	承保	承保	承保	承保	承保	不承保	不承保

中等收入的客户给公司带来的利润表

年份	1	2	3	4	5	6	7	∞
收入	0.06	0.038	0.0254	0.01	0.013	0.009	0.0007	0
成本	0.05	0.05	0.05	0.05	0.05	0.05	0.05	0.05
税前利润	0.01	(亏损)	(亏损)	(亏损)	(亏损)	(亏损)	(亏损)	(亏损)
决策	承保	不承保	不承保	不承保	不承保	不承保	不承保	不承保

高收入的客户给公司带来的利润表

年份	1	2	3	4	5	6	7	∞
收入	0.032	0.0396	0.04468	0.048	0.051	0.053	0.054	0.06
成本	0.05	0.05	0.05	0.05	0.05	0.05	0.05	0.05
税前利润	(亏损)	(亏损)	(亏损)	(亏损)	0.001	0.003	0.004	0.01
决策	不承保	不承保	不承保	不承保	承保	承保	承保	承保

在对各等级客户为公司带来的利润进行分析后，我们能够根据各等级客户的不同，实施不同的战略。从表 4-12 可知，中等收入客户的经济价值的高峰期已过，它只是在第 1 年给公司带来利润，1 年后该类客户将使公司面临亏损，故中等收入客户仅作为短期关注，而不能作为中期及长期的市场目标；低收入客户是公司利润的增长点，是公司利润的主要来源，但该等级客户的利润只能维持 5 年左右，从第 6 年开始，低收入客户业务将使公司处于不利地位，只能作为中长期战略规划；高收入客户虽然近期将使公司亏损，但从长期看具有市场价值，并且能给公司带来持久的利润，故高收入客户应该作为未来市场的战略重点。具体的决策结果如表 4-13 所示。

表 4-13　　　　金融产品 H 决策表

<table>
<tr><td>年份</td><td>1</td><td>2</td><td>3</td><td>4</td><td>5</td><td>6</td><td>7</td><td>∞</td></tr>
<tr><td>低收入客户</td><td colspan="6">承保</td><td colspan="2">不承保</td></tr>
<tr><td>中等收入客户</td><td>承保</td><td colspan="7">不承保</td></tr>
<tr><td>高收入客户</td><td colspan="4">不承保</td><td colspan="4">承保</td></tr>
</table>

第5章

随机模拟

5.1 随机数生成

5.1.1 随机数生成原理

在 MATLAB 中，随机数是由数列递推公式产生的，又称伪随机数。伪随机数虽然不是随机的，但是只要伪随机数能够通过一系列统计检验，仍可以把它视为随机数。

均匀分布是最基本的随机分布，每个点出现的概率都是相等的，其在区间[a，b]上均匀分布的密度函数为：

$$f(x)=\begin{cases}1 & x\in[a,b]\\ 0 & 其他\end{cases}$$

最早生成伪随机数方法的是冯•诺曼平方取中法，该方法首先给出一个 $2r$ 位的整数，取它中间的 r 位数作为第一个伪随机数，然后将第一个伪随机数平方构成一个新的 $2r$ 位数，再取中间的 r 位数作为第二个伪随机数，如此循环便得到一个伪随机数序列。类似上述方法，利用十进制公式表示 $2r$ 位数的递推公式，即：

$$x_{n+1}=[10^{-r}x_n^2](\mathrm{mod}(10^{2r}))$$
$$\xi_n=x_n/10^{2r}$$

这样得到的ξ_n序列为服从[0，1]上的均匀分布，但是该方法具有周期性，所以实际运用中不建议采用。

目前使用最多的是同余产生器，通过如下线性同余(mod)关系式来产生均匀分布的随机数序列。

$$x_{n+1}=(ax_n+c)(\mathrm{mod}(m)) \tag{5-1}$$
$$\xi_n=x_n/m$$

其中，x_0 称为种子，当种子改变时，随机序列也相应地改变。a、c、x_0、m 都是大于 0 的整数，分别称为乘子、增量、初值与模。

下面是一个随机数生成公式：

$$x_{i+1}=(9x_i+3)\,\mathrm{mod}(16)$$

令 $x_0 = 3$， $x_1 = (9\times 3+3)\,\text{mod}(16) = 14$，依次得到位于 0、1 之间的随机数序列为：

$$\frac{3}{16},\frac{14}{16},\frac{1}{16},\frac{12}{16},\frac{15}{16},\frac{10}{16},\frac{13}{16},\frac{8}{16},\frac{11}{16},\frac{6}{16},\frac{9}{16},\frac{4}{16},\frac{7}{16},\frac{2}{16},\frac{5}{16},\frac{0}{16},\cdots$$

【例 5-1】 x_0=3、α=11、c=2、m=23，用同余法生成 9 个随机数。

在 MATLAB 中，输入如下程序。

```
% 文件名 Urand.m
x(1)=3;                        %初值
alpha=11;
c=2;
m=23;
tt=2;
while tt<10
   x(tt)=mod(alpha*x(tt-1)+c, m);
   urand(tt)=x(tt)/m;     %服从均匀分布随机数
   tt=tt+1;
end
urand
urand =
       0  0.5217  0.8261  0.1739   0  0.0870  0.0435  0.5652  0.3043
```

【定理】 假设随机变量 X 是连续分布随机变量，分布函数记为 $F(x)$，均匀随机变量 $R\sim U(0，1)$，这时随机变量 $F^{-1}(R)$的分布函数是 $F(x)$。其证明过程如下。

假设：

$$P(F^{-1}(R) < x) = P(0 < R < F(x))$$

因为 F 是严格单调，考虑到 $R\sim U(0，1)$，有：

$$P(0 < R < F(x)) = F(x)$$

【例 5-2】 指数分布的密度函数为：

$$f(x)=\lambda e^{-\lambda x}$$

其中，$x\in[0，\infty)$，指数随机变量分布函数为：

$$F(x) = \int_0^x \lambda e^{-\lambda\mu}\,d\mu = 1 - e^{-\lambda\mu}$$

定义随机变量 X 为：

$$X = F^{-1}(R) = -\frac{1}{\lambda}\ln(1-R) \tag{5-2}$$

式(5-2)给出了指数分布的一种生成方式。

既然 $R\sim U(0，1)$，不难看出 $1-R\sim U(0，1)$，随机变量 $X=-\frac{1}{\lambda}\ln R$ 也服从指数分布，简记 $X\sim\exp(\lambda)$。当 $\lambda=3$ 时，指数分布随机变量的值为 $X=-3\ln(R)$。

例如，当随机变量为 $R=0.1367$ 时，指数分布随机变量取值为：

$$x=-3\ln(0.1367)=5.970$$

【例 5-3】 生成标准正态分布随机数。

对于均值为 0、方差为 1 的正态随机变量分布函数 $F(x)$，即：

$$F(x)=\frac{1}{\sqrt{2\pi}}\int_{-\infty}^{x}\mathrm{e}^{-s^2/2}\mathrm{d}s$$

给定一个均匀分布随机数 R，根据方程 $F(X)=R$ 反解出 $X=F^{-1}(R)$，则 $X\sim N(0，1)$。

利用［例 5-3］均匀分布随机数，生成标准正态分布 $N(0，1)$随机数。

```
>> Urand =[0  0.5217  0.8261  0.1739  0  0.0870  0.0435  0.5652  0.3043]
>> y = norminv(Urand, 0, 1)
y =
   -Inf  0.0544  0.9389 -0.9389  -Inf  -1.3595 -1.7114  0.1642  -0.5121
```

接着生成服从 $N(0.1，0.05)$分布随机数。

```
>> y = norminv(Urand, 0.1, 0.05)
y =
   -Inf  0.1027  0.1469  0.0531  -Inf  0.0320  0.0144  0.1082  0.0744
```

5.1.2 生成正态分布随机数

1．Box-Muller 法生成二元正态分布随机数

对于[0，1]×[0，1]上二维均匀独立分布的随机变量(x_1，x_2)，其密度函数 $f(x_1，x_2)=1$，经变换后变为：

$$\begin{cases}y_1=\sqrt{-2\ln x_1}\sin(2\pi x_2)\\ y_2=\sqrt{-2\ln x_1}\cos(2\pi x_2)\end{cases}$$

这时变量(y_1，y_2)是独立的二元正态分布随机变量，其证明过程如下。

$$\begin{cases}x_1=\exp\left(-\frac{1}{2}(y_1^2+y_2^2)\right)\\ x_2=\frac{1}{2\pi}\text{arctg}\frac{y_2}{y_1}\end{cases}$$

变量(y_1，y_2)联合分布密度函数 $f(y_1$，$y_2)$为：

$$
\begin{aligned}
f(y_1,y_2) &= f(x_1,x_2)\left|\frac{\partial(x_1,x_2)}{\partial(y_1,y_2)}\right| \\
&= \frac{1}{2\pi}\exp\left(-\frac{1}{2}(y_1^2+y_2^2)\right)\left(-y_1\frac{1}{1+\frac{y_2^2}{y_1^2}}\frac{1}{y_1}-y_2\frac{1}{1+\frac{y_2^2}{y_1^2}}\frac{y_2}{y_1^2}\right) \\
&= \frac{1}{2\pi}\exp\left(-\frac{1}{2}(y_1^2+y_2^2)\right) \\
&= \frac{1}{\sqrt{2\pi}}\exp\left(-\frac{1}{2}y_1^2\right)\frac{1}{\sqrt{2\pi}}\exp\left(-\frac{1}{2}y_2^2\right) \\
&= f(y_1)f(y_2)
\end{aligned}
$$

这表明 $f(y_1$，$y_2)$是二维标准正态分布，该变换称为 Box-Muller 变化。

【例 5-4】 试用 Box-Muller 法生成 10 个标准正态分布随机数。

```
% 首先生成[0, 1]上的均匀分布随机数
>> rand('seed', 0)
>> x1=unifrnd(0, 1, [1, 10]), x2=unifrnd(0, 1, [1, 10])
x1 =
    0.2190  0.0470  0.6789  0.6793  0.9347
    0.3835  0.5194  0.8310  0.0346  0.0535
x2 =
    0.5297  0.6711  0.0077  0.3834  0.0668
    0.4175  0.6868  0.5890  0.9304  0.8462
% 用Box-Muller法生成10个标准正态分布随机数
>> y1=sqrt(-2*log(x1)).*sin(x2), y2=sqrt(-2*log(x1)).*cos(x2)
y1 =
    0.8806  1.5376  0.0068  0.3290  0.0245
    0.5614  0.7257  0.3381  2.0802  1.8121
y2 =
    1.5041  1.9362  0.8801  0.8156  0.3667
    1.2656  0.8851  0.5060  1.5499  1.6043
```

实际上，可以从单位园中随机选择坐标(s，t)，按照下面方法生成独立的二元正态分布随机数。

$$
\begin{cases}
y_1 = s\sqrt{-2\dfrac{\ln(s^2+t^2)}{s^2+t^2}} \\
y_2 = t\sqrt{-2\dfrac{\ln(s^2+t^2)}{s^2+t^2}}
\end{cases}
$$

较为简单的正态分布生成公式为：

$$X = \sum_{i=1}^{12} U_i$$

其中，U_i为[0，1]区间上的均匀分布。

2．Moro 算法生成正态分布随机数

Moro 算法较一般常用算法而言，其速度快而且误差较小，在区间[10^{-12}，$1-10^{-12}$]内有较高精度，$F(x)$形式为：

$$F(x) = \frac{1}{\sqrt{2\pi}} \int_{-\infty}^{x} \exp\left(-\frac{t^2}{2}\right) \mathrm{d}t$$

根据 Moro 算法对于在区间[0.08，1−0.08]内，$F(x)$反函数形式如下。

当$-0.42 < y < 0.42$ 时：

$$F^{-1}(x) = y \frac{a_0 + a_1 y^2 + a_2 y^4 + a_3 y^6}{a_0 + a_1 y^2 + a_2 y^4 + a_3 y^6 + a_4 y^8}$$

其中，$y = F(x) - 0.5$。记 $T_n(z)$为截断 Chebyschev 函数。

对于区间 $F(x) < 0.08$ 及 $F(x) > 0.92$ 有：

$$F^{-1}(x) = \begin{cases} \sum_{n=1}^{8} c_n T_n(z) - \dfrac{c_0}{2}, 0.42 < y < 0.5 \\ \dfrac{c_0}{2} - \sum_{n=1}^{8} c_n T_n(z), -0.5 < y < -0.42 \end{cases}$$

其中，$y = F(x) - 0.5$，$z = k_1\{2\ln[-\ln(0.5 - |y|)] - k_2\}$，常数 c_n、k_1、k_2 的值如表 5-1 所示。

记：

$$f(z) = \sum_{n=0}^{8} c_n T_n(z) - \frac{c_0}{2}$$

$f(z)$可以通过如下递推公式进行计算。

$$d_{10} = d_9 = 0$$

$$d_j = 2zd_{j+1} - d_{j+2} + c_j, j = 8,7,6,5,4,3,2,1$$

$$f(z) = d_0 = zd_1 - d_2 + \frac{c_0}{2}$$

Moro 算法的参数如表 5-1 所示。

表 5-1　　**Moro 算法的参数**

n	a_n	b_n	n	c_n
0	2.50662823884	1.00	0	7.7108870705487895
1	−18.61500062529	−8.47351093090	1	2.7772013533685169
2	41.39119773534	23.08336743743	2	0.3614964129261002
3	−25.44106049637	−21.06224101826	3	0.0373418233434554
4	—	3.13082909833	4	0.0028297143036967
—	—	—	5	0.0001625716917922
—	—	—	6	0.0000080173304740
—	k_1	k_2	7	0.0000003840919865
—	0.4179886424926431	4.2454686881376569	8	0.0000000129707170

【例 5-5】 试用 Moro 算法生成 1000 个标准正态分布随机数。

```
% Moro.m
clc;clear;
rand('seed', 0)
n=1000  % 确定随机数的个数
x=unifrnd(0, 1, [1, n])
% 设定参数
a=[2.50662823884  -18.61500062529  41.39119773534  -25.44106049637]
b=[1.00  -8.47351093090  23.08336743743  -21.06224101826  3.13082909833]
k=[0.4179886424926431  4.2454686881376569]
c0=7.7108870705487895
c=[2.7772013533685169
0.3614964129261002
0.0373418233434554
0.0028297143036967
0.0001625716917922
0.0000080173304740
0.0000003840919865
0.0000000129707170]
% 生成过程
for i=1:n
   t=x(i)-0.5
   z=-log(0.5-abs(t))
   z=k(1)*(2*log(z)-k(2))
 if abs(t)<=0.42
  y(i)=t*dot(a, t.^[0;2;4;6])/dot(b, t.^[0;2;4;6;8])
 else
```

```
    d(10)=0
    d(9)=0
    for j=8:-1:1
      d(j)=2*z*d(j+1)-d(j+2)+c(j)
    end
    y(i)=z*d(1)-d(2)+c0/2
    if (t<-0.42)&&(t>-0.5), y(i)=-y(i), end
  end
end
% 绘出模拟随机数正态概率图
normplot(y)
```

运行生成的随机数正态分布如图 5-1 所示。

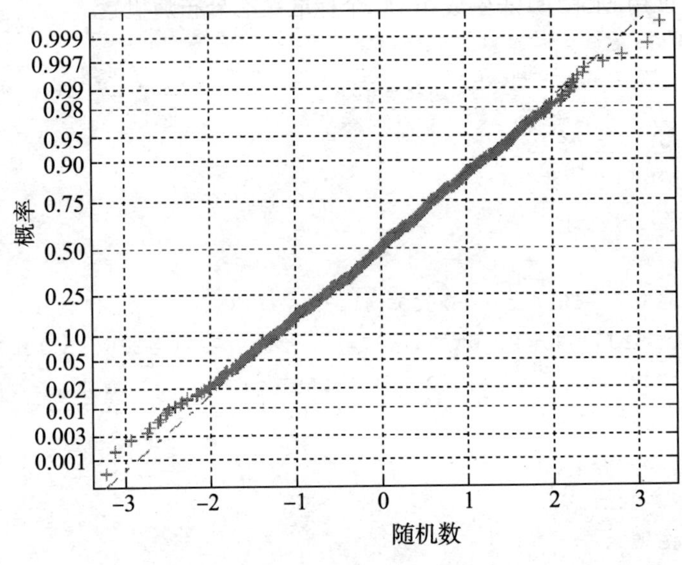

图 5-1 随机数正态分布

从图 5-1 可以看出，Moro 法生成的正态分布随机数效果总体上是比较好的，但是在两端有一定的误差。

5.1.3 生成多元正态分布随机数

模拟多元正态分布随机变量，可以按照以下步骤进行。

（1）模拟出随机变量 $X=(X_1, X_2, \cdots, X_n)$，假设 $X_i \sim N(0, 1)$，X_1，X_2，…，X_n 为标准正态分布，彼此之间独立同分布。

（2）将协方差矩阵 Σ 分解为两个矩阵乘积，即 $\Sigma=C'C$，再构造新随机变量 $Y=CX+\mu$，新随机变量 Y 即是多元正态分布，均值为 μ，协方差为 Σ，即 $Y \sim N(\mu, \Sigma)$。

【例 5-6】 深发展 A、万科 A、ST 金花的收益率与相关系数(2008 年 12 月)如表 5-2 所示，试模拟出未来十天股价路径。

表 5-2　　深发展 A、万科 A 和 ST 金花收益率与相关系数

		深发展 A	万科 A	ST 金花
协方差	深发展 A	0.0012	0.0007	0.0005
	万科 A	0.0007	0.0010	0.0004
	ST 金花	0.0005	0.0004	0.0009
收益率		0.0022	−0.0024	0.0035

模拟股票价格走势的 MATLAB 程序如下。

```
% 文件名：SimuSWL.m
load Price;                        % 读取深发展 A、万科 A、ST 金花的日收盘价
ret=price2ret(Price);
Mean=mean(ret);
Cov=cov(ret);
C=chol(Cov);                       % Cholesky 分解 Cov=C'*C
Sret=normrnd(0, 1, 3, 10);          % 生成标准正态分布
Y=kron(Mean', ones(1, 10))+C'*Sret;
p0=[9.46;6.45;2.31];               % 2008 年 12 月 31 日价格
SimP=kron(p0, ones(1, 10)).*exp(cumsum(Y, 2))  %模拟价格
plot(SimP', '-*')                  % 绘图
xlabel('时间')
ylabel('价格')
title('深发展 A、万科 A、ST 金花模拟股价图')
xlim([1, 10])
```

运行得到的深发展 A、万科 A 与 ST 金花未来十天股价模拟图如图 5-2 所示。

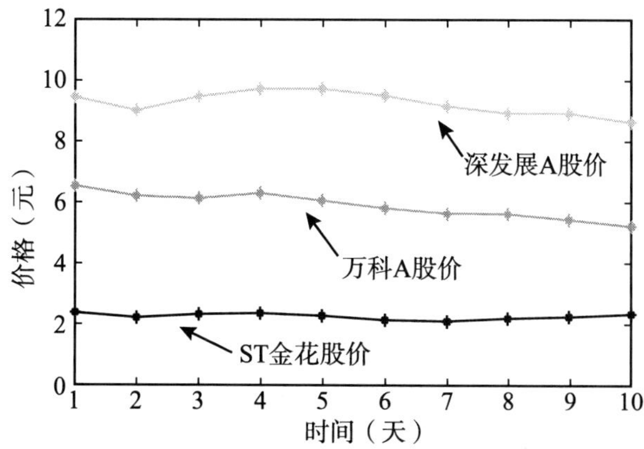

图 5-2　深发展 A、万科 A 和 ST 金花未来十天模拟股价图

5.2 维 纳 过 程

5.2.1 维纳过程性质

维纳过程是一个标准几何布朗运动，对于区间[0, T]上的维纳过程 W_t 有以下几方面性质。

- $W_0=0$。
- $W_t \sim N(0，t)$，且 $t>0$。
- 对于 $0 \leqslant t_1 < t_2 < t_3 < t_4$，有 $W_{t_2}-W_{t_1}$ 和 $W_{t_4}-W_{t_3}$ 是独立的。
- W_t 分布只和 t 有关。对于 $0 \leqslant s < t$，有 $W_t-W_s \sim N(0，t-s)$，也即：

$$E(W_t-W_s)=0$$

$$\mathrm{Var}(W_t-W_s)=\mathrm{E}(W_t-W_s)^2=t-s \tag{5-3}$$

从式(5-3)可以得出：

$$\mathrm{Var}((\Delta W_t)^2)=\Delta t$$

如果随机变量服从：

$$X(t)=\mu t+\sigma W_t$$

其中，μ 为趋势项；σ 为波动项。$X(t)$是正态分布，$X(t) \sim N(\mu t，\sigma^2 t)$，也可以写成随机微分方程形式，即：

$$\mathrm{d}X(t)=\mu \mathrm{d}t+\sigma \mathrm{d}W_t \tag{5-4}$$

同样，式(5-4)也可以写成积分形式：

$$X(t)=X(0)+\int_0^t \mu(s)\mathrm{d}s+\int_0^t \sigma(s)\mathrm{d}W_s$$

$X(0)$为初始值，$X(t)$的运动路径是连续的，每一个增量 $X(t)-X(s)$ 服从正态分布，均值和方差分别为：

$$\mathrm{E}(X(t)-X(s))=\int_s^t \mu(u)\mathrm{d}u$$

$$\mathrm{Var}(X(t)-X(s))=\int_s^t \sigma^2(u)\mathrm{d}u$$

5.2.2 维纳过程实例

下面模拟出 t_1，t_2，t_3，…，t_n 时刻几何布朗运动价格，由于几何布朗运动 W_t 与资产价格 $X(t)$的独立增量都服从正态分布，假设 Z_1，Z_2，Z_3，…，Z_n 是彼此独立标准正态分布随机变量，$Z_t \sim N(0，1)$，$t=1，2，3，…，n$，则：

$$W_{t_{i+1}} = W_{t_1} + \sqrt{t_{i+1} - t_i} Z_{i+1} (i=1，2，3，\cdots，n-1)$$

对于随机变量 $X(t)$有：

$$X_{t_{i+1}} = X_{t_i} + \mu_{t_{i+1}-t_i} + \sigma \sqrt{t_{i+1} - t_i} Z_{i+1} (i=1，2，3，\cdots，n-1)$$

如果对时间段进行分割，每小段间隔时间长度是 Δt，对于时刻 $j\Delta t$ 的维纳过程可以写为：

$$W_j = \sum_{k=1}^{j} (W_k - W_{k-1}) = \sum_{k=1}^{j} \Delta W_k$$

其中，ΔW_k 均值为 0，方差为 Δt，彼此之间是独立的。

假设随机变量 $Z \sim N(0，1)$，那么 $\sqrt{\Delta t}\, Z \sim N(0，\Delta t)$，可以用 $\sqrt{\Delta t} Z$ 模拟 ΔW_k。

【例 5-7】 试模拟 500 个点的维纳过程。其中，Δt=0.002，$W(0)$=0。

首先生成 500 个点的正态分布随机数，在 MATLAB 中，编写如下程序。

```
%文件名 SimWiener.m
w(1)=0;
daltaT=0.002;
for i=2:501
   w(i)=w(i-1)+randn(1)*sqrt(daltaT)
end
plot(1:501, w)
```

运行得到的维纳过程模拟路径图如图 5-3 所示。

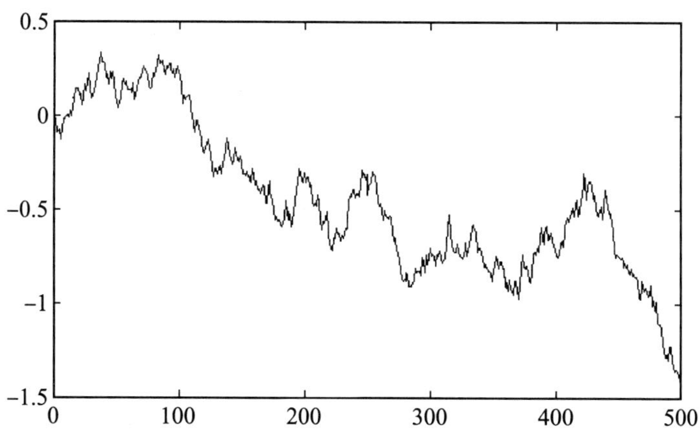

图 5-3　维纳过程模拟路径图(Δt=0.002)

5.3 几何布朗运动模拟

5.3.1 随机微分方程

随机过程的形式为：

$$dX(t) = a(X(t))dt + b(X(t))dW_t \tag{5-5}$$

在模拟时，通常初始时刻价格 $X(0)$是给定的。用递推公式将式(5-5)改写为如下形式。

$$X(t_{i+1}) = X(t_i) + a(X(t_i)) + b(X(t_i))\sqrt{t_{i+1} - t_i} Z_{i+1}$$

其中，Z_{i+1} 是均值为 0、方差为 1 的标准正态分布，$Z_{i+1} \sim N(0,\ 1)$。
为模拟方便，通常假设时间间隔是相等的，即 $t_{i+1}-t_i=\Delta t$ 时：

$$X(i+1) = X(i) + a(X(i)) + b(X(i))\sqrt{\Delta t} Z_{i+1} \tag{5-6}$$

5.3.2 随机微分的泰勒展式

随机积分是建立在偏微分方程的基础上的，定义微分算子的形式为：

$$L = \frac{\partial}{\partial X}$$

类似地有：

$$L^2 = \frac{\partial^2}{\partial X^2}$$

对于函数 $f=f(x)$，有：

$$f = f(X_{t_0}) + \int_{t_0}^{t} Lf(X_s)ds \tag{5-7}$$

如果记 $\overline{f}(X_s) = Lf(X_s)$，对上式中的 $f=f(X_s)$再次运用积分公式，有：

$$\begin{aligned} f &= f(X_{t_0}) + \int_{t_0}^{s} \overline{f}(X_{t_0})ds + \int_{t_0}^{s} L\overline{f}(X_z)dzds \\ &= f(X_{t_0}) + \overline{f}(X_{t_0})\int_{t_0}^{t} ds + \int_{t_0}^{t}\int_{t_0}^{s} L\overline{f}(X_z)dzds \\ &= f(X_{t_0}) + \overline{f}(X_{t_0})(t - t_0) + \int_{t_0}^{t}\int_{t_0}^{s} L^2 f(X_z)dzds \end{aligned}$$

根据式(5-7)有：

$$L^2 f(X_{t_0})\int_{t_0}^{t}\int_{t_0}^{s}\mathrm{d}z\mathrm{d}s = L^2 f(X_{t_0})\frac{1}{2}(t-t_0)^2$$

5.3.3 几何布朗运动一阶近似

将式(5-4)写成随机积分的形式为：

$$X(t) = X(0) + \int_0^t a(X(t))\mathrm{d}t + \int_0^t b(X(t))\mathrm{d}W_t \tag{5-8}$$

根据 Euler 定理有下面的近似等式：

$$\int_t^{t+\Delta t} a(X(t))\mathrm{d}t \approx a(X(t))\Delta t \tag{5-9}$$

$$\int_t^{t+h} b(X(t))\mathrm{d}W_t \approx b(X(t))(W_{t+h} - W_t) \tag{5-10}$$

根据 ITO 引理有：

$$\begin{aligned}\mathrm{d}b(X(t)) &= b'(X(t))\mathrm{d}X(t) + \frac{1}{2}b''(X(t))b^2(X(t))\mathrm{d}t \\ &= [b'(X(t))a(X(t)) + \frac{1}{2}b''(X(t))b^2(X(t))]\mathrm{d}t + b'(X(t))b(X(t))\mathrm{d}W_t\end{aligned}$$

其中，$b'(X(t))$、$b''(X(t))$ 分别为一阶导数与二阶导数。

记：

$$\mu_b = b'(X(t))a(X(t)) + \frac{1}{2}b''(X(t))b^2(X(t))$$

$$\sigma_b = b'(X(t))b(X(t))$$

$$\mathrm{d}b(X(t)) = \mu_b \mathrm{d}t + \sigma_b \mathrm{d}W_t$$

当 $t \leqslant u \leqslant t+\Delta t$ 时：

$$\begin{aligned}b(X(u)) &\approx b(X(t)) + \mu_b(u-t) + \sigma_b(W_u - W_t) \\ &= b(X(t)) + (b'(X(t))a(X(t)) + \frac{1}{2}b''(X(t))b^2(X(t)))(u-t) + b'(X(t))b(X(t))(W_u - W_t)\end{aligned}$$

$W_u - W_t$ 与 $\sqrt{u-t}$ 为同阶无穷小量，即 $W_u - W_t \approx O(\sqrt{u-t})$。

去掉 $\sqrt{u-t}$ 高阶项后：

$$b(X(u)) \approx b(X(t)) + b'(X(t))b(X(t))(W_u - W_t) \tag{5-11}$$

这时将式(5-10)改写成为：

$$\int_t^{t+\Delta t}(b(X(u))\mathrm{d}W_u \approx \int_t^{t+\Delta t}(b(X(t)+b'(X(t))b(X(t)))(W_u-W_t)\mathrm{d}W_u$$

$$=b(X(t))(W_{t+\Delta t}-W_t)+b'(X(t))b(X(t))\left(\int_t^{t+\Delta t}(W_u-W_t)\mathrm{d}W_u\right) \quad (5\text{-}12)$$

进一步简化为：

$$\int_t^{t+\Delta t}(W_u-W_t)\mathrm{d}W_u=\int_t^{t+\Delta t}W_u\mathrm{d}W_u-\int_t^{t+\Delta t}W_t\mathrm{d}W_u$$

$$=Y(t+\Delta t)-Y(t)-W_t(W_{t+\Delta t}-W_t) \quad (5\text{-}13)$$

其中，$Y(t)=\int_0^t W_t\mathrm{d}W_t$，$Y(0)=0$。考虑到 W_t 是几何布朗运动，则有：

$$Y(t)=\frac{1}{2}W_t^2-\frac{1}{2}t$$

式(5-12)中：

$$\int_t^{t+\Delta t}(W_u-W_t)\mathrm{d}W_u=\frac{1}{2}\left(W_{t+\Delta t}-W_t\right)^2-\frac{1}{2}\Delta t$$

带入式(5-12)中有：

$$\int_t^{t+\Delta t}b(X(t))\mathrm{d}W_t \approx b(X(t))(W_{t+\Delta t}-W_t)+\frac{1}{2}b'(X(t))b(X(t))((W_{t+\Delta t}-W_t)^2-\Delta t)$$

最后得到 $X(t+\Delta t)$ 的近似表达式为：

$$X(t+\Delta t)\approx X(t)+a(X(t))\Delta t+b(X(t))(W_{t+\Delta t}-W_t)+\frac{1}{2}b'(X(t))b(X(t))((W_{t+\Delta t}-W_t)^2-\Delta t)$$

如果时间离散方式为 Δt， $2\Delta t$， $3\Delta t$， $4\Delta t$，…， $n\Delta t$，则有：

$$X_{i+1}\approx X_i+a(X_i)\Delta t+b(X_i)\sqrt{\Delta t}Z_{i+1}+\frac{1}{2}b'(X_i)b(X_i)\Delta t(Z_{i+1}^2-1) \quad (5\text{-}14)$$

式(5-14)又称为 Milstein 变换，近似是 $O(\Delta t)$；而式(5-6)近似是 $O(\sqrt{\Delta t})$。对于式(5-14)中后一项 $\frac{1}{2}b'(X_i)b(X_i)\Delta t((Z_{i+1}^2-1)$ 与 Z_{i+1} 是独立的。

【例 5-8】 考虑如下形式的几何布朗运动。

$$\mathrm{d}x_t=\mu\mathrm{d}t+\sigma\mathrm{d}W_t$$

$\mathrm{d}W_t$ 服从正态分布 $N(0，\mathrm{d}t)$，对上式应用 Milstein 变换，得到离散形式为：

$$x_{t+\Delta t}=x_t+\mu\Delta t+\sigma\sqrt{\Delta t}Z_i \quad (5\text{-}15)$$

其中，Z_i 服从正态分布 $N(0，1)$。

【例 5-9】 对于几何布朗运动：$\mathrm{d}X_t=\mu X_t\mathrm{d}t+\sigma X_t\mathrm{d}W_t$，令 $a(X_t)=\mu X_t$，$b(X_t)=\sigma X_t$，随机过程 X_i 近似为：

$$X_{i+1} \approx X_i + \mu X_i \Delta t + \sigma X_i \sqrt{\Delta t} Z_{i+1} + \frac{1}{2}\sigma^2 X_i \Delta t (Z_{i+1}^2 - 1)$$
$$= X_i (1 + \mu \Delta t + \sigma \sqrt{\Delta t} Z_{i+1} + \frac{1}{2}\sigma^2 \Delta t (Z_{i+1}^2 - 1))$$

进一步，$X_0=1$、$\mu=0.1$、$\sigma=0.02$。

在 MATLAB 中，输入如下程序。

```
% 文件名 FirstOrderSim.m
% 模型的形式：dX=mu*dt+sigma*dW
mu=0.1;
sigma=0.02;
X0=1;                %初值为 1
dt=0.1;
SimPath(1, 1:10)=X0;
for i=2:11
    ran=normrnd(0, 1, 1, 10) ;
    dS=1+mu*dt+sigma*sqrt(dt).*ran+0.5*sigma^2*(ran.^2-1);
    SimPath(i, :)= SimPath(i-1, :).*dS;
end
plot(SimPath) ;
```

运行得到 10 条轨道的一阶近似模拟路径图如图 5-4 所示。

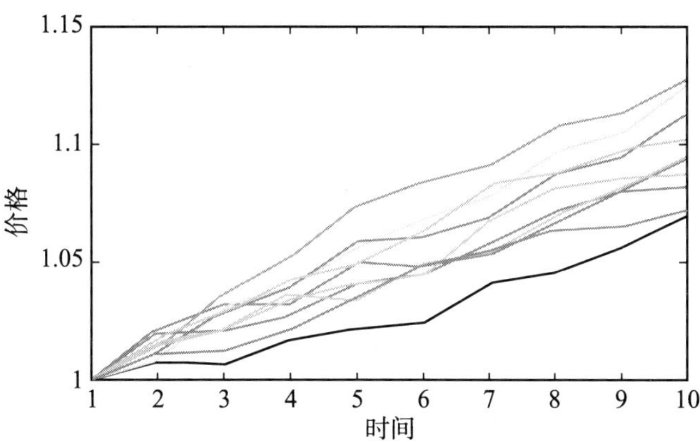

图 5-4　一阶近似模拟 10 条路径轨道

5.3.4 几何布朗运动二阶近似

为了便于分析，引入算子记号。

$$L^0 = a\frac{\partial}{\partial x} + \frac{1}{2}b^2 \frac{\partial^2}{\partial x^2}$$

$$L^1 = b\frac{\partial}{\partial x} \tag{5-16}$$

这样有：

$$L^0 f(x) = a\frac{\partial f(x)}{\partial x} + \frac{1}{2}b^2\frac{\partial^2 f(x)}{\partial x^2}$$

$$L^1 f(x) = b\frac{\partial f(x)}{\partial x}$$

根据 ITO 引理，可以写为：

$$\mathrm{d}f(X(t)) = L^0 f(X(t))\mathrm{d}t + L^1 f(X(t))\mathrm{d}W_t \tag{5-17}$$

如果函数的形式为 $f(t, X(t))$，即衍生品价格不仅与 $X(t)$相关，而且与时间 t 也相关，这样式(5-17)可以写为：

$$L^0 = \frac{\partial}{\partial t} + a\frac{\partial}{\partial x} + \frac{1}{2}b^2\frac{\partial^2}{\partial x^2}$$

将随机微分方程写为如下形式。

$$X(t+\Delta t) = X(t) + \int_t^{t+\Delta t} a(X(u))\mathrm{d}u + \int_t^{t+\Delta t} b(X(u))\mathrm{d}W_u \tag{5-18}$$

下面分别计算式(5-18)右边两个积分的近似解。

首先对于 $u \in [t, t+\Delta t]$，有 $a(X(u)) \approx a(X(t))$，为了得到更好的近似，用下面的形式，对 $a(X(t))$使用 ITO 公式有：

$$a(X(u)) = a(X(t)) + \int_t^u L^0 a(X(s))\mathrm{d}s + \int_t^u L^1 a(X(s))\mathrm{d}W_s$$

对于 $s \in [t, u]$，根据 Euler 公式有：

$$L^0 a(X(s)) \approx L^0 a(X(t)) \text{和} L^1 a(X(s)) \approx L^1 a(X(t))$$

则有：

$$a(X(u)) = a(X(t)) + L^0 a(X(t))\int_t^u \mathrm{d}s + L^1 a(X(t))\int_t^u \mathrm{d}W_s \tag{5-19}$$

然后对式(5-18)中的第一项进行计算。

$$\int_t^{t+\Delta t} a(X(u))\mathrm{d}u \approx a(X(t))\Delta t + L^0 a(X(t))\int_t^{t+\Delta t}\int_t^u \mathrm{d}s\mathrm{d}u + L^1 a(X(t))\int_t^{t+\Delta t}\int_t^u \mathrm{d}W_s\mathrm{d}u$$

$$= a(X(t))\Delta t + L^0 a(X(t))I_{0,0} + L^1 a(X(t))I_{1,0} \tag{5-20}$$

其中，$I_{0,0} = \int_t^{t+\Delta t}\int_t^u \mathrm{d}s\mathrm{d}u$，$I_{1,0} = \int_t^{t+\Delta t}\int_t^u \mathrm{d}W_s\mathrm{d}u$。

下面考虑式(5-18)中的第二项，当 $u \in [t, t+\Delta t]$ 时：

$$b(X(u))=b(X(t))+\int_t^u L^0 b(X(s))\mathrm{d}s+\int_t^u L^1 b(X(s))\mathrm{d}W_s$$

$$=b(X(t))+L^0 b(X(t))\int_t^u \mathrm{d}s+L^1 b(X(t))\int_t^u \mathrm{d}W_s$$

然后进行如下积分。

$$\int_t^{t+\Delta t} b(X(u))\mathrm{d}W$$
$$\approx b(X(t))[W(t+\Delta t)-W(t)]+L^0 b(X(t))\int_t^{t+\Delta t}\int_t^u \mathrm{d}s\mathrm{d}W_u+L^1 b(X(t))\int_t^{t+\Delta t}\int_t^u \mathrm{d}W_s\mathrm{d}W_u$$

$$\approx b(X(t))[W(t+\Delta t)-W(t)]+L^0 b(X(t))I_{0,1}+L^1 b(X(t))I_{1,1} \tag{5-21}$$

其中，$I_{0,1}=\int_t^{t+\Delta t}\int_t^u \mathrm{d}s\mathrm{d}W_u$，$I_{1,1}=\int_t^{t+\Delta t}\int_t^u \mathrm{d}W_t\mathrm{d}W_u$。

为了计算方便，记 a=$a(X(t))$，b=$b(X(t))$。

$$X(t+\Delta t)\approx X(t)+a\Delta t+b\Delta W+(aa'+\frac{1}{2}b^2 a'')I_{0,0}+(ab'+\frac{1}{2}b^2 b'')I_{0,1}+ba'I_{0,1}+bb'I_{1,1}$$

其中，ΔW=$W(t+\Delta t)-W(t)$。

下面考虑离散的形式。

$$I_{0,0}=\int_t^{t+\Delta t}\int_t^u \mathrm{d}s\mathrm{d}u=\frac{1}{2}\Delta t^2$$

从式(5-21)可知：

$$I_{1,1}=\int_t^{t+\Delta t}[W(u)-W(t)]\mathrm{d}W(u)=\frac{1}{2}[(\Delta W)^2-\Delta t]$$

$$I_{0,1}=\int_t^{t+\Delta t}\int_t^u \mathrm{d}s\mathrm{d}W_u=\int_t^{t+\Delta t}(u-t)\mathrm{d}W_u$$

积分后有：

$$I_{0,1}=\Delta tW(t+\Delta t)-\int_t^{t+\Delta t}W(u)\mathrm{d}u=\Delta t[W(t+\Delta t)-W(t)]-\int_t^{t+\Delta t}[W(u)-W(t)]\mathrm{d}u$$

$$=\Delta t\Delta W-I_{1,0}$$

记 $I_{1,0}=\int_t^{t+\Delta t}[W(u)-W(t)]\mathrm{d}u$，给定 $W(t)$，$I_{1,0}$ 和独立增量 ΔW=$W(t+\Delta t)-W(t)$都是联合的正态分布，且均值为 0，ΔW 的方差为 Δt，$I_{1,0}$ 的方差为$(\Delta t)^3/3$，它们的协方差为：

$$\mathrm{E}[I_{1,0}|W(t),\Delta W]=\frac{1}{2}\Delta t\Delta W$$

这时 $\mathrm{E}(I_{1,0}|\Delta W)=\frac{1}{2}\Delta t\Delta W$，记 ΔI=$\mathrm{E}(I_{1,0}|\Delta W)$，所以 ΔW 与 $I_{1,0}$ 的联合分布为：

$$\begin{pmatrix} \Delta W \\ I_{1,0} \end{pmatrix} \sim N\left(0, \begin{pmatrix} \Delta t & \frac{1}{2}(\Delta t)^2 \\ \frac{1}{2}(\Delta t)^2 & \frac{1}{3}(\Delta t)^3 \end{pmatrix}\right)$$

如果时间离散方式为 Δt， $2\Delta t$，$3\Delta t$，…，$n\Delta t$，那么其二阶近似形式如下。

$$X_{i+1} = X_i + a\Delta t + b\Delta W + \left(ab' + \frac{1}{2}b^2 b''\right)[\Delta W \Delta t - \Delta I]$$

$$+a' b\Delta I + \frac{1}{2}bb'[\Delta W^2 - \Delta t] + \left(aa' + \frac{1}{2}b^2 a''\right)\frac{1}{2}(\Delta t)^2$$

上述变换称为 Runge-Kutta 方法。

【例 5–10】 分析如下形式的几何布朗运动。

$$dX_t = \mu X_t dt + \sigma X_t dW_t$$

令 $a(X_t)=\mu X_t$，$b(X_t)=\sigma X_t$，随机过程 X_i 近似为：

$$\begin{aligned} X_{i+1} &= X_i + a\Delta t + b\Delta W + \left(ab' + \frac{1}{2}b^2 b''\right)[\Delta W \Delta t - \Delta I] + a' b\Delta I + \frac{1}{2}bb'[\Delta W^2 - \Delta t] + \left(aa' + \frac{1}{2}b^2 a''\right)\frac{1}{2}(\Delta t)^2 \\ &= X_i + \mu X_i \Delta t + \sigma X_i \Delta W + \mu X_i \sigma[\Delta W \Delta t - \Delta I] + \mu\sigma X_i \Delta I + \frac{1}{2}\sigma^2 X_i[\Delta W^2 - \Delta t] + \mu^2 X_i \frac{1}{2}(\Delta t)^2 \\ &= X_i(1 + \mu\Delta t + \sigma\Delta W + \mu\sigma[\Delta W \Delta t - \Delta I]) + \mu\sigma\Delta I + \frac{1}{2}\sigma^2[\Delta W^2 - \Delta t] + \frac{1}{2}\mu^2(\Delta t)^2) \end{aligned}$$

进一步地，$X_0=1$，$\mu=0.1$，$\sigma=0.02$，模拟 9 条轨道的程序如下。

```
% 文件名:SecondOrderSim.m
% N 时间离散的数目
mu=0.1
sigma=0.02
X0=1
dt=0.1
SimPath(1, 1:10)=X0
randn('seed', 0)
for i=2:11
   ran=normrnd(0, 1, 1, 10)
        DeltaW=ran*sqrt(dt)
        dS=1+mu*dt+sigma*DeltaW+mu*sigma*DeltaW*dt+0.5*sigma^2*(DeltaW.^2-dt);
        SimPath(i, :)= SimPath(i-1, :).*( dS+0.5*(mu*dt)^2)
end
plot(SimPath)
xlim([1 10])
xlabel('时间')
```

```
    ylabel('价格')
```

运行得到蒙特卡罗模拟的轨道图如图 5-5 所示。

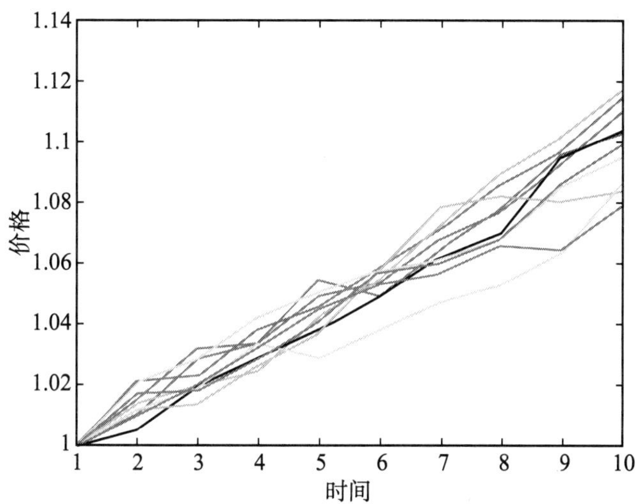

图 5-5　蒙特卡罗模拟的轨道图

5.3.5　风险中性测度模拟

假设资产的运动服从如下过程。

$$\mathrm{d}S_t = \mu S_t \mathrm{d}t + \sigma S_t \mathrm{d}W_t$$

无风险收益率为 r，W_t 是几何布朗运动，均值为 0，方差为 T，则有：

$$W_T \sim N(0，T)$$

根据 ITO 引理有：

$$\ln S_t = \ln S_0 + \left(\mu - \frac{1}{2}\sigma^2\right)T + \sigma\sqrt{T}Z$$

其中，$Z \sim N(0，1)$。

在风险中性情况下，可以用无风险利率 r 取代 μ，则有：

$$\ln S_t = \ln S_0 + \left(r - \frac{1}{2}\sigma^2\right)T + \sigma\sqrt{T}Z$$

$$S_T = S_0 \mathrm{e}^{\left(r - \frac{1}{2}\sigma^2\right)T + \sigma\sqrt{T}Z}$$

【例 5-11】 假设股票价格服从几何布朗运动，股票当前价格 $S(0)$=50，无风险利率 r=0.1，股票波动标准差 sigma=0.4，期权到期日 T=5/12，试用蒙特卡罗模拟风险中性测度下股价的运动轨道。

在 MATLAB 中，输入如下程序。

```
% 文件名 RiskNM.m
Rf=0.1;无风险利率
Sigma=0.1;股票波动标准差
T=5/12;
S(1)=50;
DeltaT=1/15;
r(1)=0;
randn('seed', 0);
for i=2:5
   r(i)=r(i-1)+(Rf-0.5*Sigma^2)*DeltaT+Sigma*sqrt(DeltaT)*normrnd(0, 1);
   S(i)=S(1)*exp(r(i))
end
plot(S)
title('风险中性下股票价格运动轨迹')
ylabel('价格')
```

运行得到风险中性测度下股票运动轨迹图如图 5-6 所示。

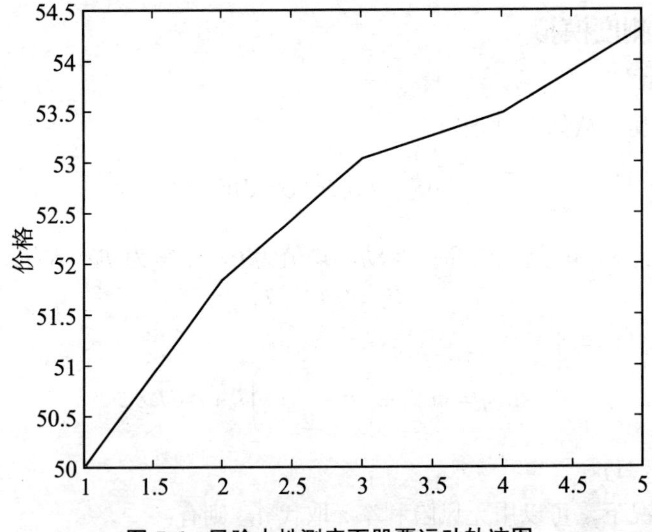

图 5-6　风险中性测度下股票运动轨迹图

在 MATLAB 中有丰富的向量运算函数，熟练使用这些函数，可以提高程序的计算效率。下面编写两个蒙特卡罗模拟路径的 MATLAB 程序，并比较它们的计算效率。

方法 1：利用循环生成模拟路径。

```
% 文件名：AssetPaths.m
% 生成模拟路径
function SPaths=AssetPaths(S0, mu, sigma, T, NSteps, NRepl)
SPaths=zeros(NRepl, NSteps+1);
```

```
SPaths(:, 1)=S0;
dt=T/NSteps;
nudt=(mu-0.5*sigma^2)*dt;
sidt=sigma*sqrt(dt);
for i=1:NRepl
    for j=1:NSteps
        SPaths(i, j+1)=SPaths(i, j)*exp(nudt+sidt*randn);
    end
end
```

方法 2：利用向量运算生成模拟路径。

```
% 文件名：AssetPaths1.m
% 生成模拟路径
function SPaths=AssetPaths1(S0, mu, sigma, T, NSteps, NRepl);
dt=T/Nsteps;
nudt=(mu-0.5*sigma^2)*dt;
sidt=sigma*sqrt(dt);
Increments=nudt+sidt*randn(NRepl, NSteps);
LogPaths=cumsum([log(S0)*ones(NRepl, 1), Increments], 2);
SPaths=exp(LogPaths);
```

下面比较两种方法的使用时间。

```
>> S0=50;K=52;r=0.1;T=2/12;sigma=0.4;NSteps=60;NRepl=2000;
>> tic,  SPaths=AssetPaths(S0, r, sigma, T, NSteps, NRepl);toc
Elapsed time is 0.108012 seconds.
>> tic,  SPaths=AssetPaths1(S0, r, sigma, T, NSteps, NRepl);toc
Elapsed time is 0.081099 seconds.
```

可以看出，方法 1 用了 0.108012 秒，方法 2 用了 0.081099 秒，所以使用向量运算可以缩短运算时间。（注：在此计算出的运行时间与电脑配置有关，但是对于同一个电脑来说是可以看出这两种方法所消耗的时间差异的。）

5.4　最小二乘蒙特卡罗模拟美式期权

美式期权是非常重要的一类期权，世界范围内各大重要市场都有美式期权交易。例如，股票市场、外汇市场、大宗商品市场、保险市场、能源市场、债券市场、信用市场、房地产市场等。虽然美式期权已经交易了很多年，但是美式期权定价仍是金融衍生品的重要课题。蒙特卡罗模拟具有简单、灵活、易于理解的优点。

5.4.1 最小二乘模拟原理

如果蒙特卡罗模拟路径为 ω，对于路径 ω，美式期权在第 t_k 时刻行权，$c(\omega,t_j;t_k,T)$ 是行权现金流，衍生产品价格 F 可以在风险中性测度 Q 下贴现得到，即：

$$F(\omega,t_k)=E_Q\left[\sum_{j=k+1}^{K}\exp\left(-\int_{t_k}^{t_j}r(t)\mathrm{d}t\right)c(\omega,t_j;t_k,T)\right]$$

其中，$r(t)$是无风险利率函数，$c(\omega，t_j;t_k，T)$是行权现金流。

在函数 $r(t)$与 $c(\omega，t_j;t_k，T)$满足一定条件下，我们可以选择如下形式的一组基函数的线性组合来逼近 $F(\omega，t_{K-1})$。

$$L_0(x)=1 \qquad L_1(x)=x \qquad L_2(x)=x^2 \quad \cdots \quad L_n(x)=x^n$$

也可以选择如下形式的基函数。

$$\begin{aligned}
L_0(x)&=\exp(-x/2)\\
L_1(x)&=\exp(-x/2)(1-x)\\
L_2(x)&=\exp(-x/2)(1-2x+x^2/2)\\
&\cdots\\
L_n(x)&=\exp(-x/2)\frac{\mathrm{e}^x}{n!}\frac{\mathrm{d}^n}{\mathrm{d}x^n}(x^n\mathrm{e}^{-x})
\end{aligned}$$

对于路径 ω，用 $L_i(i=1，2，3，\cdots，n)$来逼近 $F(\omega，t_{K-1})$，其形式如下。

$$F(\omega;t_{K-1})=\sum_{j=0}^{\infty}a_jL_j(x)$$

其中，a_j 为常系数，当然也可以采用其他一组基函数进行逼近。

5.4.2 美式期权模拟方法

美式期权是路径依赖期权，传统模拟方法对其无法求解，近年来流行用最小二乘估计法计算美式期权。下面用一个例子说明其计算过程，我们选用的一组基函数是：$L_1(x)=1$，$L_2(x)=x$，$L_3(x)=x^2$。

【例 5-12】 一个无红利美式看跌期权，其执行价为 1.1，无风险利率为 6%，当前股票价格为 1，风险中性测度下模拟出的股票价格如表 5-3 所示。

表 5-3　　蒙特卡罗模拟股票价格

路径	t=0	t=1	t=2	t=3
1	1.00	1.09	1.08	1.34
2	1.00	1.16	1.26	1.54
3	1.00	1.22	1.07	1.03
4	1.00	0.93	0.97	0.92
5	1.00	1.11	1.56	1.52
6	1.00	0.76	0.77	0.90
7	1.00	0.92	0.84	1.01
8	1.00	0.88	1.22	1.34

我们的目标就是要找到最佳停时，同二叉树计算过程一样，从终端向后递推，根据现金流来判断是否行权。在 t=3 时刻期权的到期现金流如表 5-4 所示。

表 5-4　　t=3 时刻期权的到期现金流

路径	t=1	t=2	t=3
1	—	—	0.00
2	—	—	0.00
3	—	—	0.07
4	—	—	0.18
5	—	—	0.00
6	—	—	0.20
7	—	—	0.09
8	—	—	0.00

t=2 时刻期权行权的最优现金流如表 5-5 所示。

表 5-5　　t=2 时刻期权行权的最优现金流

路径	Y	X
1	0.00×0.94176	1.08
2	—	—
3	0.07×0.94176	1.07
4	0.18×0.94176	0.97
5	—	—
6	0.20×0.94176	0.77
7	0.09×0.94176	0.84
8	—	—

用 Y 与 X 进行回归，得到回归表达式为：

$$E(Y|X) = -1.070 + 2.983X - 1.813X^2$$

对于条件期望函数，t=2 时刻行权与继续持有的收益比较如表 5-6 所示。

表 5-6　　t=2 时刻行权与继续持有的收益比较

路径	行权收益	继续持有收益
1	0.02	0.0369
2	—	—
3	0.03	0.0461
4	0.13	0.1176
5	—	—
6	0.33	0.1520
7	0.26	0.1565
8	—	—

从表 5-6 中可以看出，对于路径 4、6、7 而言，行权收益大于继续持有收益；而对于路径 1、3 而言不行权是划算的。

t=3 时的最优行权如表 5-7 所示。

表 5-7　　t=3 时的最优行权

路径	t=1	t=2	t=3
1	—	0.00	0.00
2	—	0.00	0.00
3	—	0.00	0.07
4	—	0.13	0.18
5	—	0.00	0.00
6	—	0.33	0.20
7	—	0.26	0.09
8	—	0.00	0.00

下面对 t=2 时刻期权行权的最优现金流进行贴现，贴现率 $e^{-0.06}$=0.94176，具体如表 5-8 所示。

表 5-8　　t=2 时刻期权行权的最优现金流

路径	Y	X
1	0.00×0.94176	1.09
2	—	—
3	—	—
4	0.13×0.94176	0.93

续表

路径	Y	X
5	—	—
6	0.33×0.94176	0.76
7	0.26×0.94176	0.92
8	0.00×0.94176	0.88

根据表 5-8 中的数据，用 Y 与 X 进行回归，得到回归表达式为：

$$\mathrm{E}(Y|X) = 2.038 - 3.335X + 1.356X^2$$

将表 5-8 中的 X 值带入上式中，得到 t=2 时刻行权与继续持有的收益比较如表 5-9 所示。

表 5-9　　t=2 时刻行权与继续持有的收益比较

路径	行权收益	继续持有收益
1	0.01	0.0139
2	—	—
3	—	—
4	0.17	0.1092
5	—	—
6	0.34	0.2866
7	0.18	0.1175
8	0.22	0.1533

从表 5-9 中可以看出，对于路径 4、6、7、8 行权的收益大于继续持有的收益，路径 1 继续持有收益高于立即行权收益。这样，可以决定是否行权，如果用 1 表示立即行权，0 表示继续持有，那么得到是否行权的策略矩阵如表 5-10 所示。

表 5-10　　是否行权的策略矩阵

路径	t=1	t=2	t=3
1	0	0	0
2	0	0	0
3	0	0	1
4	1	0	0
5	0	0	0
6	1	0	0
7	1	0	0
8	1	0	0

美式期权行权现金流矩阵如表 5-11 所示。

表 5-11　　　　美式期权行权现金流

路径	t=1	t=2	t=3
1	0.00	0.00	0.00
2	0.00	0.00	0.00
3	0.00	0.00	0.07
4	0.17	0.00	0.00
5	0.00	0.00	0.00
6	0.34	0.00	0.00
7	0.18	0.00	0.00
8	0.32	0.00	0.00

对表 5-11 中每条路径上的现金流进行贴现，然后计算期望值 0.1144，即为美式期权价格。

【例 5-13】已知股票价格为 50，美式看跌期权执行价为 50，到期日为 5 个月，股票年收益率的标准差为 0.4，无风险利率为 10%，试用蒙特卡罗模拟方法求解期权价格。

在 MATLAB 中，输入如下程序。

```
function Price= AmericanOptLSM(S0, K, r, T, sigma, N, M)
% Longstaff-Schwartz 最小二乘法计算美式看跌期权
% 参考文献
% Longstaff, F. A., and E.S. Schwartz, "Valuing American Options by% Simulation: A Simple
% Least-Squares," The Review of Financial Studies, 14
% No. 1 (Spring 2001), pp. 113-147
% 输入参数
%  S0     股票价格
%  K      执行价
%  r      无风险利率
%  T      期权存续期
%  sigma  股票收益率标准差
%  N      时间步数
%  M      模拟路径个数
dt = T/N;
R = exp((r-sigma^2/2)*dt+sigma*sqrt(dt)*randn(N, M)); % 生成风险中性下的价格
S = cumprod([S0*ones(1, M); R]);
ExTime = (M+1)*ones(N, 1);
% Now for the algorithm
CF = zeros(size(S));                    % 现金流矩阵
CF(end, :) = max(K-S(end, :), 0);        % 实值期权行权收益
```

```
for ii = size(S)-1:-1:2
    Idx = find(S(ii, :)<K);               % 发现 ii 时刻处于实值状态路径
    X = S(ii, Idx)'; X1 = X/S0;
    Y = CF(ii+1, Idx)'*exp(-r*dt);        % 对现金流进行贴现
    R = [ ones(size(X1)) (1-X1) 1/2*(2-4*X1-X1.^2)];
    a = R\Y;  % 线性回归
    C = R*a;  % 线性回归预测的现金流
    Jdx = max(K-X, 0) > C;                % 找出现在行权是最优的价格
    nIdx = setdiff((1:M), Idx(Jdx));
    CF(ii, Idx(Jdx)) = max(K-X(Jdx), 0);
    ExTime(Idx(Jdx)) = ii;
    CF(ii, nIdx) = exp(-r*dt)*CF(ii+1, nIdx);
end
Price = mean(CF(2, :))*exp(-r*dt);
```

运行结果如下。

```
>> Price = AmericanOptLSM(50, 50, 0.1, 5/12, 0.4, 50, 10000)
Price =
       4.2607
```

5.5　障碍期权模拟

障碍期权自 1967 年问世以来一直在柜台交易，是新型期权中较受欢迎的金融产品。目前在芝加哥期权交易所与美国期权交易所挂牌交易股指涨停看涨期权与股指跌停看跌期权。柜台交易的障碍期权有货币期权、利率期权和商品期权。

1. 障碍期权的分类

障碍期权可以分为敲出期权(Knock-Out Options)和敲入期权(Knock-In Options)。敲出期权是指当标的资产价格达到障碍值时期权自动失效；敲入期权是指当标的资产达到障碍值时期权开始生效。

（1）下降敲出期权(Down-and-Out call)是一种敲出期权，该期权首先是一个常规的看涨期权，但是如果资产价格达到某个障碍水平 H 时，则该期权失效，障碍值低于初始股票价格；下降敲入期权(Down-and-In call)是一个敲入期权，当标的股票价格达到某个障碍水平 H 时，该期权生效。

如果期权障碍值 S_b 小于等于执行价 K，下降敲入期权的价格为：

$$c_{\text{Down-and-In}} = S\mathrm{e}^{-qT}\left(\frac{S_b}{S}\right)^{2\lambda} N(y) - K\mathrm{e}^{-rT}\left(\frac{S_b}{S}\right)^{2\lambda-2} N\left(y-\sigma\sqrt{T}\right)$$

其中，$\lambda=\dfrac{r-q+\dfrac{\sigma^2}{2}}{\sigma^2}$，$y=\dfrac{\ln\left(\dfrac{S_b{}^2}{SK}\right)}{\sigma\sqrt{T}}+\lambda\sigma\sqrt{T}$。

一份标准看涨期权的价格等于一份相应的下跌敲入看涨期权与下跌敲出看涨期权价格之和，因此有：

$$c_{\text{Down-and-Out}}=c-c_{\text{Down-and-In}}$$

如果 $S_b \geqslant K$ 时，则下降敲出期权的价格为：

$$c_{\text{Down-and-Out}}=SN(x_1)\mathrm{e}^{-qT}-K\mathrm{e}^{-rT}\left(x_1-\sigma\sqrt{T}\right)-S\mathrm{e}^{-qT}\left(\frac{S_b}{S}\right)^{2\lambda}N(y_1)+K\mathrm{e}^{-rT}\left(\frac{S_b}{S}\right)^{2\lambda-2}N\left(y_1-\sigma\sqrt{T}\right)$$

其中，$x_1=\dfrac{\ln\left(\dfrac{S}{S_b}\right)}{\sigma\sqrt{T}}+\lambda\sqrt{T}$，$y_1=\dfrac{\ln\left(\dfrac{S_b}{S}\right)}{\sigma\sqrt{T}}+\lambda\sqrt{T}$。

（2）上升敲出看涨期权(Up-and-Out Call)首先是一个标准的看涨期权，如果资产价格达到某个障碍值 H 时，则该期权失效，障碍值 H 大于当前股价；上升敲入看涨期权(Up-and-In Call)首先是一个标准的看涨期权，如果标的资产价格达到障碍值 H 时，该期权生效。当 $H \leqslant K$ 时，上升敲出期权的价格 $c_{\text{Up-and-Out}}=0$，上升敲入看涨期权价值 $c_{\text{Up-and-In}}=c$；当 $H>K$ 时：

$$\begin{aligned}c_{\text{Up-and-In}}=&SN(x_1)\mathrm{e}^{-qT}-K\mathrm{e}^{-rT}N\left(x_1-\sigma\sqrt{T}\right)-\mathrm{e}^{-qT}\left(\frac{S_b}{S}\right)^{2\lambda}[N(-y)-N(-y_1)]\\&+K\mathrm{e}^{-rT}\left(\frac{S_b}{S}\right)^{2\lambda-2}\left[N\left(-y+\sigma\sqrt{T}\right)-N\left(-y_1+\sigma\sqrt{T}\right)\right]\end{aligned}$$

$c_{\text{Up-and-Out}}=c-c_{\text{Up-and-In}}$

（3）看跌障碍期权(Put Barrier Options)类似于看涨障碍期权(Call Barrier Options)，上升敲出看跌障碍期权(Up-and-Out put)首先是一个标准的看跌期权，当资产价格达到障碍值 H 时，该期权失效，其中 H 大于股价；上升敲入看跌期权(Up-and-In put)首先是一个标准的看跌期权，当资产价格达到障碍值 H 时，该期权生效。

当障碍值 $H \geqslant K$ 时，p 是标准看跌期权价格，则上升敲出看跌障碍期权价格 $p_{\text{Up-and-In}}$ 的价格为：

$$p_{\text{Up-and-In}}=-S\mathrm{e}^{-rT}\left(\frac{S_b}{S}\right)^{2\lambda}N(-y)+K\mathrm{e}^{-rT}\left(\frac{S_b}{S}\right)^{2\lambda-2}N\left(-y+\sigma\sqrt{T}\right)$$

$p_{\text{Up-and-Out}}=p-p_{\text{Up-and-In}}$

当障碍值 $H \leqslant K$ 时：

$$p_{Up-and-In}=-SN(-x_1)e^{-qT}+Ke^{-rT}N\left(-x_1+\sigma\sqrt{T}\right)$$
$$+Se^{-qT}\left(\frac{S_b}{S}\right)^{2\lambda}N(-y_1)-Ke^{-rT}\left(\frac{S_b}{S}\right)^{2\lambda-2}N\left(-y_1+\sigma\sqrt{T}\right)$$

$p_{\text{Up-and-In}}=p-p_{\text{Up-and-Out}}$

（4）下降敲出看跌期权(Down-and-Out put)首先是一个看跌期权，当标的价格低于障碍值 H 时，该期权失效;下降敲入看跌期权(Down-and-In put)首先是一个看跌期权，当标的价格达到障碍值 H 时，该期权生效。当障碍值 H 大于执行价格 K 时，$p_{\text{Up-and-Out}}=0$、$p_{\text{Up-and-In}}=p$。

$$p_{\text{Down-and-In}}=-SN(-x_1)e^{-qT}+Ke^{-rT}N\left(-x_1+\sigma\sqrt{T}\right)+Se^{-qT}\left(\frac{S_b}{S}\right)^{2\lambda}[N(y)-N(y_1)]$$
$$-Ke^{-rT}\left(\frac{S_b}{S}\right)^{2\lambda-2}\left[N\left(y-\sigma\sqrt{T}\right)-N\left(y_1-\sigma\sqrt{T}\right)\right]$$

$p_{\text{Up-and-Out}}=p-p_{\text{Up-and-In}}$

当障碍值确定时，无红利障碍期权存在公式解，即为：

$$P=Ke^{-rT}\{N(d_4)-N(d_2)-a[N(d_7)-N(d_5)]\}-S\{N(d_3)-N(d_1)-b[N(d_8)-N(d_6)]\}$$

其中，S 是股票价格；S_b 是障碍值；K 是看跌期权执行价；T 是存续期；r 是无风险利率；σ 是波动率的标准差，其他参数如下：

$$a=\left(\frac{S_b}{S}\right)^{-1+2r/\sigma^2}\qquad b=\left(\frac{S_b}{S}\right)^{1+2r/\sigma^2}$$

$$d_1=\frac{\ln(S/K)+(r+\sigma^2/2)T}{\sigma\sqrt{T}}\qquad d_2=\frac{\ln(S/K)+(r-\sigma^2/2)T}{\sigma\sqrt{T}}$$

$$d_3=\frac{\ln(S/S_b)+(r+\sigma^2/2)T}{\sigma\sqrt{T}}\qquad d_4=\frac{\ln(S/S_b)+(r-\sigma^2/2)T}{\sigma\sqrt{T}}$$

$$d_5=\frac{\ln(S/S_b)-(r-\sigma^2/2)T}{\sigma\sqrt{T}}\qquad d_6=\frac{\ln(S/S_b)-(r+\sigma^2/2)T}{\sigma\sqrt{T}}$$

$$d_7=\frac{\ln(SK/S_b^2)-(r-\sigma^2/2)T}{\sigma\sqrt{T}}\qquad d_8=\frac{\ln(SK/S_b^2)-(r+\sigma^2/2)T}{\sigma\sqrt{T}}$$

2．编写下跌敲出障碍期权价格的程序

（1）下面给出无红利下跌敲出看跌期权的程序如下。

```
function  P=DownOutPut(S0, K, r, T, sigma, Sb)
% 下跌敲出期权公式解
% 文件名：DownOutPut.m
a=(Sb/S0)^(-1+2*r/sigma^2);
b=(Sb/S0)^( 1+2*r/sigma^2);
d1=(log(S0/K)+(r+sigma^2/2)*T)/(sigma*sqrt(T));
d2=(log(S0/K)+(r-sigma^2/2)*T)/(sigma*sqrt(T));
d3=(log(S0/Sb)+(r+sigma^2/2)*T)/(sigma*sqrt(T));
```

```
d4=(log(S0/Sb)+(r-sigma^2/2)*T)/(sigma*sqrt(T));
d5=(log(S0/Sb)-(r-sigma^2/2)*T)/(sigma*sqrt(T));
d6=(log(S0/Sb)-(r+sigma^2/2)*T)/(sigma*sqrt(T));
d7=(log(S0*K/Sb^2)-(r-sigma^2/2)*T)/(sigma*sqrt(T));
d8=(log(S0*K/Sb^2)-(r+sigma^2/2)*T)/(sigma*sqrt(T));
P=K*exp(-r*T)*(normcdf(d4)-normcdf(d2)-a*(normcdf(d7)-normcdf(d5)))...
      -S0*(normcdf(d3)-normcdf(d1)-b*(normcdf(d8)-normcdf(d6)));
```

（2）蒙特卡罗模拟下跌敲出看跌期权。

【例 5-14】 考虑一个欧式看跌股票期权。股票价格为 50，看跌期权执行价为 50，无风险利率为 0.1，时间为 5 个月，股票收益率年标准差为 0.4。直接生成蒙特卡罗数据模拟下跌敲出期权的价格。

首先考虑标准的看跌期权价格公式解。

```
>> [Call, Put]=blsprice(50, 50, 0.1, 5/12, 0.4)
Call =
   4.0760
Put =
   6.1165
```

看跌期权价格为 4.076。对于上述看跌期权，当障碍值 S_b=40 时，下跌敲出期权的价格如下。

```
>> P=DownOutPut(50, 50, 0.1, 5/12, 0.4, 40)
P =
   0.5424
```

由于该下跌敲出看跌期权提供的条件过于优厚，买方承担了大量风险，作为回报，其价格较看跌期权便宜许多。

下面用蒙特卡罗方法模拟下跌敲出看跌期权价格，在模拟中给出了模拟路径为 NRepl；时间离散 NSteps 步；障碍值为变量 S_b，其现金流如下。

cashflow=0，当 $S_t<S_b$ 时，可以先模拟路径，然后让小于 S_b 路径的现金流为 0，程序如下。

```
% 文件名：DOPutMC.m
function [P, CI]=DOPutMC(s0, k, r, T, sigma, sb, NSteps, NRepl)
% 利用模拟方法对欧式下跌敲出期权定价
%  输入参数
%     s0      股票价格
%     k       执行价
%     r       无风险利率
%     T       期权续存期
%     sigma   股价波动标准差
%     sb      障碍值
%     NSteps  时间离散步数
%     NRepl   路径数目
```

```
%  输出参数
%      P          下跌敲出看跌期权价格
%      CI         95%置信度价格区间
%%用蒙特卡洛方法模拟风险中性下跌股价路径
dt=T/NSteps;
nudt=(r-0.5*sigma^2)*dt;
sidt=sigma*sqrt(dt);
rand=randn(NRepl, NSteps);
rand1=nudt+sidt*rand;
rand2=cumsum(rand1, 2);  % 沿列方向逐列累加
path=s0*exp(rand2);
%% 利用路径进行定价
payoff=zeros(NRepl, 1);  % 设定现金流初值为 0
for i=1:NRepl
    ax=path(i, :);
    if min(ax)<sb
        payoff(i)=0;          % 如果路径中的任意一点价格低于障碍值，现金流为 0
    else
        payoff(i)=max(0, k-ax(NSteps));
    end
end
[P, aux, CI]=normfit(exp(-r*T)*payoff); % P 为期权价格，根据模拟结果计算均值与上下界
```

在 MATLAB 命令窗口中运行结果如下。

```
>> s0=50;k=50;r=0.1;T=5/12;sigma=0.4;sb=40;NSteps=600;NRepl=10000;
>> [P, CI]=DOPutMC(s0, k, r, T, sigma, sb, NSteps, NRepl)
P =
    0.5983
CI =
    0.5754
    0.6213
```

该期权模拟的价格为 0.5983，和前面的公式解 0.5424 尚存在差距，下面增加模拟次数。

```
>> s0=50;k=50;r=0.1;T=5/12;sigma=0.4;sb=40;NSteps=600;NRepl=20000;
>> [P, CI]=DOPutMC(s0, k, r, T, sigma, sb, NSteps, NRepl)
P =
    0.5528
CI =
    0.5217
    0.5840
```

这时的结果和公式解比较接近，如果将存续期改为 2 /12 年，再考察其价格变化。

```
>> s0=50;k=50;r=0.1;T=2/12;sigma=0.4;sb=40;NSteps=60;NRepl=50000;
```

```
>> [P, CI]=DOPutMC(s0, k, r, T, sigma, sb, NSteps, NRepl)
P =
    1.3697
aux =
    1.3488
    1.3905
```

由运行结果可知，期权价格为 1.3697，期权 95%置信区间为[1.3488，1.3905]，障碍期权价格较上面结果增加了很多。

（3）条件蒙特卡罗模拟计算下跌敲出看跌期权。对时间段进行离散，时间间隔为 Δt，总的时间 $T=M\Delta t$，记 S 为模拟的一条路径，其形式为：

$$S=\{S_1,\quad S_2,\quad S_3,\ \cdots,\quad S_M\}$$

对于路径 S，下跌敲入看跌期权的价格为：

$$p_{\text{Down-and-In}}=\mathrm{e}^{-rT}E[I(S)(K-S_M)^+]$$

记$(K-X)^+=\max(K-S_M,\ 0)$

定义指标函数为：

$$I(S)=\begin{cases}1 & S_j<S_b\\ 0 & 其他\end{cases}$$

假设 j^* 是第一次穿过障碍值的指标，如果在整个存续期内都没有穿过障碍值，让 $j^*=M+1$，障碍期权在 $j^*\Delta t$ 时刻被激活，此时变成了普通看跌期权，在时刻 $t=j^*\Delta t$ 的股价为 S_{j^*}，我们可以用普通的 BS 公式计算其价格，即：

$$E[I(S)|(K-S_M)^+|j^*,S_{j^*}]=\mathrm{e}^{r(T-t^*)}B_p(S_{j^*},K,T-t^*)$$

其中，$B_p(S_{j^*},\ K,\ T-t^*)$为普通期权的价格，初始价格为 S_{j^*}，期权存续期为 $T-t^*$，对于一个模拟路径 S，可以采用下面的方法调整。

$$I(S)\mathrm{e}^{-rt^*}B_p(S_{j^*},K,T-t^*)$$

用条件蒙特卡罗法编写下跌敲出看跌期权。

```
% 文件名：DOPutMccond.m
 function [Pdo, CI, NCrossed]=DOPutMccond(S0, k, r, T, sigma, Sb, NSteps, NRepl)
% 条件模拟对欧式下跌敲出期权定价 %
%%%%%%%%%%%%%%%%%%%%%%%%%%%%%%%%
%  输入参数
%      S0     股票价格
%      k      执行价
%      r      无风险利率
%      T      期权续存期
%      sigma  股价波动标准差
```

```
%      Sb        障碍值
%      NSteps  时间离散步数
%      NRepl    路径数目
%  输出参数
%      Pdo            下跌敲出看跌期权价格
%      CI             95%置信度价格区间
%      NCrossed   越过障碍值 Sb 的路径数目
%%%%%%%%%%%%%%%%%%%%%%%%%%%%%%
dt=T/NSteps;
[Call, Put]=blsprice(S0, k, r, T, sigma);
% 为变量事先赋初值
NCrossed=0;
Payoff=zeros(NRepl, 1);
Times=zeros(NRepl, 1);
StockVals=zeros(NRepl, 1);
for i=1:NRepl
Path=AssetPaths1(S0, r, sigma, T, NSteps, 1);
tcrossed=min(find(Path<=Sb));
if not(isempty(tcrossed))
NCrossed=NCrossed+1;
Times(NCrossed)=(tcrossed-1)*dt;
StockVals(NCrossed)=Path(tcrossed);
end
end
if (NCrossed>0)
[Caux, Paux]=blsprice(StockVals(1:NCrossed), k, r, T-Times(1:NCrossed), sigma);
Payoff(1:NCrossed)=exp(-r*Times(1:NCrossed)).*Paux;
end
% 利用下跌敲出期权与下跌敲入期权的平价关系计算敲出期权
[Pdo, aux, CI]=normfit(Put-Payoff);
```

下面比较不同方法的估计结果。

```
>> DownOutPut(50, 52, 0.1, 2/12, 0.4, 30*exp(-0.5826*0.4*sqrt(1/12/30)))
ans =
        3.8645
>> [Pdo, CI, NCrossed]=DOPutMccond(50, 52, 0.1, 2/12, 0.4, 30, 60, 200000)
Pdo =
     3.8628
CI =
     3.8593
```

```
    3.8663
NCrossed =
         270
>> randn('seed', 0)
>> [Pdo, CI, NCrossed]=DOPutMccond(50, 52, 0.1, 2/12, 0.4, 30, 60, 200000)
Pdo =
      3.8651
CI =
      3.8617
      3.8684
NCrossed =
         249
```

由此表明，条件方差的消减方法是有效的，但是消减的幅度并不大，越过障碍值 *Sb* 仅仅有 270 与 249 路径，大部分的数据都被浪费了。

（4）重点抽样法计算下跌敲出看跌期权。为了生成资产价格路径 *S*，在每一步的对数收益率都是一个随机变量 Z_j，其期望值为：

$$v = \left(r - \frac{\sigma^2}{2}\right)\Delta t$$

方差为 $\sigma^2\Delta t$，这些随机变量相互独立，标的资产价格差需要满足如下条件。

$$\ln S_j - \ln S_{j-1} = Z_j$$

假设 *Z* 是标准正态分布随机变量；*f*(*Z*)是联合正态分布函数。希望有更多的路径越过障碍值 *Sb*，假设 *g*(*Z*)是经过修正后的联合分布密度函数，考虑条件期望有：

$$\begin{aligned}
E_f[I(S)(K-S_M)^+ \mid j^*, S_{j^*}] &= E_g\left[\frac{f(Z)I(S)(K-S_M)^+}{g(Z)} \mid j^*, S_{j^*}\right] \\
&= \frac{f(z_1, z_2, \cdots, z_{j^*})}{g(z_1, z_2, \cdots, z_{j^*})} E_g\left[\frac{f(z_{j^*+1}, z_{j^*+2}, \cdots, z_M)}{g(z_{j^*+1}, z_{j^*+2}, \cdots, z_M)} I(S)(K-S_M)^+ \mid j^*, S_{j^*}\right] \\
&= \frac{f(z_1, z_2, \cdots, z_{j^*})}{g(z_1, z_2, \cdots, z_{j^*})} E_f[I(S)(K-S_M)^+ \mid j^*, S_{j^*}] \\
&= \frac{f(z_1, z_2, \cdots, z_{j^*})}{g(z_1, z_2, \cdots, z_{j^*})} \mathrm{e}^{r(T-t^*)} B_p(S_{j^*}, X, T-t^*)
\end{aligned}$$

这样在模拟时，首先生成期望为 $v-b$ 的路径，然后乘以一个似然比。一个多元正态分布随机变量的分布为：

$$f(z) = \frac{1}{(2\pi)^{n/2}\left|\Sigma\right|^{1/2}} \mathrm{e}^{-\frac{1}{2}(z-\mu)^T \Sigma^{-1}(z-\mu)}$$

由于 Z_j 之间彼此独立，协方差矩阵Σ是一个对角矩阵，对角线上元素为 $\sigma^2\Delta t$，向量期望为：

$$\mu=\left(r-\frac{\sigma^2}{2}\right)\Delta t$$

对于函数 f 与 g 有：

$$\begin{aligned}\frac{f(z_1,z_2,\cdots,z_{j^*})}{g(z_1,z_2,\cdots,z_{j^*})}&=\exp\left\{-\frac{1}{2}\sum_{k=1}^{j^*}\left(\frac{z_k-\mu}{\sigma\sqrt{\Delta t}}\right)^2\right\}\exp\left\{-\frac{1}{2}\sum_{k=1}^{j^*}\left(\frac{z_k-\mu+b}{\sigma\sqrt{\Delta t}}\right)^2\right\}\\&=\exp\left(-\frac{1}{2\sigma^2\Delta t}\sum_{k=1}^{j^*}[(z_k-\mu)^2-(z_k-\mu+b)^2]\right)\\&=\exp\left(-\frac{1}{2\sigma^2\Delta t}\sum_{k=1}^{j^*}[-2(z_k-\mu)b-b^2]\right)\\&=\exp\left(-\frac{1}{2\sigma^2\Delta t}\left(-2b\sum_{k=1}^{j^*}z_k+2j^*\mu b-j^*b^2\right)\right)\\&=\exp\left(\frac{b}{\sigma^2\Delta t}\sum_{k=1}^{j^*}z_k-\frac{j^*b}{\sigma^2}\left(r-\frac{\sigma^2}{2}\right)+\frac{j^*b^2}{2\sigma^2\Delta t}\right)\end{aligned}$$

下面利用重要抽样法编写 MATLAB 程序。

```
function[Pdo, CI, NCrossed]=DOPutMccondIS(S0, K, r, T, sigma, Sb, NSteps, NRepl, bp)
% 文件名：DOPutMccondIS.m
dt=T/NSteps;
nudt=(r-0.5*sigma^2)*dt;
b=bp*nudt;
sidt=sigma*sqrt(dt);
[Call, Put]=blsprice(S0, K, r, T, sigma);
% 生成下跌敲入期权路径
NCrossed=0;
Payoff   =zeros(NRepl, 1);
Times    =zeros(NRepl, 1);
StockVals=zeros(NRepl, 1);
ISRatio  =zeros(NRepl, 1);
for i=1:NRepl
    % 生成正态分布随机数
    vetZ=nudt-b+sidt*randn(1, NSteps);
    LogPath=cumsum([log(S0), vetZ]);
    Path=exp(LogPath);
    jcrossed=min(find(Path<=Sb));
```

```
    if not(isempty(jcrossed))
        NCrossed=NCrossed+1; TBreach=jcrossed-1;
        Times(NCrossed)=TBreach*dt;
        StockVals(NCrossed)=Path(jcrossed);

ISRatio(NCrossed)=exp(TBreach*b^2/2/sigma^2/dt+b/sigma^2/dt*sum(vetZ(1:TBreach))-
TBreach*b/sigma^2*(r-sigma^2/2));
     end
   end
   if (NCrossed>0)
   [Caux, Paux]=blsprice(StockVals(1:NCrossed), K, r, T-Times(1:NCrossed), sigma);
    Payoff(1:NCrossed)=exp(-r*Times(1:NCrossed)).*Paux.*ISRatio(1:NCrossed);
   end
   [Pdo, aux, CI]=normfit(Put-Payoff);
```

下面比较不同 bp 计算的结果。

```
>>randn('seed', 0);
[Pdo, CI, NCrossed]=DOPutMccond(50, 52, 0.1, 2/12, 0.4, 30, 60, 10000)
Pdo =
      3.8661
CI =
     3.8513
     3.8810
NCrossed =
            12
>>randn('seed', 0);
[Pdo, CI, NCrossed]=DOPutMCCondIS(50, 52, 0.1, 2/12, 0.4, 30, 60, 10000, 0)
Pdo =
      3.8661
CI =
     3.8513
     3.8810
NCrossed =
            12
>>randn('seed', 0);
[Pdo, CI, NCrossed]=DOPutMCCondIS(50, 52, 0.1, 2/12, 0.4, 30, 60, 10000, 10)
Pdo =
      3.8669
CI =
      3.8563
```

```
      3.8775
   NCrossed =
             22
   >>randn('seed', 0);
   [Pdo, CI, NCrossed]=DOPutMCCondIS(50, 52, 0.1, 2/12, 0.4, 30, 60, 10000, 100)
   Pdo =
       3.8631
   CI =
       3.8618
       3.8645
   NCrossed =
           1616
   >>randn('seed', 0);
   [Pdo, CI, NCrossed]=DOPutMCCondIS(50, 52, 0.1, 2/12, 0.4, 30, 60, 10000, 200)
   Pdo =
        3.8637
   CI =
      3.8629
      3.8645
   NCrossed =
           8469
```

在函数 DOPutMCCondIS 中，设定 *bp*=0 得到的结果与函数 DOPutMCCond 相同；当 *bp* 的值越来越大时，越过障碍值的个数越来越多，计算精度逐渐增加。但是当 *bp* 的值超过一个限度后，精度反而下降，由此可以看出，*bp* 的值并不是越大越好。

第6章

股票类衍生产品计算

6.1 期权基本知识

6.1.1 期权概念

期权是指将来某一时刻以事先商定价格买卖标的资产的权利。标准期权主要有以下几个条款。

- 期权费（Premium）：期权买方为获得期权而付给卖方的费用。
- 标的资产（Underlying Assets）：每份期权合约都有一种或多种标的资产，标的资产可以是众多金融产品中的任何一种，如普通股票、股价指数、期货合约、债券、外汇等。通常，把标的资产为股票的期权称为股票期权。以此类推，期权分股票期权、股票指数期权、外汇期权、利率期权、期货期权等，它们通常在证券交易所、期权交易所、期货交易所挂牌交易，也有场外交易。
- 执行价（Strike Price 或 Exercise Price）：买卖标的资产的价格。在大部分交易的期权中，标的资产价格接近期权的执行价。执行价在期权合约中都有明确的规定，通常是由交易所按一定标准以减增的形式给出，故同一标的期权有若干个不同价格。一般来说，刚开始交易时，每一种期权合约都会按照一定的间距给出多个不同的执行价格，然后根据标的资产的价格变动适时增加。至于每一种期权有多少个执行价格，取决于该标的资产价格波动情况。投资者在买卖期权时，选择执行价格的原则是，选择在标的资产价格附近交易活跃的执行价。
- 数量（Quantity）：期权合约明确规定合约持有人买入或卖出标的资产数量。例如，一张标准的期权合约所买卖股票的数量为 100 股，但在一些交易所亦有例外。
- 到期日（Expiration date 或 Expiry date）：每一期权合约具有有效的行使期限，如果超过这一期限，期权合约即失效。一般来说，期权的行使时限为一至三、六、九个月不等，单个股票期权合约有效期一般不超过九个月。场外交易期权的到期日根据买卖双方的需要量身定制。

根据行权时间的不同，标准期权主要分为两种，欧式期权和美式期权。欧式期权是指只有在合约到期才被允许执行的期权，多在场外交易；美式期权是指可以在有效期内任何一天执行的期权，多为场内交易（OTC）。CBOE 关于标普 100 股指期权的报价如表 6-1 所示。

表 6-1　　CBOE 关于标普 100 股指期权的报价（2009 年 2 月 27 日）

看涨期权			看跌期权		
价格	执行价	到期日	价格	执行价	到期日
7.90	350	3 月 6 日	3.6	330	3 月 6 日
2.6	365	3 月 6 日	5.9	340	3 月 6 日
1.6	370	3 月 6 日	6.3	345	3 月 6 日
0.95	375	3 月 6 日	11.20	340	3 月 21 日
0.5	380	3 月 6 日	13.40	345	3 月 21 日
0.15	390	3 月 6 日	16.25	340	4 月 18 日
13.10	350	3 月 21 日	18.10	345	4 月 18 日
10.80	355	3 月 21 日	—	—	—
21.60	350	4 月 18 日	—	—	—
18.00	355	4 月 18 日	—	—	—

资料来源：CBOE 期权行情网站（http://www.cboe.com/DelayedQuote/QuoteTable.aspx）。

6.1.2　奇异期权

奇异期权（Exotic Option）也叫做“第二代期权”，包括亚式期权、障碍期权、复合期权、回望期权、百慕大期权等。大多数奇异期权是金融机构为满足市场需求而专门设计的，多在场外交易（又称 OTC 交易）。

（1）亚式期权：是一种路径依赖型期权，由于其采用的是平均价格，不容易受到操纵，所以受到投资者青睐，亚式看涨期权到期现金流为：

$$\max\left(\frac{\sum_{i=1}^{n} S_i}{n} - k\right)$$

其中，S_i（S_i =1,2,3,⋯,n）为各个日期标的资产价格；k 为事先约定行权价。

（2）障碍期权：是指期权回报依赖于标的资产价格，在一段特定时间内是否达到了某个特定水平，这个特定水平就叫“障碍”水平，障碍期权分为以下 4 种类型。

- 上涨入局期权（Up Knock-in）：当标的资产价格超过事先规定的某个特定价格 B 时，该项期权就会被激活，而且 B 高于合同签订时标的资产的价格。
- 上涨出局期权（Up Knock-out）：当标的资产价格超过事先规定的某个特定价格 B 时，该项期权就会被终止，而且 B 高于合同签订时标的资产的价格。
- 下跌入局期权（Down Knock-in）：标的资产价格低于特定价格 B，期权被激活。
- 下跌出局期权（Down Knock-out）：标的资产价格低于特定价格 B，期权失效。

有时当障碍期权没有被执行时，期权卖方需支付给买方一笔费用，这笔费用叫做返还费

（Rebates）。

（3）复合期权：是以期权为标的的期权，标的可以是欧式期权，也可以是美式期权，复合期权有以下 4 种类型。

- 看涨期权的看涨期权（Call on a call）。
- 看涨期权的看跌期权（Put on a call）。
- 看跌期权的看涨期权（Call on a put）。
- 看跌期权的看跌期权（Put on a put）。

（4）回望期权：是一种路径依赖性期权，该期权的到期现金流根据标的资产价格的最大值 S_{max} 或者最小值 S_{min} 是否高于或低于执行价 K 来确定，在 MATLAB 金融工具箱中，回望期权包括固定式与浮动式两种，固定式期权执行价在合约签订时已经确定，回望期权根据到期现金流不同分为以下 4 种类型。

- 固定看涨期权（Fixed Call）的现金流为：$\max(0, S_{max}-K)$。
- 固定看跌期权（Fixed Put）的现金流为：$\max(0, K-S_{min})$。
- 浮动看涨期权（Floating Call）的现金流为：$\max(0, S-S_{min})$。
- 浮动看跌期权（Floating Put）的现金流为：$\max(0, S_{max}-S)$。

其中，S_{max} 为标的资产从 0 时刻至到期日的最大价格；S_{min} 为标的资产从 0 时刻至到期日的最小价格；K 为期权的执行价；S 为标的资产价格。

（5）百慕大期权：一般只在多个固定日期行权，通常为一个月某一天，百慕大期权是美式期权与欧氏期权的混合体，与美式期权区别在于美式期权行权日不固定，百慕大期权只能在某些固定日期行权。

在 Black-Scholes 模型之前，许多学者都研究过期权定价。最早的是法国数学家路易·巴舍利耶（Lowis Bachelier）于 1900 年提出的模型。随后，卡苏夫（Kassouf，1969）、斯普里克尔（Sprekle，1961）、博内斯（Boness，1964）、萨缪尔森（Samuelson，1965）等，分别研究了期权定价模型，但他们都没能完全解出具体的方程。

6.2 Black-Scholes 方程

6.2.1 Black-Scholes 方程的推导

Black-Scholes 方程是金融衍生品中重要的定价公式，其推导依靠以下几种假设。

- 股价遵循预期收益率 μ 和标准差 σ 为常数的马尔科夫随机过程。
- 允许使用全部所得卖空衍生证券。
- 没有交易费用或税金，且所有证券高度可分。
- 在衍生证券的有效期内没有支付红利。
- 不存在无风险的套利机会。
- 证券交易是连续的，股票价格连续平滑变动。

- 无风险利率 r 为常数，能够用同一利率借入或贷出资金。
- 只能在交割日执行期权。

下面介绍 Black-Scholes 方程具体的推导过程。

假设标的资产价格服从几何布朗运动，即：

$$\mathrm{d}S=\mu S\mathrm{d}t+\sigma S\mathrm{d}W$$

期权价格为 $f(S,t)$，由 ITO 定理可得：

$$\mathrm{d}f=\left(\frac{\partial f}{\partial t}+\frac{1}{2}\sigma^2S^2\frac{\partial^2 f}{\partial S^2}\right)\mathrm{d}t+\frac{\partial f}{\partial S}\mathrm{d}S=\left(\frac{\partial f}{\partial t}+\mu S\frac{\partial f}{\partial S}+\frac{1}{2}\sigma^2S^2\frac{\partial^2 f}{\partial S^2}\right)\mathrm{d}t+\sigma S\frac{\partial f}{\partial S}\mathrm{d}W$$

下面考虑一个组合 Π，卖出一份期权，同时买入数量为 Δ 的股票。

$$\prod=\Delta S-f$$

$$\mathrm{d}\prod=\Delta\mathrm{d}S-\mathrm{d}f$$

$$\mathrm{d}\prod=\sigma S\left(\Delta-\frac{\mathrm{d}f}{\mathrm{d}S}\right)\mathrm{d}W+\left(\mu S\left(\Delta-\frac{\mathrm{d}f}{\mathrm{d}S}\right)-\frac{\mathrm{d}f}{\mathrm{d}t}-\frac{1}{2}\sigma^2S^2\frac{\mathrm{d}^2 f}{\mathrm{d}S^2}\right)\mathrm{d}t \tag{6-1}$$

如果我们选择 $\Delta=\frac{\mathrm{d}f}{\mathrm{d}S}$，则 dΠ 中消去随机项 d$W$，这时组合 Π 变成无风险资产，那么其收益率和无风险资产收益率应该相等，即：

$$\mathrm{d}\Pi=r\Pi\mathrm{d}t\,.$$

那么有：

$$\frac{\mathrm{d}f}{\mathrm{d}t}+\frac{1}{2}\sigma^2S^2\frac{\partial^2 f}{\partial S^2}+r\Pi=0$$

整理得：

$$\frac{\partial f}{dt}+rS\frac{\partial f}{dS}+\frac{1}{2}\sigma^2S^2\frac{\partial^2 f}{dS^2}-rf=0$$

上式就是 Black-Scholes 方程，这表明金融衍生产品价格可以用偏微分方程表示，这样各种不同衍生证券就对应于不同的到期现金流。例如，欧式看涨期权到期现金流为：

$$f=\max(S_T-K,0)$$

欧式看跌期权的到期现金流为：

$$f=\max(K-S_T,0)$$

6.2.2　风险中性测度下的期权定价公式

【定理 1】 一维热传导方程的形式为：

$$\begin{cases}\dfrac{\partial u(x,t)}{\partial t}=\dfrac{\partial^2 u(x,t)}{\partial t^2}\\ u(x,0)=\phi(x)\end{cases} \tag{6-2}$$

上面方程的解为：

$$u(x,t)=\frac{1}{2\sqrt{\pi t}}\int_{-\infty}^{\infty}\phi(S)\mathrm{e}^{-\frac{(x-S)^2}{4t}}\mathrm{d}S$$

下面给出［定理 1］的证明过程，首先对变量 x 进行傅立叶变换，记 F 为傅立叶变换算子，则有：

$$\begin{cases}F(u(x,t))=\bar{u}(\lambda,t)\\F(\phi(x))=\bar{\phi}(\lambda)\end{cases}\tag{6-3}$$

根据傅立叶变换性质得到：

$$\begin{cases}\dfrac{\mathrm{d}\bar{u}}{\mathrm{d}t}+\lambda^2\bar{u}=0\\\bar{u}(\lambda,0)=\bar{\phi}(\lambda)\end{cases}\tag{6-4}$$

方程（6-3）为带参数 λ 的常微分方程，其解为：

$$\bar{u}(\lambda,t)=\bar{\phi}(\lambda)\mathrm{e}^{-\lambda^2 t}\tag{6-5}$$

对式（6-4）两边进行傅立叶变换的逆变换 F^{-1}，即：

$$u(x,t)=\phi(x)F^{-1}(\mathrm{e}^{-\lambda^2 t})$$

下面计算 $F^{-1}(e^{-\lambda^2 t})$，即：

$$F^{-1}(e^{-\lambda^2 t})=\frac{1}{\sqrt{2\pi}}\int_{-\infty}^{\infty}\mathrm{e}^{-\lambda^2 t}\cos(\lambda x)\mathrm{d}\lambda$$

如果记：

$$I(x)=\int_{-\infty}^{\infty}\mathrm{e}^{-\lambda^2 t}\cos(\lambda x)\mathrm{d}\lambda$$

则有：

$$\begin{aligned}I'(x)&=-\int_{-\infty}^{\infty}\mathrm{e}^{-\lambda^2 t}\lambda\sin(\lambda x)\mathrm{d}\lambda\\&=\frac{1}{2t}\int_{-\infty}^{\infty}\sin(\lambda x)\mathrm{d}(\mathrm{e}^{-\lambda^2 t})\\&=\frac{1}{2t}\sin(\lambda t)\mathrm{e}^{-\lambda^2 t}\Big|_{-\infty}^{\infty}-\frac{1}{2t}\int_{-\infty}^{\infty}x\cos(\lambda x)\mathrm{e}^{-\lambda^2 t}\mathrm{d}\lambda\\&=-\frac{x}{2t}\int_{-\infty}^{\infty}\cos(\lambda x)e^{-\lambda^2 t}\mathrm{d}\lambda\\&=-\frac{x}{2t}I(x)\end{aligned}$$

所以 $I(x)=I(0)\mathrm{e}^{-\frac{x^2}{4t}}$，其中，记 $\eta=\sqrt{t}\lambda$，有：

$$I(0)=\int_{-\infty}^{\infty}\mathrm{e}^{-\lambda^2 t}=\frac{1}{\sqrt{t}}\int_{-\infty}^{\infty}\mathrm{e}^{-\eta^2}\mathrm{d}\eta=\frac{\sqrt{\pi}}{2\sqrt{t}}$$

这样可以得到：

$$u(x,t)=\frac{1}{2\sqrt{\pi t}}\int_{-\infty}^{\infty}\phi(S)\mathrm{e}^{-\frac{(x-S)^2}{4t}}\mathrm{d}S$$

在定理 1 的证明中，由于预先不知道 $u(x,t)$是否满足进行 Fourier 变换及有关运算的条件，所得到的解只是形式解。但可以进一步证明在 $\phi(x)$ 连续且有界的条件下，定理 1 给出的解确实是 Cauchy 问题（6-2）的解。

下面计算欧式期权的价格，假设欧式看涨期权价格为 c，股票价格为 S，无风险利率为 r，执行价格为 K，期权存续期为 T，标准差为 σ，根据 Black-Scholes 方程有：

$$\frac{\partial c}{\mathrm{d}t}+rS\frac{\partial c}{\mathrm{d}S}+\frac{1}{2}\sigma^2S^2\frac{\partial^2 c}{\mathrm{d}S^2}-rc=0 \tag{6-6}$$

当 S=0 时，看涨期权价值为 0，所以偏微分方程边界条件为：

$$c(0,t)=0 \tag{6-7}$$

当股票价格非常大时，看涨期权近似于股票价格，即当 $S\to\infty$时：

$$c(S,t)\to S \tag{6-8}$$

当期权到期时（t=T），终端条件为：

$$c(S,T)=\max(S-K,0) \tag{6-9}$$

在边界条件式（6-7）、式（6-8）与终端条件式（6-9）下，求解方程（6-6）。

方程（6-6）与扩散方程类似，为消去 S 和 S^2，首先进行如下变换。

令 $S=K\mathrm{e}^x$，$t=T-\dfrac{\tau}{\frac{1}{2}\sigma^2}$，$c=KV(x,\tau)$，直接计算可得：

$$\frac{\partial c}{\partial t}=K\frac{\partial V}{\partial\tau}\frac{d\tau}{dt}=K\frac{\partial V}{\partial\tau}\left(-\frac{1}{2}\sigma^2\right)=-\frac{1}{2}K\sigma^2\frac{\partial V}{\partial\tau} \tag{6-10}$$

$$\frac{\partial c}{\partial S}=K\frac{\partial V}{\partial x}\frac{\mathrm{d}x}{\mathrm{d}S}=K\frac{\partial V}{\partial x}(K\mathrm{e}^x)^{-1}=\mathrm{e}^{-x}\frac{\partial V}{\partial x} \tag{6-11}$$

$$\frac{\partial^2 c}{\partial S^2}=-\mathrm{e}^{-x}\frac{\partial V}{\partial x}\frac{\mathrm{d}x}{\mathrm{d}S}+\mathrm{e}^{-x}\frac{\partial^2 V}{\partial x^2}\frac{\mathrm{d}x}{\mathrm{d}S}=-\mathrm{e}^{-2x}K^{-1}\frac{\partial V}{\partial x}+\mathrm{e}^{-x}K^{-1}\mathrm{e}^{-x}\frac{\partial^2 V}{\partial x^2} \tag{6-12}$$

将式（6-10）、式（6-11）和式（6-12）代入方程（6-6）有：

$$\frac{\partial V}{\partial\tau}=\frac{\partial^2 V}{\partial x^2}+(k-1)\frac{\partial V}{\partial x}-kV \tag{6-13}$$

其中，$k=\dfrac{r}{\frac{1}{2}\sigma^2}$。

又因为：

$$\max(S-K,0)=K\max(e^{x}-1,0)$$

代入边界条件，即：

$$c(S,T)=\max(S-K,0)$$

得到新的边界条件，即：

$$V(x,0)=\max(e^{x}-1,0) \tag{6-14}$$

为消去式（6-13）中的后面两项，设：

$$V=e^{\alpha x+\beta\tau}u(x,\tau)$$

其中，α、β 为待定系数，代入方程（6-13）得：

$$\beta u+\frac{\partial u}{\partial \tau}=\alpha^2 u+2\alpha\frac{\partial u}{\partial x}+\frac{\partial^2 u}{\partial x^2}+(k-1)\left(\alpha u+\frac{\partial u}{\partial x}\right)-ku$$

为消去含有 u 的项，选择：

$$\beta=\alpha^2+(k-1)\alpha-k \tag{6-15}$$

为消去 $\frac{\partial u}{\partial x}$ 项，令 $2\alpha+(k-1)=0$，再由式（6-15）解得：

$$\alpha=-\frac{1}{2}(k-1)$$

$$\beta=-\frac{1}{4}(k+1)^2$$

于是有：

$$V=e^{-\frac{1}{2}(k-1)x-\frac{1}{4}(k+1)^2\tau}u(x,\tau)$$

则方程（6-13）变为如下标准的热传导方程。

$$\frac{\partial u}{\partial \tau}=\frac{\partial^2 u}{\partial \tau^2} \qquad -\infty<x<+\infty,\tau>0 \tag{6-16}$$

初始条件：

$$V(x,0)=\max(e^{x}-1,0)$$

即有：

$$e^{-\frac{1}{2}(k-1)x}u(x,0)=\max(e^{x}-1,0)$$

$$u(x,0)=\max(e^{\frac{1}{2}(k+1)x}-e^{\frac{1}{2}(k-1)x},0) \tag{6-17}$$

根据定理 1，方程（6-16）的解为：

$$u(x,\tau)=\frac{1}{2\sqrt{\pi\tau}}\int_{-\infty}^{\infty}u_0(S)e^{\frac{(x-S)^2}{4\tau}}dS \tag{6-18}$$

为计算方便，令 $x'=\frac{S-x}{\sqrt{2\tau}}$，则 $S=x+\sqrt{2\tau}x'$，代入式（6-18）得：

$$u(x,\tau)=\frac{1}{\sqrt{2\pi}}\int_{-\infty}^{\infty}u_0(x'\sqrt{2\tau}+x)\mathrm{e}^{-\frac{x'^2}{2}}\mathrm{d}x' \tag{6-19}$$

由式（6-17）可知，$u_0=u(x,0)=\max(\mathrm{e}^{\frac{1}{2}(k+1)x}-\mathrm{e}^{\frac{1}{2}(k-1)x},0)$。

当 $x'\leqslant-\frac{x}{\sqrt{2\tau}}$ 时：

$$u_0(x'\sqrt{2\tau}+x)=0$$

当 $x'>-\frac{x}{\sqrt{2\tau}}$ 时：

$$u_0(x'\sqrt{2\tau}+x)=\mathrm{e}^{\frac{1}{2}(k+1)(x'\sqrt{2\tau}+x)}-\mathrm{e}^{\frac{1}{2}(k-1)(x'\sqrt{2\tau}+x)}$$

于是，式（6-19）变为：

$$\begin{aligned}u(x,\tau)&=\frac{1}{\sqrt{2\pi}}\int_{-x/\sqrt{2\tau}}^{\infty}\mathrm{e}^{\frac{1}{2}(k+1)(x'\sqrt{2\tau}+x)}\mathrm{e}^{-\frac{x'^2}{2}}\mathrm{d}x'-\frac{1}{\sqrt{2\pi}}\int_{-x/\sqrt{2\tau}}^{\infty}\mathrm{e}^{\frac{1}{2}(k-1)(x'\sqrt{2\tau}+x)}\mathrm{e}^{-\frac{x'^2}{2}}\mathrm{d}x\\&=I_1+I_2\end{aligned}$$

其中，

$$\begin{aligned}I_1&=\frac{1}{\sqrt{2\pi}}\int_{-x/\sqrt{2\tau}}^{\infty}\mathrm{e}^{\frac{1}{2}(k+1)(x'\sqrt{2\tau}+x)}\mathrm{e}^{-\frac{x'^2}{2}}\mathrm{d}x'\\&=\frac{\mathrm{e}^{\frac{1}{2}(k+1)x}}{\sqrt{2\pi}}\int_{-x/\sqrt{2\tau}}^{\infty}\mathrm{e}^{\frac{1}{4}(k+1)^2\tau}\mathrm{e}^{-\frac{1}{2}(x'-\frac{1}{2}(k+1)\sqrt{2\tau})^2}\mathrm{d}x'\\&=\mathrm{e}^{\frac{1}{2}(k+1)x+\frac{1}{4}(k+1)^2\tau}N(d_1)\end{aligned}$$

记：

$$\rho=x'-\frac{1}{2}(k+1)\sqrt{2\tau}\qquad d_1=\frac{x}{\sqrt{2\tau}}+\frac{1}{2}(k+1)\sqrt{2\tau}\qquad N(d_1)=\frac{1}{\sqrt{2\pi}}\int_{-\infty}^{d_1}\mathrm{e}^{-\frac{1}{2}S^2}\mathrm{d}S$$

$N(d_1)$是正态分布的累计分布函数。
类似地有：

$$I_2=\mathrm{e}^{-\frac{1}{2}(k-1)x+\frac{1}{4}(k-1)^2\tau}N(d_2)$$

其中，$d_2=\frac{x}{\sqrt{2\tau}}+\frac{1}{2}(k-1)\sqrt{2\tau}$，将变量代回，有：

$$V(x,\tau)=\mathrm{e}^{-\frac{1}{2}(k-1)x-\frac{1}{4}(k+1)^2\tau}u(x,\tau)$$

$$x = \ln\left(\frac{S}{K}\right) \qquad t = \frac{1}{2}\sigma^2(T-t) \qquad c = KV(x,\tau)$$

最后得到欧式看涨期权价格为：

$$c = SN(d_1) - \mathrm{e}^{-rT}KN(d_2) \tag{6-20}$$

而且有：

$$d_1 = \frac{\ln\left(\frac{S}{K}\right) + \left(r + \frac{\sigma^2}{2}\right)(T-t)}{\sigma\sqrt{T-t}}，\ d_2 = \frac{\ln\left(\frac{S}{K}\right) + \left(r - \frac{\sigma^2}{2}\right)(T-t)}{\sigma\sqrt{T-t}} = d_1 - \sigma\sqrt{T-t}$$

式（6-20）也可以写为：

$$c = \mathrm{e}^{-rT}[SN(d_1)\mathrm{e}^{rT} - KN(d_2)]$$

其中，$N(d_2)$表示在风险中性下期权的执行概率，所以 $SN(d_2)$相当于执行价格乘以支付价格概率；$SN(d_1)\mathrm{e}^{rT}$可以理解为在风险中性下，当 $S_T > K$ 时，该变量等于 S，其他情况下时等于 0。

根据欧式看涨期权与看跌期权之间的平价关系式，可以得出欧式看跌期权价格 p 为：

$$p = K\mathrm{e}^{-rT}N(-d_2) - SN(-d_1)$$

6.3 看涨期权与看跌期权的平价关系

6.3.1 美式看涨期权与看跌期权之差的下界

假设 C 与 P 分别表示美式看涨期权与看跌期权价格；c 与 p 分别表示欧式看涨期权与看跌期权的价格。首先对于不付红利的股票，其欧式看涨期权与美式看涨期权的价格是相同的，即 $C=c$。为了说明 p 与 c 之间的关系，考虑以下两种组合，记 S 是股票价格；K 是执行价；T 是期权存续期间。

组合 A：一份欧式看涨期权+ $K\mathrm{e}^{-rT}$现金。

组合 B：一份欧式看跌期权+一股股票。

组合 A 与组合 B 在期权到期日收益均为：$\max(S_T,K)$。

欧式期权在到期日之前不能提前执行，所以组合 A 与组合 B 的当前价值应相等，即：

$$c + K\mathrm{e}^{-rT} = p + S \tag{6-21}$$

由于美式看跌期权条款优于欧式看跌期权，即 $P>p$，结合式（6-21）则有：

$$P > c + K\mathrm{e}^{-rT} - S$$

注意到 $C=c$，则有：

$$P > C + K\mathrm{e}^{-rT} - S$$

即有：

$$C - P > S - K\mathrm{e}^{-rT} \tag{6-22}$$

6.3.2　美式看涨期权与看跌期权之差的变化区间

为了进一步说明 C 与 P 之间的关系，考虑以下两种证券组合。

证券组合 A：一份欧式看涨期权和数量为 K 现金。

证券组合 B：一份美式看跌期权和一份标的股票。

两种证券组合中的期权具有相同执行价格和到期日。假设证券组合 A 中现金以无风险利率投资，如果看跌期权不提前执行，则证券组合 B 在到期日 T 的支付为 $\max(S_T,K)$。

这时，证券组合 A 支付为：

$$\max\left(S_T,K\right)+K\mathrm{e}^{r(T-t)}-K$$

因此，证券组合 A 比证券组合 B 价值大。假设证券组合 B 中看跌期权提前执行，例如，在时间 τ 执行，这说明证券组合 B 在时间 τ 的价值为 K，但即使证券组合 A 中的看涨期权无价值，证券组合 A 在时间 τ 的价值为 $Ke^{r(\tau-t)}$。由这两种情况分析得到，在任何情况下，证券组合 A 都比证券组合 B 的价值高，因此有：

$$c+K>P+S$$

因为 $c=C$，所以：

$$C+K>P+S \quad 或 \quad C-P>S-K$$

由式（6-22）与上式，可以得到：

$$S - K\mathrm{e}^{-r(T-t)} \geqslant C - P > S - K \tag{6-23}$$

6.3.3　欧式看涨期权与看跌期权的下界

1．欧式看涨期权的下界

首先定义证券组合 A、B。

证券组合 A：一份欧式看涨期权和数量为 $Divdend + K\mathrm{e}^{-r(T-t)}$ 的现金。

证券组合 B：一份标的股票。

在证券组合 A 中，如果红利现金流 $Dividend$ 以无风险利率投资，则在到期日 T 时现金流变为：

$$Divdend\mathrm{e}^{r(T-t)} + K \tag{6-24}$$

如果在时刻 T 时股价高于执行价，即 $S_T > K$，则看涨期权被执行，证券组合 A 的支付为：

$$S_T - K + Divdend\mathrm{e}^{r(T-t)} + K \tag{6-25}$$

如果在时刻 T 时股价低于执行价，即 $S_T < K$，则看涨期权不执行，证券组合 A 的支付为 $Divdende^{r(T-t)} + K$，所以证券组合 A 在到期日 T 的支付为：

$$\max\left(S_T + Divdende^{r(T-t)}, K + Divdende^{r(T-t)}\right) \tag{6-26}$$

在证券组合 B 中，如果红利现金流以无风险利率投资，则在到期日 T 时现金流变为 $Divdende^{r(T-t)}$。所以证券组合 B 在到期日 T 的支付为 $S_T + Divdende^{r(T-t)}$。

总体来看，证券组合 A 的到期日支付不会小于证券组合 B 的到期日支付，有时还严格大于 B 的到期日支付。因此，证券组合 A 现在的价值应该大于证券组合 B 现在的价值，即：

$$c_t + Divdend + K\mathrm{e}^{-r(T-t)} > S_t \tag{6-27}$$

或：

$$c_t > S_t - Divdend - K\mathrm{e}^{-r(T-t)} \tag{6-28}$$

式（6-28）即为当标的股票具有红利时，欧式看涨期权的下界。

2. 欧式看跌期权的下界

首先定义证券组合 C、D。

证券组合 C：一份欧式看跌期权和一份标的股票。

证券组合 D：数量等于 $Divdend + K\mathrm{e}^{-r(T-t)}$ 的现金流。

在证券组合 C 中，如果标的股票的红利现金流 $Divdend$ 以无风险利率投资，则在到期日 T 时现金流变为 $Divdende^{r(T-t)}$。证券组合 C 中，看跌期权在 T 时被执行，证券组合 C 支付为 $K + Divdende^{r(T-t)}$。如果 $S_T > K$，则看跌期权在 T 时不执行，证券组合 C 的支付为 $S_T + Divdende^{r(T-t)}$，所以证券组合 C 在到期日 T 时的支付为：

$$\max\left(S_T + Divdende^{r(T-t)}, K + Divdende^{r(T-t)}\right)$$

在证券组合 D 中，如果现金流以无风险利率投资，则在到期日（T）时，现金流变为 $Divdende^{r(T-t)} + K$。无论在哪种情况下，证券组合 C 到期日支付都不会小于证券组合 D 的到期日支付，有时还严格大于 D 的到期日支付。因此，证券组合 C 的现在价格应该大于证券组合 D 的现在价格，即：

$$p_t + S_t > Divdend + K\mathrm{e}^{-r(T-t)} \tag{6-29}$$

或：

$$p_t > Divdend + K\mathrm{e}^{-r(T-t)} - S_t \tag{6-30}$$

这样就得到有红利时，欧式看跌期权的下界（注：上面两式中 p_t 为欧式看跌期权价格）。

6.4　二叉树定价

6.4.1　单期的二叉树模型

考克斯、罗斯和鲁宾斯坦（Cox，Ross and Rubinstein）在 1979 年首先推导出了二叉树定价模型。我们考虑到股票在下一阶段的股价存在上升与下降这两种可能性，假设上升幅度为 Su（即上升到原先的 u 倍），下降幅度为 Sd（即下降为原先的 d 分之一），无风险利率为 r，如果市场中不存在套利机会，有 d＜r＜u，股票上升概率为 p，股票价格变化如图 6-1 所示。

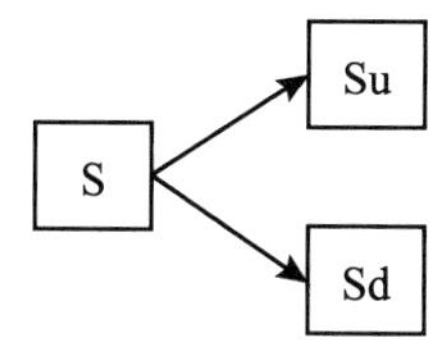

图 6-1　股票价格变化图

我们再考虑一个证券组合，卖出一份股票期权，同时持有 Δ 份股票。当股票上涨时，组合价格为：

$$Su\Delta - c_u$$

当股票下跌时，组合价格为：

$$Sd\Delta - c_d \tag{6-31}$$

其中，c_u 为当股票价格上涨时的期权价格；c_d 为当股票价格下跌时的期权价格。当两种情况下资产价格相等时，有：

$$Su\Delta - c_u = Sd\Delta - c_d$$

解得：

$$\Delta = \frac{c_u - c_d}{Su - Sd} \tag{6-32}$$

该组合的现值为：

$$(Su\Delta - c_u)\mathrm{e}^{-rT}$$

其中，r 是无风险利率，假设期权当前价格为 c，构造该组合的成本为：

$$S\Delta - c$$

因此有：

$$(Su\Delta - c_u)\mathrm{e}^{-rT} = S\Delta - c \tag{6-33}$$

期权当前价格为未来期望贴现，即：

$$c = \mathrm{e}^{-rT}(pc_u + (1-p)c_d) \tag{6-34}$$

其中，

$$p = \frac{\mathrm{e}^{rT} - d}{u - d} \tag{6-35}$$

实际上，p 就是风险中性概率测度，风险中性下，股票价格期望为：

$$E(S) = pSu + (1-p)Sd$$

即有：

$$E(S) = pS(u-d) + Sd \tag{6-36}$$

将式（6-35）代入式（6-36）有：

$$E(S) = S\mathrm{e}^{rT}$$

这说明，在风险中性测度下，期权价格按照无风险利率增长，而且并不要求风险补偿。

6.4.2 二项式期权定价

将单期二叉树扩展到多期二叉树，有如下方程。

$$S\mathrm{e}^{r\Delta t} = pSu + (1-p)Sd$$

$$\mathrm{e}^{r\Delta t}(u+d) - ud - \mathrm{e}^{2r\Delta t} = \sigma^2 \Delta t$$

所以有：

$$u = e^{\sigma\sqrt{\Delta t}} \qquad d = e^{-\sigma\sqrt{\Delta t}} \qquad p = \frac{\mathrm{e}^{r\Delta t} - d}{u - d}$$

如果 $i\Delta t$ 是分红以前的时间，在这个时间股票价格为：

$$S_0 u^j d^{i-j} \qquad j=0,1,\cdots,i$$

如果 $i\Delta t$ 是分红以后的时间，在这个时间股票价格为：

$$S_0(1-\delta)u^j d^{i-j} \qquad j=0,1,\cdots,i$$

其中，δ 是红利率。

假设只有一次红利支付，支付时间 τ 在 $k\Delta t$ 和 $(k+1)\Delta t$ 之间，红利大小为 D。

当 $i \leqslant k$ 时，股票价格为：

$$S_0 u^j d^{i-j} \qquad j=0,1,\cdots,i$$

当 $i = k+1$ 时，股票价格为：

$$S_0 u^j d^{i-j} - D \quad j=0,1,\cdots,i$$

当 $i=k+2$ 时，股票价格为：

$$\left(S_0 u^j d^{i-1-j} - D\right)u + \left(S_0 u^j d^{i-1-j} - D\right)d \quad j=0,1,\cdots,i-1$$

从而有 $2i$ 个点而不是 $i+1$ 个点。当 $i=k+m$ 时，有 $m(k+2)$个点而不是 $k+m+1$ 个点。当分红的次数增加时，计算量将以指数增加。

如果不付红利美式看涨期权执行价为 K，则期权的二叉树如图 6-2 所示。

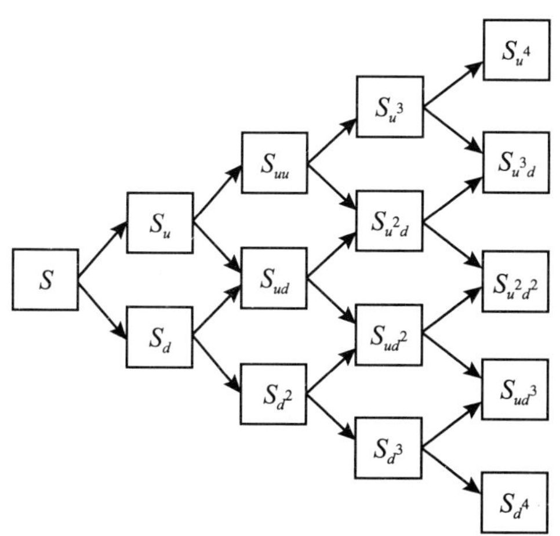

图 6-2　期权的二叉树

对于第 3 期各节点的美式期权现值如下。

$$C_{4,1} = p\max\{S_0u^4 - K, 0\} + q\max\{S_0u^3d - K, 0\}$$

$$C_{4,2} = p\max\{S_0u^3d - K, 0\} + q\max\{S_0u^2d^2 - K, 0\}$$

$$C_{4,3} = p\max\{S_0u^2d^2 - K, 0\} + q\max\{S_0ud^3 - K, 0\}$$

$$C_{4,4} = p\max\{S_0ud^3 - K, 0\} + q\max\{S_0d^4 - K, 0\}$$

对于第 2 期各节点的美式期权现值如下。

$$C_{3,1} = p^2\max\{S_0u^4 - K, 0\} + 2pq\max\{S_0u^3d - K, 0\} + q^2\max\{S_0u^2d^2 - K, 0\}$$

$$C_{3,2} = p^2\max\{S_0u^3d - K, 0\} + 2pq\max\{S_0u^2d^2 - K, 0\} + q^2\max\{S_0ud^3 - K, 0\}$$

$$C_{3,3} = p^2\max\{S_0u^2d^2 - K, 0\} + 2pq\max\{S_0ud^3 - K, 0\} + q^2\max\{S_0d^4 - K, 0\}$$

对于第 1 期各节点的美式期权现值如下。

$$\begin{aligned} C_{2,1} = {} & p^3\max\{S_0u^4 - K, 0\} + 3p^2q\max\{S_0u^3d - K, 0\} \\ & + 3pq^2\max\{S_0u^2d^2 - K, 0\} + q^3\max\{S_0ud^3 - K, 0\} \end{aligned}$$

$$C_{2,2}=p^3\max\{S_0u^3d-K,0\}+3p^2q\max\{S_0u^2d^2-K,0\}$$
$$+3pq^2\max\{S_0u^1d^3-K,0\}+q^3\max\{S_0d^4-K,0\}$$

对于第 0 期的美式期权现值如下。

$$\begin{aligned}C_{1,1}&=p^4\max\{S_0u^4-K,0\}+4p^3q\max\{S_0u^3d-K,0\}\\&\quad+6p^2q^2\max\{S_0u^2d^2-K,0\}+4pq^3\max\{S_0ud^3-K,0\}+q^4\max\{S_0d^4-K,0\}\\&=\sum_{i=0}^{4}\binom{4}{i}p^iq^{4-i}\max(S_0u^id^{4-i}-K,0)\end{aligned}$$

其中，$\binom{4}{i}=\frac{4!}{(4-i)!i!}$，（$i$=0,1,2,3,4； $0!=1$）

把前面两期模型推广到 T 期，则有：

$$c=\frac{\sum_{i=0}^{T}\frac{T!}{(T-i)!i!}p^iq^{T-i}\max(0,u^id^{T-i}S_0-K)}{(1+r)^T}\tag{6-37}$$

式（6-37）就是期权的二项式定价公式。

首先，注意到对于看涨期权而言，当该期权为虚值的时候，它的终端支付为零，从而式（6-37）的求和号中有许多项是零，用 a 表示支付为正的项，即：

$$a=\min_i\left\{i\,|\,u^id^{T-i}S_0-K>0\right\}$$

将式（6-37）写成如下形式。

$$c=\frac{\sum_{i=a}^{T}\frac{T!}{(T-i)!i!}p^iq^{T-i}(u^id^{T-i}S_0-K)}{(1+r)^T}\tag{6-38}$$

因为每一项支付都是正的，所以式（6-38）中省略了最大化符号。

其次，把式（6-38）分成如下两部分。

$$c=S_0\left[\sum_{i=a}^{T}\frac{T!}{(T-i)!i!}p^iq^{T-i}\frac{u^id^{T-i}}{(1+r)^T}\right]-K(1+r)^{-T}\left[\sum_{i=a}^{T}\frac{T!}{(T-i)!i!}p^i(1-p)^{T-i}\right]\tag{6-39}$$

上式的第二项是执行价格的折现值 $K(1+r)^{-T}$ 与二项分布的尾部概率 $B(i\geqslant a(T,p))$ 的乘积。二项分布的尾部概率是期权为实值的积累概率（即 $i\geqslant a$），而概率 p 是由无风险套期保值证券组合决定的。上式的第一项是股票现价 S_0 与一个类似二项分布尾部概率的乘积，如果假设：

$$p'\equiv\frac{u}{1+r}p$$

则得到：

$$p^i(1-p)^{T-i}\frac{u^i d^{T-i}}{(1+r)^T}=\left(\frac{u}{1+r}p\right)^i\left[\frac{d}{1+r}(1-p)\right]^{T-i}=(p')^i(1-p')^{T-i}$$

在完成上面两点变换以后，得到欧式看涨期权二项式模型为：

$$c=S_0B\left(a(T,p')\right)-K(1+r)^{-T}B \qquad \left(i\geqslant a(T,p)\right) \tag{6-40}$$

而且有：

$$p\equiv\frac{(1+r_f)-d}{u-d}，\quad p'\equiv\frac{u}{1+r}p$$

$$a=\min\left\{i\,|\,u^i d^{T-i}S_0-K>0\right\}$$

$B\left(i\geqslant a\left(T,p\right)\right)$=二项分布当 $n\geqslant a$ 时的尾部概率

$$=\sum_{i=a}^{T}\frac{T!}{(T-i)!i!}p^i(1-p)^{T-i}$$

其中，T 为总时间的区间数。

【例 6-1】 考虑一个不付红利 5 个月欧式看涨期权：股票价格为 50；执行价为 50；无风险利率为 10%；波动率为 40。试构造一个二叉树模型，二叉树的时间间隔为 5 个月。我们有 $u=e^{\sigma\sqrt{\Delta t}}=1.1224$ ； $d=1/u=0.8909$ ； $a=e^{r\Delta t}=1.0084$ ； $p=(a-d)/(u-d)=0.5076$ ； $q=1-p=0.4924$ 。二叉树结构如图 6-3 所示。

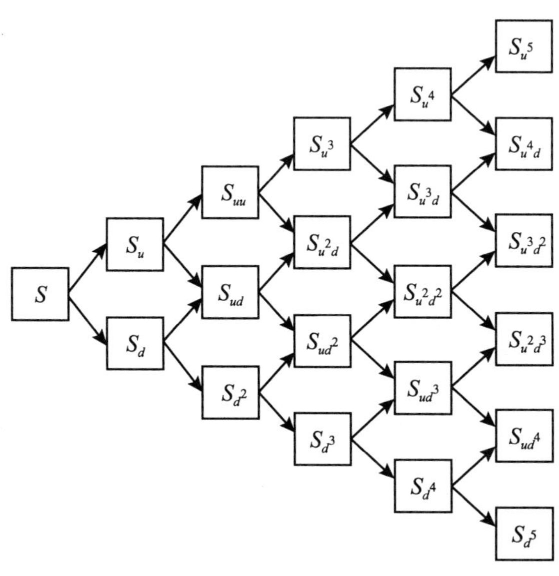

图 6-3　二叉树结构

在 MATLAB 中，计算欧式看涨期权的程序如下。

```
% 文件名：Bin.m
clc;clear;
% 给出各参数
Sigma=0.4
Rf=0.1
S=50
K=50
T=5/12
DeltaT=1/12
% 计算各参数
u=exp(Sigma*sqrt(DeltaT))
d=1/u
a=exp(Rf*DeltaT)
p=(a-d)/(u-d)
q=1-p
% 计算二叉树
N=round(T/DeltaT)+1
BinTree=zeros(N,N)
BinTree(1,1)=1
for i=N:-1:1
k=i-1
BinTree(1:i,i)=[u^k*d.^[0:2:2*k]]'
end
BinTree=S*BinTree
% 计算二叉树各节点的现金流并贴现
BinPrice(:,N)=max(BinTree(:,N)-K,0)
for j=N-1:-1:1
for i=1:j
BinPrice(i,j)=exp(-DeltaT*Rf)*(p*BinPrice(i,j+1)+q*BinPrice(i+1,j+1))
end
end
```

运行得到二叉树各节点值如下。

```
BinTree =
   50.0000   56.1200   62.9892   70.6991   79.3528   89.0656
         0   44.5474   50.0000   56.1200   62.9892   70.6991
         0         0   39.6894   44.5474   50.0000   56.1200
         0         0         0   35.3611   39.6894   44.5474
         0         0         0         0   31.5049   35.3611
         0         0         0         0         0   28.0692
```

欧式看涨期权在各节点的现金流如下。

```
BinPrice =
   6.3595   9.8734   14.8597   21.5256   29.7677   39.0656
        0   2.8493    4.9066    8.2481   13.4041   20.6991
        0        0    0.7794    1.5491    3.0791    6.1200
        0        0         0         0         0         0
        0        0         0         0         0         0
        0        0         0         0         0         0
```

所以，该期权价格为 6.3595 元。

如果调用 MATLAB 直接计算二叉树期权函数 binprice 可以得到同样结果。

```
>> [Price, Option] =binprice(50,50,0.1,5/12,1/12,0.4,1)
Price =
  50.0000     56.1200   62.9892   70.6991   79.3528   89.0656
        0     44.5474   50.0000   56.1200   62.9892   70.6991
        0           0   39.6894   44.5474   50.0000   56.1200
        0           0         0   35.3611   39.6894   44.5474
        0           0         0         0   31.5049   35.3611
        0           0         0         0         0   28.0692
Option =
   6.3595      9.8734   14.8597   21.5256   29.7677   39.0656
        0      2.8493    4.9066    8.2481   13.4041   20.6991
        0           0    0.7794    1.5491    3.0791    6.1200
        0           0         0         0         0         0
        0           0         0         0         0         0
        0           0         0         0         0         0
```

6.5　有限差分法定价

偏微分方程在金融工程中占有重要位置，如 Black-Scholes 方程就是以二阶偏微分方程形式给出的。偏微分方程为求解复杂金融衍生工具价格提供了有利条件，但是偏微分方程通常没有解析解，通常通过数值计算找出数值解，这样数值计算就成为金融工程的一项基本功。求解金融衍生工具价格与求解通常偏微分方程的区别主要在于，一般偏微分方程是给定初值求解终值，衍生品定价问题是给定终值求初值，属于倒向随机偏微分方程求解，但是二者在计算上没有本质区别。

6.5.1　偏微分方程分类

Black-Scholes 的期权价格偏微分方程为：

$$\frac{\partial f}{\partial t}+\frac{1}{2}\sigma^2 S^2\frac{\partial^2 f}{\partial S^2}+rS\frac{\partial f}{\partial S}-rf=0$$

其中，r 是无风险利率，σ 是资产收益率的标准差。偏微分方程不同的边界条件，对应着不同的期权类型。Black-Scholes 方程属于二阶偏微分方程，下面我们考虑二阶偏微分方程的分类。

二阶偏微分方程的一般形式为：

$$a(x,y)\frac{\partial^2\phi}{\partial x^2}+b(x,y)\frac{\partial^2\phi}{\partial x\partial y}+c(x,y)\frac{\partial^2\phi}{\partial y^2}+d(x,y)\frac{\partial\phi}{\partial x}+e(x,y)\frac{\partial\phi}{\partial y}+f(x,y)\phi+g(x,y)=0$$

记 $\Delta=b^2-4ac$，根据 Δ 函数值的不同，一般将线性二阶偏微分方程分为以下 3 种类型。

- $b^2-4ac>0$，双曲型方程。
- $b^2-4ac=0$，抛物型方程。
- $b^2-4ac<0$，椭圆型方程。

对于偏微分方程，一般需要讨论以下 3 方面的问题。

- 方程存在解。
- 方程的解是唯一的。
- 方程的解是否具有较好的性质（例如解的稳定性）。

偏微分方程可以应用有限差分方法近似计算，其原理是将偏微分方程中的偏导数用函数差分近似替代，这样可以得到衍生证券价格的线性方程组，通过求解这个方程组，可以得到衍生证券价格的数值解。

有限差分核心思想是对导数进行离散化，把偏微分方程转化为差分方程，然后利用迭代法求解。该方法是一种直接将微分问题变为代数问题的近似数值解法，数学概念直观，表达简单，是比较成熟的数值方法。

有限差分方法根据对偏导数的离散方法，分为显式差分法、隐式差分法、内含差分法。

6.5.2 有限差分离散方法

假设 $f_{i,j}$ 表示在 i 时刻股票价格为第 j 价位的期权价格，对 f 的一阶导数进行如下差分。

$$\frac{\partial f}{\partial S}=\frac{f_{i,j+1}-f_{i,j}}{\Delta S} \tag{6-41}$$

$$\frac{\partial f}{\partial t}=\frac{f_{i+1,j}-f_{i,j}}{\Delta t} \tag{6-42}$$

这种差分法称为显示差分法，也可以进行如下差分。

$$\frac{\partial f}{\partial S}=\frac{f_{i,j}-f_{i,j-1}}{\Delta S} \tag{6-43}$$

$$\frac{\partial f}{\partial t}=\frac{f_{i,j}-f_{i-1,j}}{\Delta t} \tag{6-44}$$

这种差分法称为隐式差分法，还可以对一阶导数进行如下差分。

$$\frac{\partial f}{\partial S}=\frac{f_{i,j+1}-f_{i,j-1}}{2\Delta S} \tag{6-45}$$

$$\frac{\partial f}{\partial t}=\frac{f_{i+1,j}-f_{i-1,j}}{2\Delta t} \tag{6-46}$$

这种差分法又称为内含差分法（Implicit Finite Method）。

对二阶微分形式，可以用如下方法进行差分：

$$\frac{\partial^2 f}{\partial S^2}=\left(\frac{f_{i,j+1}-f_{i,j}}{\Delta S}-\frac{f_{i,j}-f_{i,j-1}}{\Delta S}\right)\Big/\Delta S \tag{6-47}$$

整理得：

$$\frac{\partial^2 f}{\partial S^2}=\frac{f_{i,j+1}+f_{i,j-1}-2f_{i,j}}{\Delta S^2}$$

6.5.3　显式法求解欧式看跌期权

下面利用显式法求解欧式看跌期权，对一阶偏导数、二阶导数的离散方法如下。

$$\frac{\partial f}{\partial S}=\frac{f_{i,j+1}-f_{i,j-1}}{2\Delta S} \tag{6-48}$$

$$\frac{\partial f}{\partial t}=\frac{f_{i,j}-f_{i-1,j}}{\Delta t} \tag{6-49}$$

$$\frac{\partial^2 f}{\partial S^2}=\frac{f_{i,j+1}+f_{i,j-1}-2f_{i,j}}{\Delta S^2} \tag{6-50}$$

将式（6-48）、式（6-49）、式（6-50）带入 B-S 公式有：

$$\frac{f_{i,j}-f_{i-1,j}}{\Delta t}+rj\Delta S\frac{f_{i,j+1}-f_{i,j-1}}{2\Delta S}+\frac{1}{2}\sigma^2 j^2\Delta S^2\frac{f_{i,j+1}+f_{i,j-1}-2f_{i,j}}{\Delta S^2}=rf_{i,j} \tag{6-51}$$

经过整理可得：

$$f_{i-1,j}=a_j^* f_{i,j-1}+b_j^* f_{i,j}+c_j^* f_{i,j+1} \tag{6-52}$$

其中，

$$a_j^*=\frac{1}{2}\Delta t(\sigma^2 j^2-rj)$$
$$b_j^*=1-\Delta t(\sigma^2 j^2+r)$$
$$c_j^*=\frac{1}{2}\Delta t(\sigma^2 j^2+rj)$$

将式（6-51）写成矩阵形式为：

$$\begin{pmatrix} f_{N-1,1} \\ f_{N-1,2} \\ f_{N-1,3} \\ \cdots\cdots \\ f_{N-1,M-2} \\ f_{N-1,M-1} \end{pmatrix}=\begin{pmatrix} a_1^* & b_1^* & c_1^* & 0 & \dots & 0 & 0 & 0 \\ 0 & a_2^* & b_2^* & c_2^* & \dots & 0 & 0 & 0 \\ 0 & 0 & a_3^* & b_3^* & c_3^* & 0 & 0 & 0 \\ 0 & 0 & 0 & a_4^* & b_4^* & c_4^* & 0 & 0 \\ \dots & \dots & \dots & \dots & \dots & \dots & \dots & \dots \\ 0 & 0 & 0 & 0 & 0 & a_{M-1}^* & b_{M-1}^* & c_{M-1}^* \end{pmatrix}\begin{pmatrix} f_{N,0} \\ f_{N,1} \\ f_{N,2} \\ \cdots\cdots \\ f_{N,M-1} \\ f_{N,M} \end{pmatrix}$$

如果记矩阵：

$$L=\begin{pmatrix} a_1^* & b_1^* & c_1^* & 0 & \dots & 0 & 0 & 0 \\ 0 & a_2^* & b_2^* & c_2^* & \dots & 0 & 0 & 0 \\ 0 & 0 & a_3^* & b_3^* & c_3^* & 0 & 0 & 0 \\ 0 & 0 & 0 & a_4^* & b_4^* & c_4^* & 0 & 0 \\ \dots & \dots & \dots & \dots & \dots & \dots & \dots & \dots \\ 0 & 0 & 0 & 0 & 0 & a_{M-1}^* & b_{M-1}^* & c_{M-1}^* \end{pmatrix}_{(M-1)\times(M+1)}$$

则上式可以写为：

$$\begin{pmatrix} f_{N-1,1} \\ f_{N-1,2} \\ f_{N-1,3} \\ \dots \\ f_{N-1,M-2} \\ f_{N-1,M-1} \end{pmatrix}=L_{(M-1)\times(M+1)}\begin{pmatrix} f_{N,0} \\ f_{N,1} \\ f_{N,2} \\ \dots \\ f_{N,M-1} \\ f_{N,M} \end{pmatrix}$$

即：

$$f^{N-1}=Lf^N$$

对于欧氏看跌期权，其终值条件为：

$$f(S,T)=\max\{K-S,0\} \qquad \forall S>0$$

下面我们考虑欧式看跌期权的边界条件，当股票价格 S_t 非常大时，看跌期权到期日价值为 0，$f(t,S_{\max})=0$；当股票价格为 0 时，$S_t=0$，那么到期日支付价值为 K，贴现到 t 期有 $f(t,0)=Ke^{-r(T-t)}$，边界条件及终值条件可以写成如下形式。

$$f_{i,M}=0 \qquad i=0,1,2,\cdots,N$$

$$f_{i,0}=Ke^{-r(N-i)\Delta t} \qquad i=0,1,2,\cdots,N$$

$$f_{N,j}=\max(K-j\Delta S,0) \qquad j=0,1,2,\cdots,M$$

【例 6-2】已知股票价格为 50，欧式看跌期权执行价为 50，到期日为 5 个月，股票年波动率标准差为 0.3，无风险利率为 5%，试用有限差分方法求解期权价格。

在 MATLAB 中，利用有限差分法编写求解欧式期权的程序如下。

```
% 文件名： EuroPut.m
% 显示法求解欧式看跌期权
% 输入初始参数。
s0=50;                      % 股价
k=50;                       % 执行价
r=0.1;                      % 无风险利率
T=5/12;                     % 存续期
sigma=0.3;                  % 股票波动率
Smax=100;                   % 确定股票价格最大价格
ds=2;                       % 确定股价离散步长
dt=5/1200;                  % 确定时间离散步长
M=round(Smax/ds);           % 计算股价离散步数，对 Smax/ds 取整运算
ds=Smax/M;                  % 计算股价离散实际步长
N=round(T/dt);              % 计算时间离散步数
dt=T/N;                     % 计算时间离散实际步长
matval=zeros(M+1,N+1);
vets=linspace(0,Smax,M+1);% 将区间 [0, Smax] 分成M+1 段。
veti=0:N;
vetj=0:M;
% 建立偏微分方程终值条件
matval(:,N+1)=max(k-vets,0);
% 建立偏微分方程边界条件
matval(1,:)=k*exp(-r*dt*(N-veti));
matval(M+1,:)=0;
%%%%%%%%%%%%%%%%%%%%%%%%%%%%%%%%%
% 确定迭代矩阵 L 的元素
a=0.5*dt*(sigma^2*vetj-r).*vetj;
b=1-dt*(sigma^2*vetj.^2+r);
c=0.5*dt*(sigma^2*vetj+r).*vetj;
%%%%%%%%%%%%%%%%%%%%%%%%%%%%%%%%%
```

```
L=zeros(M-1,M+1)
for i=2:M
% 建立递推关系
L(i-1,i-1)=a(i) ; L(i-1,i)=b(i) ; L(i-1,i+1)=c(i) ;
end
for i=N:-1:1
matval(2:M,i)=L*matval(:,i+1);
end
% 插值求期权价格
jdown=floor(s0/ds);
jup =ceil(s0/ds);
if jdown ==jup
   price=matval(jdown+1,1)+(s0-jdown*ds)*(matval(jup+1,1)-matval(jup+1,1))/ds
end
price =
   2.8288
```

6.5.4 显式法求解美式看跌期权

这里采用与前面小节不同的离散方式，即：

$$\frac{\partial f}{\partial S}=\frac{f_{i+1,j+1}-f_{i+1,j-1}}{2\Delta S} \tag{6-53}$$

$$\frac{\partial^2 f}{\partial S^2}=\frac{f_{i+1,j+1}+f_{i+1,j-1}-2f_{i+1,j}}{\Delta S^2} \tag{6-54}$$

这样差分方程为：

$$\frac{f_{i+1,j}-f_{i,j}}{\Delta t}+rj\Delta S\frac{f_{i+1,j+1}-f_{i+1,j-1}}{2\Delta S}+\frac{1}{2}\sigma^2 j^2\Delta S^2\frac{f_{i+1,j+1}+f_{i+1,j-1}}{\Delta S^2}-2f_{i+1,j}=rf_{i,j}$$

整理得：

$$f_{i,j}=a_j f_{i+1,j-1}+b_j f_{i+1,j}+c_j f_{i+1,j+1} \tag{6-55}$$

其中，

$$a_j=\frac{1}{1+r\Delta t}\left(-\frac{1}{2}rj\Delta t+\frac{1}{2}\sigma^2 j^2\Delta t\right)$$

$$b_j=\frac{1}{1+r\Delta t}(1-\sigma^2 j^2\Delta t)$$

$$c_j=\frac{1}{1+r\Delta t}\left(\frac{1}{2}rj\Delta t+\frac{1}{2}\sigma^2 j^2\Delta t\right)$$

如果记：

$$L=\begin{pmatrix} a_1 & b_1 & c_1 & 0 & \dots & 0 & 0 & 0 & 0 \\ 0 & a_2 & b_2 & c_2 & \dots & 0 & 0 & 0 & 0 \\ 0 & 0 & a_3 & b_3 & \dots & a_{M-2} & b_{M-2} & c_{M-2} & 0 \\ 0 & 0 & 0 & 0 & \dots & 0 & a_{M-1} & b_{M-1} & c_{M-1} \end{pmatrix},\quad f^i=\begin{pmatrix} f_{i,0} \\ f_{i,1} \\ \vdots \\ f_{i,M} \end{pmatrix}$$

$$f^i = L\, f^{i+1}$$

考虑到边界条件：

$$\begin{aligned} f_{i,0} &= K \\ f_{i,M} &= 0 \end{aligned}\quad (i=0,1,2,3,\cdots,N)$$

对于第 i 时刻现金流 $F_{i,j}$，$F_{i,j}=\max(K-j\Delta S, f_{i,j})$（$j=0,1,2,3,\cdots,M$）。

【例 6-3】 已知股票价格为 50，美式看跌期权执行价为 50，到期日为 5 个月，股票收益率年标准差为 0.4，无风险利率为 10%，试用显式差分法求解期权价格。

在 MATLAB 中，利用显式差分法编写求解美式看跌期权的程序如下。

```
% 文件名：EAmeiPut.m
%%%%%%%%%%%%%%%%%%%%%%%%%%%%%%%%%%
% 显式差分法求解美式看跌期权
% 时间：2009 年 4 月 12 日
% 最新修改时间：2009 年 7 月 6 日
%%%%%%%%%%%%%%%%%%%%%%%%%%%%%%%%%%
% 输入参数说明：
% s0      当前时刻股价
% k       期权执行价
% r       无风险利率
% T       到期日
% sigma  股票波动标准差
% Smax   股票最大值
% ds      股票离散步长
% dt      时间离散步长
%%%%%%%%%%%%%%%%%%%%%%%%%%%%%%%%%
%                股票价格、时间初始化              %
%%%%%%%%%%%%%%%%%%%%%%%%%%%%%%%%%
s0=50;k=50;r=0.1;sigma=0.4;T=5/12;
dt=T/10;ds=5;
Smax=100;
M=round(Smax/ds); % 对 Smax/ds 取整运算
N=round(T/dt);
```

```
ds=Smax/M;           % 重新确定股票价格步长
dt=T/N;              % 重新确定时间步长
S=0:ds:Smax
S=S'
%%%%%%%%%%%%%%%%%%%%%%%%%%%%%
veti=1:N;
vetj=1:M+1;
a=1/(1+r*dt)*(-1/2*r*vetj*dt+1/2*sigma^2*vetj.^2*dt);
b=1/(1+r*dt)*(1-sigma^2*vetj.^2*dt);
c=1/(1+r*dt)*(1/2*r*vetj*dt+1/2*sigma^2*vetj.^2*dt);
%%%%%%%%%%%%%%%%%%%%%%%%%%%%%
L=zeros(M-1,M+1);
for j=1:M-1
   L(j,j)=a(j);L(j,j+1)=b(j);L(j,j+2)=c(j);
end
f=zeros(M+1,N+1);
f(:,N+1)=max(k-S,0);
f(1,  :)  =k
f(M+1,:)  =0
%  递推求解期权价格
for i=N:-1:1
   F=L*f(:,i+1);
   f(2:M,i)=max([F,k-S(2:M)],[],2)
end
```

$f(i,j)$表示在 i 时刻，j 价位的期权价格，显式法计算美式看跌期权结果如表 6-2 所示。

表 6-2　　显式法计算美式看跌期权过程

股价	时间										
	10	9	8	7	6	5	4	3	2	1	0
0	50.00	50.00	50.00	50.00	50.00	50.00	50.00	50.00	50.00	50.00	50.00
5	45.00	45.00	45.00	45.00	45.00	45.00	45.00	45.00	45.00	45.00	45.00
10	40.00	40.00	40.00	40.00	40.00	40.00	40.00	40.00	40.00	40.00	40.00
15	35.00	35.00	35.00	35.00	35.00	35.00	35.00	35.00	35.00	35.00	35.00
20	30.00	30.00	30.00	30.00	30.00	30.00	30.00	30.00	30.00	30.00	30.00
25	25.00	25.00	25.00	25.00	25.00	25.00	25.00	25.00	25.00	25.00	25.00
30	20.00	20.00	20.00	20.00	20.00	20.00	20.00	20.00	20.00	20.00	20.00
35	15.00	15.00	15.00	15.00	15.00	15.00	15.00	15.00	15.00	15.00	15.00

续表

股价	时间										
	10	9	8	7	6	5	4	3	2	1	0
40	10.28	10.20	10.13	10.06	10.01	10.00	10.00	10.00	10.00	10.00	10.00
45	6.76	6.61	6.47	6.31	6.15	5.96	5.75	5.50	5.24	5.00	5.00
50	4.26	4.08	3.89	3.68	3.44	3.18	2.87	2.53	2.07	1.56	0.00
55	2.59	2.39	2.21	1.99	1.77	1.50	1.24	0.90	0.59	0.00	0.00
60	1.48	1.37	1.16	1.02	0.81	0.65	0.42	0.27	0.00	0.00	0.00
65	0.91	0.68	0.63	0.44	0.37	0.21	0.14	0.00	0.00	0.00	0.00
70	0.32	0.46	0.23	0.25	0.10	0.09	0.00	0.00	0.00	0.00	0.00
75	0.45	0.06	0.20	0.04	0.06	0.00	0.00	0.00	0.00	0.00	0.00
80	−0.13	0.20	0.00	0.05	0.00	0.00	0.00	0.00	0.00	0.00	0.00
85	0.28	−0.05	0.05	0.00	0.00	0.00	0.00	0.00	0.00	0.00	0.00
90	−0.11	0.05	0.00	0.00	0.00	0.00	0.00	0.00	0.00	0.00	0.00
95	0.06	0.00	0.00	0.00	0.00	0.00	0.00	0.00	0.00	0.00	0.00
100	0.00	0.00	0.00	0.00	0.00	0.00	0.00	0.00	0.00	0.00	0.00

股价 50 对应的期权价格为 4.26。

6.5.5　隐式法求解欧式看跌期权

利用隐式法，对一阶导数、二阶导数的离散方法如下。

$$\frac{\partial f}{\partial t}=\frac{f_{i+1,j}-f_{i,j}}{\Delta t}$$

$$\frac{\partial f}{\partial S}=\frac{f_{i,j+1}-f_{i,j-1}}{2\Delta S}$$

$$\frac{\partial^2 f}{\partial S^2}=\frac{f_{i,j+1}+f_{i,j-1}-2f_{i,j}}{\Delta S^2}$$

把上面 3 个式子带入 B-S 公式有：

$$\frac{f_{i+1,j}-f_{i,j}}{\Delta t}+rj\Delta S\frac{f_{i,j+1}-f_{i,j-1}}{2\Delta S}+\frac{1}{2}\sigma^2 j^2\Delta S^2\frac{f_{i,j+1}+f_{i,j-1}-2f_{i,j}}{\Delta S^2}=rf_{i,j}$$

整理得：

$$a_j f_{i,j-1}+b_j f_{i,j}+c_j f_{i,j+1}=f_{i+1,j}$$

其中，

$$a_j=\frac{1}{2}rj\Delta t-\frac{1}{2}\sigma^2 j^2\Delta t$$

$$b_j=1+\sigma^2 j^2\Delta t+r\Delta t$$

$$c_j=-\frac{1}{2}rj\Delta t-\frac{1}{2}\sigma^2 j^2\Delta t$$

利用矩阵形式改写为：

$$\begin{bmatrix} b_1 & c_1 & 0 & 0 & 0 & 0 \\ a_2 & b_2 & c_2 & 0 & 0 & 0 \\ 0 & a_3 & b_3 & c_3 & 0 & 0 \\ 0 & 0 & \ddots & \ddots & \ddots & 0 \\ 0 & 0 & 0 & a_{M-2} & b_{M-2} & c_{M-2} \\ 0 & 0 & 0 & 0 & a_{M-1} & b_{M-1} \end{bmatrix} \begin{pmatrix} f_{i,1} \\ f_{i,2} \\ f_{i,3} \\ \cdots \\ f_{i,M-2} \\ f_{i,M-1} \end{pmatrix} = \begin{pmatrix} f_{i+1,1} \\ f_{i+1,2} \\ f_{i+1,3} \\ \cdots \\ f_{i+1,M-2} \\ f_{i+1,M-1} \end{pmatrix} - \begin{pmatrix} a_1 f_{i+1,0} \\ 0 \\ 0 \\ \cdots \\ 0 \\ c_{M-1} f_{i+1,M} \end{pmatrix}$$

记：

$$L = \begin{bmatrix} b_1 & c_1 & 0 & 0 & 0 & 0 \\ a_2 & b_2 & c_2 & 0 & 0 & 0 \\ 0 & a_3 & b_3 & c_3 & 0 & 0 \\ 0 & 0 & \ddots & \ddots & \ddots & 0 \\ 0 & 0 & 0 & a_{M-2} & b_{M-2} & c_{M-2} \\ 0 & 0 & 0 & 0 & a_{M-1} & b_{M-1} \end{bmatrix}, \quad f^{(i)} = \begin{pmatrix} f_{i,1} \\ f_{i,2} \\ f_{i,3} \\ \cdots \\ f_{i,M-2} \\ f_{i,M-1} \end{pmatrix}, \quad g = \begin{pmatrix} a_1 f_{i+1,0} \\ 0 \\ 0 \\ \cdots \\ 0 \\ c_{M-1} f_{i+1,M} \end{pmatrix}$$

则有：

$$Lf^{(i)} = f^{(i+1)} - g$$

【例 6-4】已知股票价格为 50，欧式看跌期权执行价为 50，到期日为 5 个月，股票年波动率标准差为 0.4，无风险利率为 10%，试用有限差分方法求解期权价格。

在 MATLAB 中，编写的程序如下。

```
%文件名：ImEuroPut.m
s0=50;k=50;T=5/12;sigma=0.4;r=0.1;
Smax=100;ds=0.5;dt=5/2400; %确定时间与价格离散步长
M=round(Smax/ds);
ds=Smax/M;
N=round(T/dt);
dt=T/N;
matval=zeros(M+1,N+1);
vetS=linspace(0,Smax,M+1);
veti=0:N;
vetj=0:M;
%*******************************%
%          建立边界条件          %
%*******************************%
matval(:,N+1)=max(k-vetS,0);
matval(1,:)=k*exp(-r*dt*(N-veti));
matval(M+1,:)=0;
```

```
%******************************%
%           建立三对角矩阵        %
%******************************%
a=0.5*(r*dt*vetj-sigma^2*dt*vetj.^2);
b=1+sigma^2*dt*vetj.^2+r*dt;
c=-0.5*(r*dt*vetj+sigma^2*dt*vetj.^2);
coeff=diag(a(3:M),-1)+diag(b(2:M))+diag(c(2:M-1),1);
[L,U]=lu(coeff);  % 对矩阵 coeff 进行 LU 分解
%******************************%
%           求解线性方程        %
%******************************%
aux=zeros(M-1,1);
for i=N:-1:1
   aux(1)=-a(2)*matval(1,i);
   matval(2:M,i)=U\(L\(matval(2:M,i+1)+aux));
end
jdown=floor(s0/ds);
jup=ceil(s0/ds);
if jdown==jup
   price=matval(jdown+1,1)
else
   price=matval(jdown+1,1)+(s0-jdown*ds)*(matval(jup+1,1)-...
         matval(jup+1,1))/ds
end
```

运行结果如下。

```
price =
   4.0718
```

6.5.6　偏微方程变量代换

在实际运用中，标的资产价格通常被置换为 $Z=\ln f$，相应地，BS 方程变为：

$$\frac{\partial f}{\partial t}+\left(r-\frac{\sigma^2}{2}\right)\frac{\partial f}{\partial Z}+\frac{1}{2}\sigma^2\frac{\partial^2 f}{\partial Z}=rf$$

我们让 Z 是相等间隔的，而不是 S 是相等间隔的，内含的有限差分变成如下形式：

$$\frac{f_{i+1,j}-f_{i,j}}{\Delta t}+\left(r-\frac{\sigma^2}{2}\right)\frac{f_{i,j+1}-f_{i,j-1}}{2\Delta Z}+\frac{1}{2}\sigma^2\frac{f_{i,j+1}+f_{i,j-1}-2f_{i,j}}{\Delta Z^2}=rf_{i,j}$$

整理得。

$$\alpha_j f_{i,j-1}+\beta_j f_{i,j}+\gamma_j f_{i,j+1}=f_{i+1,j}$$

其中，

$$\alpha_j = \frac{\Delta t}{2\Delta Z}\left(r - \frac{\sigma^2}{2}\right) - \frac{\Delta t}{2\Delta Z^2}\sigma^2$$

$$\beta_j = 1 + \frac{\Delta t}{\Delta Z^2}\sigma^2 + r\Delta t$$

$$\gamma_j = -\frac{\Delta t}{2\Delta Z}\left(r - \frac{\sigma^2}{2}\right) - \frac{\Delta t}{2\Delta Z^2}\sigma^2$$

显式差分方程变为：

$$\alpha^*_j f_{i+1,j-1} + \beta^*_j f_{i+1,j} + \gamma^*_j f_{i+1,j+1} = f_{i,j}$$

其中，

$$\alpha^*_j = \frac{1}{1+r\Delta t}\left[-\frac{\Delta t}{2\Delta Z}\left(r - \frac{\sigma^2}{2}\right) + \frac{\Delta t}{2\Delta Z^2}\sigma^2\right]$$

$$\beta^*_j = \frac{1}{1+\Delta t}\left(1 - \frac{\Delta t}{\Delta Z^2}\sigma^2\right)$$

$$\gamma^*_j = \frac{1}{1+r\Delta t}\left[\frac{\Delta t}{2\Delta Z}\left(r - \frac{\sigma^2}{2}\right) + \frac{\Delta t}{2\Delta Z^2}\sigma^2\right]$$

置换的优点是 α_j、β_j、γ_j 与 α^*_j、β^*_j、γ^*_j 独立于 j。经过转换后，理论上 $\Delta Z = \sigma\sqrt{3\Delta t}$ 最佳。请读者思考编写程序，计算美式看跌期权价格。

6.5.7　有限差分法稳定性分析

在有限差分方法中，我们隐含假设当离散步长趋于零时，截断误差也趋于零，有限差分方程的解收敛到偏微分方程的解。然而，有时当离散步长趋于零时，有限差分方程的解并不一定收敛。所以，在讨论偏微分方程的有限差分算法时，要研究算法的收敛性、稳定性与一致性。严格的分析收敛性、稳定性和一致性问题超出本章讨论范围，我们用简单的例子说明收敛性。

假设 $\phi_{i,j}$ 是有限差分解，$\phi(x,t)$ 是偏微分的精确解，如果当离散步长趋于零时，截断误差也趋于零，则该方法是一致的；稳定性问题主要是考虑数值解与精确解的差是否保持有界。对固定的离散步长 δx 和 δt，当 $j\to\infty$ 时，$|\phi_{i,j}-\phi(i\delta x, j\delta t)|$ 有界，则称该方法是稳定的；收敛性是指，如果对固定的值 j，当 $\delta x,\delta t\to 0$ 时，$|\phi_{i,j}-\phi(i\delta x, j\delta t)|$ 趋于零。

对于许多的问题，如果一种数值方法是一致的，那么，该方法具有稳定性的充分必要条件是其具有收敛性。

1．有限差分成功的例子

考虑如下一阶线性方程：

$$\frac{\partial \phi}{\partial t}+c\frac{\partial \phi}{\partial x}=0 \tag{6-56}$$

考虑离散方式：

$$\frac{\phi_{i,j+1}-\phi_{i,j}}{\delta t}+c\frac{\phi_{i,j}-\phi_{i-1,j}}{\delta x}=0$$

求解 $\phi_{i,j+1}$，得到如下关系。

$$\phi_{i,j+1}=\left(1-\frac{c}{\rho}\right)\phi_{i,j}+\frac{c}{\rho}\phi_{i-1,j}$$

其中，$\rho=\frac{\delta t}{\delta x}$，当 $c\delta t\leqslant\delta x$（即 $c/\rho\leqslant 1$）时，数值解是稳定的。否则，初始值被放大，随着 j 增加，数值趋于无穷。

2．有限差分失败的例子

考虑一阶线性方程（6-56），假设 $\phi(x,t)>0$、$c>0$，初始条件为 $\phi(x,0)=f(x)$。容易证明 $\phi(x,t)=f(x-ct)$。

下面用基于向前近似的有限差分方法，计算这个偏微分方程数值解。

$$\frac{\phi(x,t+\delta t)-\phi(x,t)}{\delta t}+c\frac{\phi(x+\delta x,t)-\phi(x,t)}{\delta x}+o(\delta t)+o(\delta x)=0$$

忽略截断误差，记 $x=i\delta x$ 和 $t=j\delta t$，得到：

$$\frac{\phi_{i,j+1}-\phi_{i,j}}{\delta t}+c\frac{\phi_{i+1,j}-\phi_{i,j}}{\delta x}=0 \tag{6-57}$$

初始条件为：

$$\phi_{i0}=f(i\delta x)=f_i \tag{6-58}$$

经过计算，可以得到：

$$\phi_{i,j+1}=\left(1+\frac{c}{\rho}\right)\phi_{i,j}-\frac{c}{\rho}\phi_{i+1,j} \tag{6-59}$$

其中，$\rho=\frac{\delta t}{\delta x}$。

值得注意的是，这个算法得到的数值解并不总是收敛到该方程理论解。

【例 6–5】 对一阶线性方程（6–56），假设有如下方程组。

$$f(x)=\begin{cases}0 & x<-1\\ x+1 & -1\leqslant x\leqslant 0\\ x & x>0\end{cases}$$

初始条件 $\phi_{i,0}=f(i\delta x)=1$，$\forall i\geqslant 0$，令 $j=1$，由式（6-58）可得：

$$\phi_{i,1}=\left(1+\frac{c}{\rho}\right)\phi_{i,0}-\frac{c}{\rho}\phi_{i+1,0},\ \ \forall i\geqslant 0$$

对任意时间（$j=2,3,\cdots$），容易证明，对任意小的离散步长，有 $\phi_{i,j}=1$，i、$j\geqslant 0$，并不收敛。

3．有限差分收敛性条件

在有限差分计算中，用到迭代关系 $w^{(n+1)}=Aw^{(n)}$。下面考虑计算舍入误差，记 w 是偏微分方程理论解。记舍入误差 $e^n=\overline{w}^{(n)}-w^{(n)}$，$n$ 为正整数。

$$Ae^n=A\overline{w}^n-w^n=\overline{w}^{n+1}-w^n=e^{n+1}$$

也即：

$$\mathrm{e}^{n+1}=Ae^n$$

通过递推得到：

$$e^{n+1}=A^ne^0$$

希望当 $n\to\infty$ 时，$e^{n+1}=A^ne^0\to 0$。

实际上，将上述问题转化为，当 $n\to\infty$ 时，$A^n\to 0$。

如果记矩阵 A 的谱半径为 $\rho(A)$，则 $\rho(A)=\max\limits_{k}\{\mu_k\}$。

其中，μ_k 为矩阵 A 的第 k 个特征值。

迭代收敛性可以根据下面的定理。

【定理 2】：$\rho(A)<1\Leftrightarrow A^nz\to 0$（对任意 z 成立）$\Leftrightarrow\lim\limits_{n\to\infty}\left\{(A^n)\right\}=0$。

对于三对角矩阵，其一般形式为：

$$A=\begin{Bmatrix}\alpha&\beta&0&0&0\\\gamma&\alpha&\beta&0&0\\0&\gamma&\alpha&\beta&0\\0&0&\gamma&\ldots&\beta\\0&0&0&\gamma&\alpha\end{Bmatrix}$$

可以证明该矩阵的 N 个特征根为：

$$\mu_k=\alpha+2\beta\sqrt{\frac{\gamma}{\beta}}\cos\frac{k\pi}{N+1}(k=1,2,\ \cdots,\ N)$$

对应的特征向量为：

$$v^k=\left(\sqrt{\frac{\gamma}{\beta}}\sin\frac{k\pi}{N+1},\left(\sqrt{\frac{\gamma}{\beta}}\right)^2\sin\frac{2k\pi}{N+1},\cdots,\left(\sqrt{\frac{\gamma}{\beta}}\right)^N\sin\frac{Nk\pi}{N+1}\right)$$

第7章

动态利率模型

7.1　瞬时利率与贴现债券价格

7.1.1　瞬时利率

我们考虑一个时间区间[0, T]，然后将该时间区间进行 N 等分，每个区间间隔均为 Δt，假设一种债券的当前时刻价格为 1，其在时刻 $n\Delta t$ 时的价格为 B_n，如果有 $B_{n+1}-B_n=rB_n$，r 为常数，可以证明当 $\Delta t\to 0$ 时，有 $B_n=(1+r)^n$。

如果时间是连续的，对于任意时刻 t，则有 $B_t=\mathrm{e}^{rt}$。下面将瞬时利率函数 $r(t)$写成微分形式为：

$$\frac{\mathrm{d}B_t}{B_t}=r(t)\mathrm{d}t \tag{7-1}$$

【例 7-1】 我们考虑风险资产 S_t 与无风险资产 B_t 的对冲组合，风险资产满足随机过程 $\mathrm{d}S_t=\mu_tS_t\mathrm{d}t+\sigma_tS_t\mathrm{d}W_t$，无风险资产 B_t 满足 $\mathrm{d}B_t=r_tB_t\mathrm{d}t$。组合中投资于风险资产的数量为 $\phi_t^{(s)}$，投资于无风险资产的数量为 $\phi_t^{(b)}$，则组合可以写成如下形式。

$$V_t=\phi_t^{(s)}S_t+\phi_t^{(b)}B_t$$

在自融资情况下有：

$$\begin{aligned}\mathrm{d}V_t&=\phi_t^{(s)}\mu_tS_t\mathrm{d}t+\phi_t^{(b)}\mathrm{d}B_t\\&=\phi_t^{(s)}\mu_tS_t\mathrm{d}t+\phi_t^{(s)}\sigma_tS_t\mathrm{d}W_t+\phi_t^{(b)}\mathrm{d}B_t\\&=V_t\left(\frac{\phi_t^{(s)}S_t}{V_t}\mu_t+\frac{\phi_t^{(b)}B_t}{V_t}r_t\right)\mathrm{d}t+\frac{\phi_t^{(s)}S_t}{V_t}\sigma_tV_t\mathrm{d}W_t\\&=V_t(\theta_t\mu_t+(1-\theta_t)r_t)\,\mathrm{d}t+\theta_t\sigma_tV_t\mathrm{d}W_t\\&=V_t(r_t+\theta_t(\mu_t-r_t))\mathrm{d}t+\theta_t\sigma_tV_t\mathrm{d}W_t\end{aligned}$$

其中，$\theta_t=\dfrac{\phi_t^{(s)}S_t}{V_t}$表示投资于风险资产的比重；$1-\theta_t$表示投资于无风险资产的比重。

7.1.2　利率曲线

进一步假设债券当前时刻价格为 $B_0=1$，求解微分方程（7-1），对于任意时刻 $t\,(0\leqslant t\leqslant T)$，其价格 $B(t)$为：

$$B(t)=\exp\left(\int_0^t r(s)\mathrm{d}s\right) \tag{7-2}$$

如果需要考虑时刻 t 为 1 美元时的债券，其在时刻 T 的价格 $B(t, T)$为：

$$B(t,T)=\exp\left(\int_t^T r(s)\mathrm{d}s\right) \tag{7-3}$$

反之，如果考虑时刻 T 支付金额为 1，其在时刻 t 的价格为 $P(t, T)$为：

$$P(t,T)=\exp\left(-\int_t^T r(s)\mathrm{d}s\right) \tag{7-4}$$

$P(t, T)$称为贴现债券的价格，有时也称 $P(t, T)$为贴现率期限结构。下面定义新函数 $Y(t, T)$为：

$$Y(t,T)=-\frac{\ln P(t,T)}{T-t} \tag{7-5}$$

$Y(t, T)$为时刻 t 至时刻 T 的到期收益率，特别地，$Y(0, t)$称为利率期限结构，进一步可以推导出瞬时利率 $r(t)$为：

$$r(t)=\lim_{\Delta t\to 0} Y(t,t+\Delta t)$$

定义利率远期函数 $f(t, T)$为：

$$f(t,T)=-\frac{\partial P(t,T)}{\partial T}$$

这样，在时刻 t 得到贴现率函数、利率期限结构函数和利率远期函数分别如下。

$$x\to P(t,t+x) \qquad x\to Y(t,t+x) \qquad x\to f(t,t+x)$$

2009 年 12 月 15 日，我国国债到期收益率曲线与即期利率曲线分别如图 7-1 与图 7-2 所示。

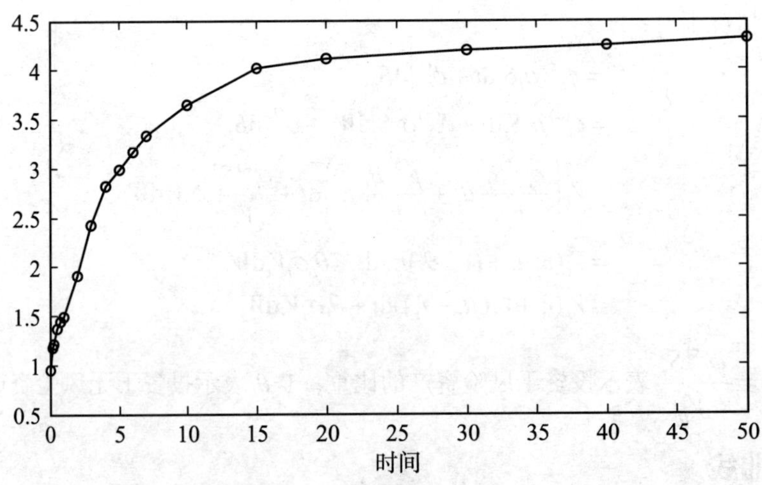

图 7-1　我国国债到期利率曲线（2009 年 12 月 15 日）

资料来源：中国债券信息网（http://www.chinabond.com.cn）。

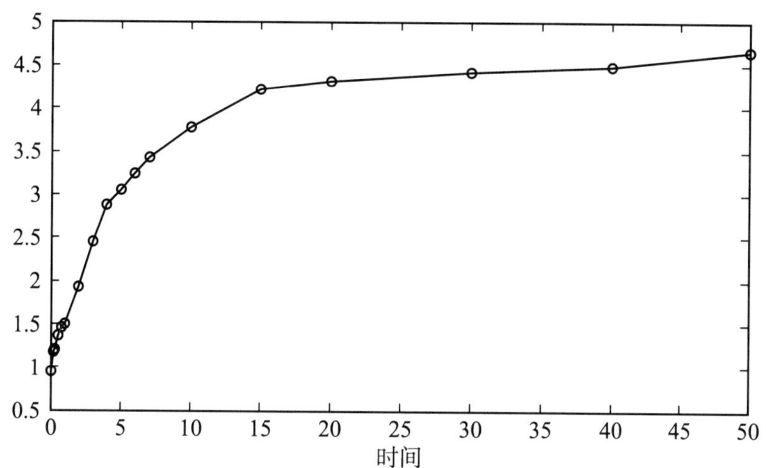

图 7-2　我国国债即期利率曲线（2009 年 12 月 15 日）

资料来源：中国债券信息网（http://www.chinabond.com.cn）。

7.2　Ho-Lee 利率模型

7.2.1　Ho–Lee 模型离散型形式

Ho-Lee 模型瞬时利率可以用如下随机微分方程表示。

$$\mathrm{d}r = \mu dt + \sigma \mathrm{d}W_t \tag{7-6}$$

将随机方程写成随机积分形式为：

$$r(t) = r_0 + \int_0^r \mu \mathrm{d}s + \int_0^t \sigma \mathrm{d}W_t \tag{7-7}$$

如果 μ 是常数，则有：

$$r(t) = r_0 + \mu t + \int_0^t \sigma \mathrm{d}W_t \tag{7-8}$$

利率二叉树是债券定价常用的工具，简单地讲，利率二叉树就是动态利率期限结构。如图 7-3 所示是一个利率二叉树结构图。

在利率二叉树中，利率分上涨与下跌两个方向变动，下标 u 表示利率是上升情况，下标 d 表示利率是下降情况。图 7-3 中每个节点都表示利率变化的一种可能，表示从前一个节点到当前节点之间的远期利率，N_{dd} 表示经历连续两次下跌。

更多利率二叉树的内容将在下一章进行具体的讲解。

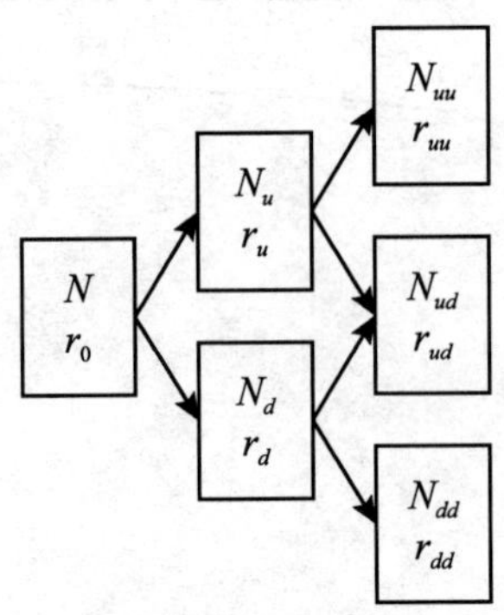

图 7-3　利率二叉树结构图

7.2.2　利率模型校准

在 Ho-Lee 模型中，利率变化遵循二项式结构，如图 7-4 所示。

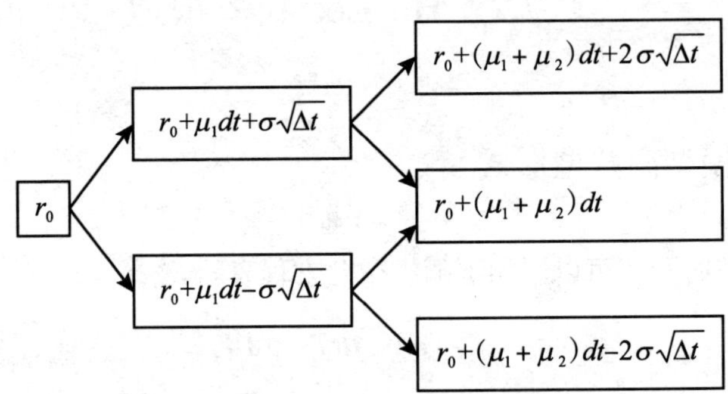

图 7-4　Ho-Lee 模型利率变化遵循二项式结构

接下来的问题是如何确定图 7-4 中 μ_1、μ_2 和 σ 的值，波动率 σ 可以通过历史数据估计，也可以采用校准方法确定隐含波动率。为了确保定价模型不存在套利机会，模型参数 μ_1、μ_2 和 σ 必须能使零息债券定价与市场价格相一致，下面用一个例子来说明校准步骤。

【例 7–2】 表 7–1 给出了在市场不同水平下息票利率及市场价格，试用表 7–1 中的数据建立 Ho–Lee 利率二叉树模型。

表 7-1　　息票利率及市场价格

期限	票面利率	市场价格
1 年	3.5%	100

续表

期限	票面利率	市场价格
2 年	4.2%	100
3 年	4.7%	100
4 年	5.2%	100

假设 $r_{1,d}$=4.75%两年期利率二叉树结构如图 7-5 所示。

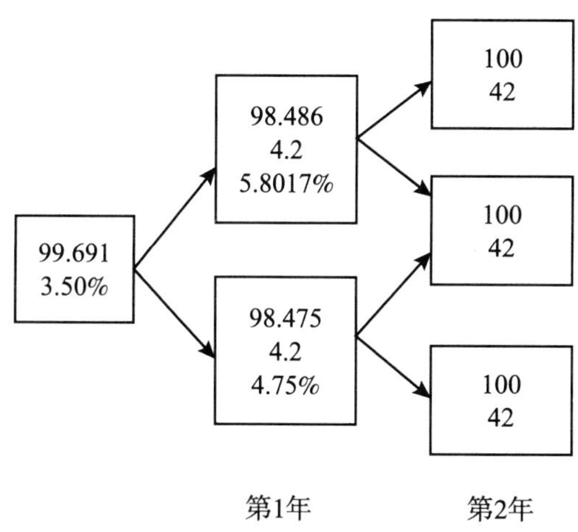

图 7-5　假设的两年期利率二叉树结构

第 1 年是一年期零息票，期利率为 3.5%，假设波动率为 10%，下面用试错法计算利率，其步骤如下。

（1）选择一年期利率水平 $r_{1,d}$，假设初始利率为 4.75%。

（2）计算 $r_{1,u}$ 的值。根据公式有：$r_{1,u}=r_{1,d}e^{2\sigma}=4.74\%e^{2\times0.1}=5.8017\%$。

（3）计算债券当前价格。两年期债券在第 2 年末还本付息，本金合计 104.2，节点 V_u 、V_d 价格分别为：

$$V_u=0.5\times\frac{104.2}{1.05817}+0.5\times\frac{104.2}{1.05817}=98.486$$

$$V_d=0.5\times\frac{104.2}{1.0475}+0.5\times\frac{104.2}{1.0475}=99.475$$

（4）校准。债券当前价格为：

$$V_0=0.5\times\frac{V_u+4.2}{1.035}+0.5\times\frac{V_d+4.2}{1.035}=99.691$$

根据 $r_{1,d}$=4.75%计算得到债券价格是 99.691，而市场价格是 100，这说明 $r_{1,d}$ 偏高，需要重新选择新的 $r_{1,d}$ ，重复上述步骤。最后发现当 $r_{1,d}$=4.4448%时，其与市场价格相符。图 7-5 是假设 $r_{1,d}$=4.75%时的利率二叉树，最终校准后的利率期限结构图如图 7-6 所示。

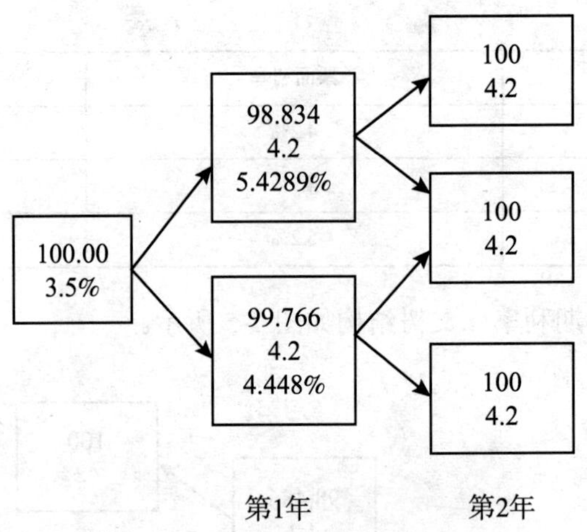

图 7-6 校准后的利率期限结构图

图 7-6 的 MATLAB 程序如下。

```
clear
% 文件名: InBinoStr.m
% 票息率及价格
%--------------------------------
%  期限      票息率      市场价
%    1       3.5%         100
%    2       4.2%         100
%    3       4.7%         100
%    4       5.2%         100
%-------------------------------
% 波动率 Sigma = 0.1
Sigma = 0.1
% 第一年票息、价格
CouponBond.coup(1)  = 3.5
CouponBond.price(1) = 100
% 第二年票息、价格
CouponBond.coup(2)  = 4.2
CouponBond.price(2) = 100
% 第三年票息、价格
CouponBond.coup(3)  = 4.7
CouponBond.price(3) = 100
% 第四年票息、价格
CouponBond.coup(4)  = 5.2
CouponBond.price(4) = 100
```

```
% 计算第一个节点处的利率 r(1,1)、r(1,2)
% 初始值 r(1,2) = 4.75
r(1,1)=1.035
%%%%
ru=1.0475
rd=1.00
%%%%%
r(2,2)=ru
Epslon=0.0001
Vo=99
t=1
while abs(Vo-CouponBond.price(1))>=Epslon
    t=t+1;
    r(1,2)=(r(2,2)-1)*100*exp(2*Sigma);
    r(1,2)=1+r(1,2)/100;
    % 分别计算上升、下跌时的价格
  Vu=0.5*(100+CouponBond.coup(2))/r(1,2)+0.5*…
   (100+CouponBond.coup(2))/r(1,2);
    Vd=0.5*(100+CouponBond.coup(2))/r(2,2)+0.5*…
 (100+CouponBond.coup(2))/r(2,2);
    % 计算贴现到当前的价格
Vo=0.5*(Vu+CouponBond.coup(2))/1.035+0.5*(Vd+CouponBond.coup(2))/1.035;
    % 重新设定下一个节点的利率
    if Vo>100
        rd=r(2,2)
    else
        ru=r(2,2)
    end
    r(2,2)=(ru+rd)/2;
end
```

运行结果如下。

```
    >> r
r =
    1.0350    1.0543
         0    1.0444
```

将二叉树延伸至三年期，利率树模型图如图 7-7 所示。图 7-7 中的“？”是所要计算的内容。

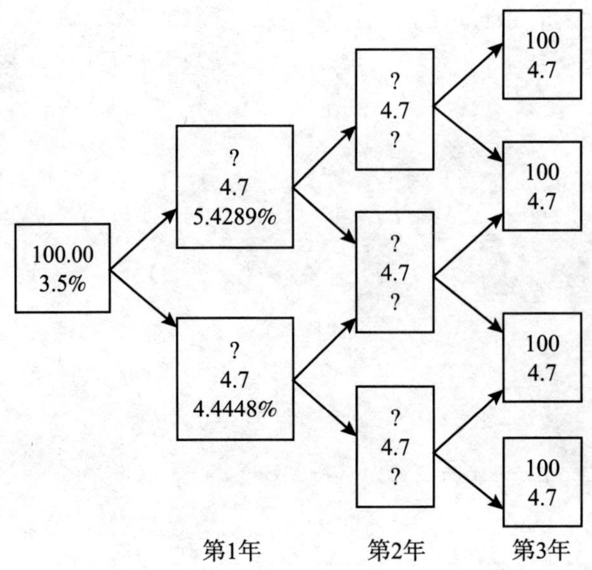

图 7-7 利率树模型图

首先假设 r_{dd}=0.0475，用试错法重复前面步骤，直到节点处的利率与市场价格正好相符，最终得到三年期动态利率期限结构如图 7-8 所示。

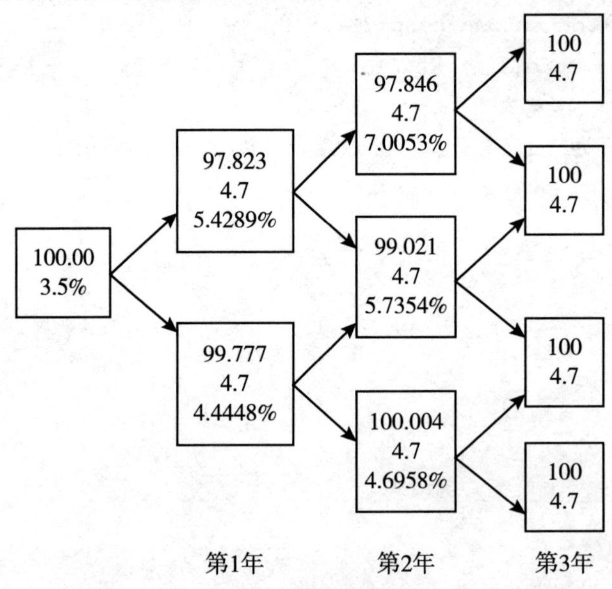

图 7-8 利率期限结构

在 MATLAB 中，编写计算动态利率期限结构的程序如下。

```
clear
% 文件名：InBinoStr2.m
% 票息率及价格
%--------------------------------
```

```
% 期限      票息率      市场价
%   1       3.5%        100
%   2       4.2%        100
%   3       4.7%        100
%   4       5.2%        100
%-------------------------------
% 波动率 Sigma = 0.1
Sigma = 0.1
% 第一年票息、价格
CouponBond.coup(1)  = 3.5
CouponBond.price(1) = 100
% 第二年票息、价格
CouponBond.coup(2)  = 4.2
CouponBond.price(2) = 100
% 第三年票息、价格
CouponBond.coup(3)  = 4.7
CouponBond.price(3) = 100
% 第四年票息、价格
CouponBond.coup(4)  = 5.2
CouponBond.price(4) = 100
% 计算第一年节点处利率 r(1,1)、r(1,2)
% 初始值
r(1,1)=1.035
ru=1.1
rd=1.0
r(2,2)=ru
Epslon=0.00001
V1=99
while abs(V1-CouponBond.price(2))>=Epslon
   r(1,2)=(r(2,2)-1)*100*exp(2*Sigma);
   r(1,2)=1+r(1,2)/100;
   % 分别计算上升、下跌时价格
   Vu=0.5*(100+CouponBond.coup(2))/r(1,2)+0.5*…
(100+CouponBond.coup(2))/r(1,2);
   Vd=0.5*(100+CouponBond.coup(2))/r(2,2)+0.5*…
(100+CouponBond.coup(2))/r(2,2);
   % 计算贴现到当前的价格
   V1=0.5*(Vu+CouponBond.coup(2))/1.035+0.5*…
(Vd+CouponBond.coup(2))/1.035;
```

```
    % 重新设定下一个节点利率
    if V1>100
        rd=r(2,2)
    else
        ru=r(2,2)
    end
    r(2,2)=(ru+rd)/2;
end
% 计算第二年节点处利率 r(1,3)、r(2,3)、r(3,3)
% 设定初值
r(3,3)=1.05
V2=99
ru=1.1
rd=1.0
while abs(V2-CouponBond.price(3))>=Epslon
    t=t+1;
    r(2,3)=1+(r(3,3)-1)*exp(2*Sigma)
    r(1,3)=1+(r(3,3)-1)*exp(4*Sigma)
    % 分别计算上升、下跌时价格
    Vuu=0.5*(100+CouponBond.coup(3))/r(1,3)+0.5*…
(100+CouponBond.coup(3))/r(1,3)
    Vud=0.5*(100+CouponBond.coup(3))/r(2,3)+0.5*…
(100+CouponBond.coup(3))/r(2,3)
    Vdd=0.5*(100+CouponBond.coup(3))/r(3,3)+0.5*…
(100+CouponBond.coup(3))/r(3,3)
    % 分别计算上升、下跌时价格
    Vu=0.5*(Vuu+CouponBond.coup(3))/r(1,2)+0.5*…
(Vud+CouponBond.coup(3))/r(1,2)
    Vd=0.5*(Vud+CouponBond.coup(3))/r(2,2)+0.5*…
(100+CouponBond.coup(3))/r(2,2)
    % 计算贴现到当前价格
    V2=0.5*(Vu+CouponBond.coup(3))/r(1,1)+0.5*…
(Vd+CouponBond.coup(3))/r(1,1);
    % 重新设定下一个节点利率
    if V2>100
        rd=r(3,3)
    else
        ru=r(3,3)
    end
```

```
    r(3,3)=(ru+rd)/2;
end
r
```

运行结果如下。

```
r =
  1.0350    1.0543         0
       0    1.0444         0
       0         0    1.0500
```

7.2.3　根据利率期限结构校准

1．根据息票计算利率期限结构

表 7-1 给出了市场不同水平下息票率及价格，下面用表 7-1 中的数据建立利率期限结构，并用步步为营法计算出利率期限结构，记：

$$A=\begin{pmatrix}103.5 & 0 & 0 & 0\\ 4.2 & 104.2 & 0 & 0\\ 4.7 & 4.7 & 104.7 & 0\\ 5.2 & 5.2 & 5.2 & 105.2\end{pmatrix}$$

收益率计算如下：

$$\begin{pmatrix}d_1\\ d_2^2\\ d_3^3\\ d_4^4\end{pmatrix}=\mathrm{inv}(A)*\begin{pmatrix}100\\100\\100\\100\\100\end{pmatrix}\begin{pmatrix}d_1\\ d_2^2\\ d_3^3\\ d_4^4\end{pmatrix}=\begin{pmatrix}\frac{1}{r_1}\\ \frac{1}{r_2^2}\\ \frac{1}{r_3^3}\\ \frac{1}{r_4^4}\end{pmatrix}$$ 其中，$d=(d_1,d_2,d_3,d_4)^T$ 为贴现率，

$r=(r_1,r_2,r_3,r_4)^T$ 为利率期限结构。

计算利率期限结构的 MATLAB 程序如下。

```
>> A=[103.5 0 0 0;4.2 104.2,0 0;4.7 4.7 104.7 0; 5.2 5.2 5.2 105.2]
A =
  103.5000         0         0         0
    4.2000  104.2000         0         0
    4.7000    4.7000  104.7000         0
```

```
   5.2000    5.2000    5.2000  105.2000
>> D=inv(A)*[100;100;100;100]
D =
   0.9662
   0.9207
   0.8704
   0.8143
>>R=1./D
R =
   1.0350
   1.0861
   1.1489
   1.2281
>> R.^[1;1/2;1/3;1/4]
ans =
   1.0350
   1.0421
   1.0474
   1.0527
```

计算结果如表 7-2 所示。

表 7-2　　　　　　　　　　　　利率期限结构

期限	票面利率（%）	即期利率（%）
1 年	3.5	3.5
2 年	4.2	4.2147
3 年	4.7	4.7345
4 年	5.2	5.2707

2．根据利率期限结构计算动态利率树

对于表 7-2 中的 4 种息票，可以计算出利率期限结构如下。

第 1 年：3.5000%。

第 2 年：4.2147%。

第 3 年：4.7345%。

第 4 年：5.2707%。

期限结构对 4 年期票息率为 6.5%的票息贴现为：

$$\frac{6.5}{1.035}+\frac{6.5}{1.042147^2}+\frac{6.5}{1.047345^3}+\frac{100+6.5}{1.052707^4}=104.6429$$

这个结果和用利率二叉树计算的结果相同。

在 MATLAB 中，输入如下程序。

```
% 文件名：DynamicTreebyTerm.m
% 利用利率期限结构构建动态利率二叉树
clc;clear;
% 计算息票额
CF=[103.5 0 0 0;4.2 104.2,0 0;4.7 4.7 104.7 0; 5.2 5.2 5.2 105.2]
D=inv(CF)*[100;100;100;100]
R=1./D
R= R.^[1;1/2;1/3;1/4]
% 第 1 年的期限结构为 3.5%  r(1,1)=3.5%
% 利率期限结构如下
%---------------------------------
%   期限        利率
%    1       1.035000
%    2       1.042147
%    3       1.047345
%    4       1.052707
%--------------------------------
% 波动率 Sigma = 0.1
Sigma = 0.1
% 第 1 年票息、价格
CouponBond.Price(1)=100*R(1)
% 第 2 年票息、价格
CouponBond.Price(2)=100*R(2)^2
% 第 3 年票息、价格
CouponBond.Price(3)=100*R(3)^3
% 第 4 年票息、价格
CouponBond.Price(4)=100*R(4)^4
r(1,1)=R(1)
% 计算第 1 年节点处的利率 r(1,1)、r(1,2)
% 初始值
ru=1.1
rd=1.0
r(2,2)=ru
Epslon=0.00001
V1=99
while abs(V1-100)>=Epslon
    r(1,2)=(r(2,2)-1)*100*exp(2*Sigma);
    r(1,2)=1+r(1,2)/100;
```

```
    % 分别计算上升、下跌时的价格
    Vu=0.5*CouponBond.Price(2)/r(1,2)+0.5*CouponBond.Price(2)/r(1,2);
    Vd=0.5*CouponBond.Price(2)/r(2,2)+0.5*CouponBond.Price(2)/r(2,2);
    % 计算贴现到当前的价格
    V1=0.5*Vu/1.035+0.5*Vd/r(1,1);
    % 重新设定下一个节点的利率
    if V1>100
       rd=r(2,2)
    else
       ru=r(2,2)
    end
    r(2,2)=(ru+rd)/2;
end
% 计算第 2 年节点处的利率 r(1,3)、r(2,3)、r(3,3)
% 设定初值
r(3,3)=1.05
V2=99
ru=1.1
rd=1.0
t=0
while abs(V2-100)>=Epslon
    t=t+1;
    r(2,3)=1+(r(3,3)-1)*exp(2*Sigma)
    r(1,3)=1+(r(3,3)-1)*exp(4*Sigma)
    % 分别计算上升、下跌时的价格
    Vuu=0.5*CouponBond.Price(3)/r(1,3)+0.5*CouponBond.Price(3)/r(1,3)
    Vud=0.5*CouponBond.Price(3)/r(2,3)+0.5*CouponBond.Price(3)/r(2,3)
    Vdd=0.5*CouponBond.Price(3)/r(3,3)+0.5*CouponBond.Price(3)/r(3,3)
    % 分别计算上升、下跌时的价格
    Vu=0.5*Vuu/r(1,2)+0.5*Vud/r(1,2)
    Vd=0.5*Vud/r(2,2)+0.5*Vdd/r(2,2)
    % 计算贴现到当前的价格
    V2=0.5*Vu/r(1,1)+0.5*Vd/r(1,1);
    % 重新设定下一个节点的利率
    if V2>100
       rd=r(3,3)
    else
       ru=r(3,3)
    end
```

```
    r(3,3)=(ru+rd)/2;
end
% 计算第 3 年各节点的利率 r(1,4)、r(2,4)、r(3,4)、r(4,4)
% 设定初值
r(4,4)=1.05
V2=99
ru=1.1
rd=1.0
t=0
while abs(V2-100)>=Epslon
    t=t+1;
    r(3,4)=1+(r(4,4)-1)*exp(2*Sigma)
    r(2,4)=1+(r(4,4)-1)*exp(4*Sigma)
    r(1,4)=1+(r(4,4)-1)*exp(6*Sigma)
    % 分别计算第 3 年各节点价格
    Vuuu=0.5*CouponBond.Price(4)/r(1,4)+0.5*CouponBond.Price(4)/r(1,4)
    Vuud=0.5*CouponBond.Price(4)/r(2,4)+0.5*CouponBond.Price(4)/r(2,4)
    Vudd=0.5*CouponBond.Price(4)/r(3,4)+0.5*CouponBond.Price(4)/r(3,4)
    Vddd=0.5*CouponBond.Price(4)/r(4,4)+0.5*CouponBond.Price(4)/r(4,4)
    % 分别计算第 2 年各节点价格
    Vuu=0.5*Vuuu/r(1,3)+0.5*Vuud/r(1,3)
    Vud=0.5*Vuud/r(2,3)+0.5*Vudd/r(2,3)
    Vdd=0.5*Vudd/r(3,3)+0.5*Vddd/r(3,3)
    % 分别计算第 1 年上升、下跌时的价格
    Vu=0.5*Vuu/r(1,2)+0.5*Vud/r(1,2)
    Vd=0.5*Vud/r(2,2)+0.5*Vdd/r(2,2)
    % 计算贴现到当前的价格
    V2=0.5*Vu/r(1,1)+0.5*Vd/r(1,1);
    % 重新设定下一个节点的利率
    if V2>100
        rd=r(4,4)
    else
        ru=r(4,4)
    end
    r(4,4)=(ru+rd)/2;
end
r
```

运行结果如下。

```
r =
```

```
   1.0350    1.0543    1.0701    1.0920
        0    1.0444    1.0574    1.0753
        0         0    1.0470    1.0617
        0         0         0    1.0505
```

动态利率二叉树对两年期收益率为 1.042147 的零息票定价如图 7-9 所示。

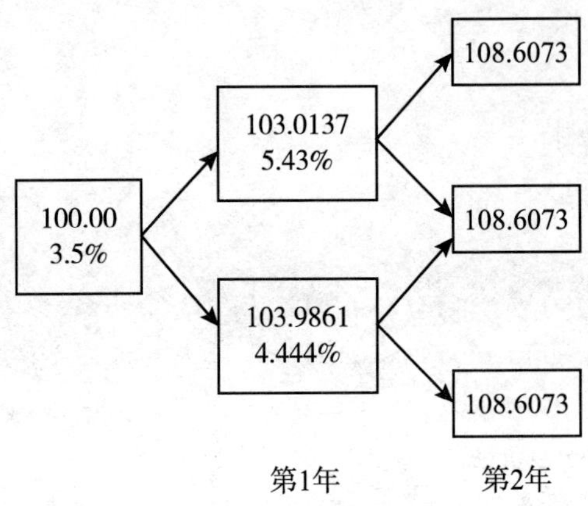

图 7-9　动态利率二叉树对两年期零息票定价

7.3　基本利率过程

7.3.1　O-U 过程

O-U（Ornstein-Uhlenbeck）过程一般形式为：

$$\mathrm{d}x_t = k[\theta - x_t]\mathrm{d}t + \sigma \mathrm{d}W_t$$

O-U 过程是均值回归的，当 $x_t < \theta$ 时，趋势项为正；当 $x_t > \theta$ 时，趋势项为负。随着时间推移，$\sigma \mathrm{d}W_t$ 项使得波动项方差越来越大，越来越偏离 θ，参数 k 控制向均值回归速度。通常称为均值回归调整参数。

写成离散的形式为：

$$x_{t_i} = x_{t_{i-1}} + k(\theta - x_{t_{i-1}})\left(t_i - t_{i-1}\right) + \sigma\sqrt{\left(t_i - t_{i-1}\right)}Z$$

当 $x_0=0.08$、$\theta=0.08$、$k=\ln 2$、$\sigma=0.03$、$\Delta t=t_{i+1}-t_i=0.1$ 时，$Z \sim N(0,1)$，模拟的形式为：

$$x_{t_i} = x_{t_{i-1}} + \ln 2(0.08 - x_{t_{i-1}})(0.1) + 0.03\sqrt{0.1}Z$$

模拟一条 O-U 轨迹的 MATLAB 程序如下。

```
% 文件名 SimOU.m
r(1)=0.08
Theta=0.08
```

```
Kappa=log(2)
Sigma=0.03
Beta=1
DeltaT=0.1
randn('seed',0)
for i=2:100
  r(i)=r(i-1)+ Kappa*(Theta-r(i-1))*DeltaT+Sigma*normrnd(0,1)
end
% 绘制 OU 过程模拟图
plot(0:0.1:9.9,r)
title('OU 过程模拟图')
xlabel('时间')
ylabel('利率')
```

运行在图形窗口得到如图 7-10 所示的 O-U 过程模拟图。

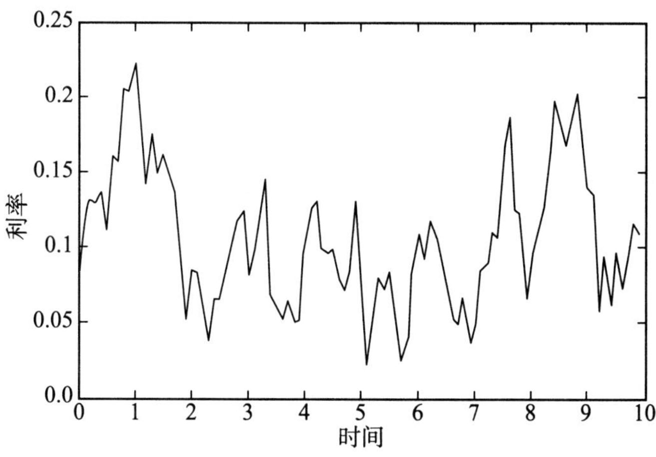

图 7-10　O-U 过程模拟图

7.3.2　平方根过程

平方根过程的形式为：

$$\mathrm{d}x_t = k(\theta - x_t)\mathrm{d}t + \sigma\sqrt{x_t}\,\mathrm{d}t$$

其中，θ、k、σ 为常数，假设初始值 $x_0>0$，与 O-U 过程不同，平方根方差与 $\sqrt{x_t}$ 相关，也具有均值回归的特征。

一旦 x_t 为 0，那么趋势项为正，波动项为 0。股价重新变为正值，可以证明当 $k\theta \geq \sigma^2$ 时，$x_t>0$。

既然平方根过程不可能为负，那么价格波动过程就不是正态分布。

【例 7-3】 在平方根过程中，x_0=0.04、θ=0.08、k=ln2、σ=0.03，试模拟出平方根过程。将平方根过程写成离散形式，即：

$$x_{t_i}=x_{t_{i-1}}+k[\theta-x_{t_{i-1}}](t_i-t_{i-1})+\sigma\sqrt{x_{t_{i-1}}}_i\sqrt{t_i-t_{i-1}}Z_i$$

在 MATLAB 中，输入如下程序。

```
% 文件名 SimSqOU.m
clear
randn('seed',1)
x0=0.04
DeltaT=0.01
Theta=0.08
Kappa=log(2)
Sigma=0.03
t=1
x(1)=0.04
for i=2:100

x(i)=x(i-1)+Kappa*(Theta-x(i-1))*DeltaT+Sigma*sqrt(x(i-1))*normrnd(0,1)*sqrt(
DeltaT)
end
plot(x)
```

运行得到如图 7-11 所示的平方根过程价格图。

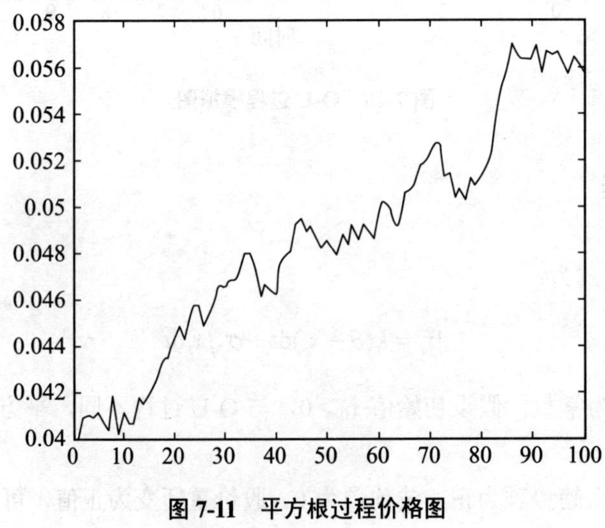

图 7-11　平方根过程价格图

7.4　Hull-White 模型三叉树结构

Hull-White 模型是 Vasicek 模型的拓展形式，它可以更好地拟合利率期限结构。对于 Hull-White 模型，其瞬时利率随机微分方程形式为：

$$\mathrm{d}r=[\theta(t)-ar]\mathrm{d}t+\sigma\mathrm{d}t$$

Hull-White 提出的三叉树有 3 种分支变化，如图 7-12 所示。

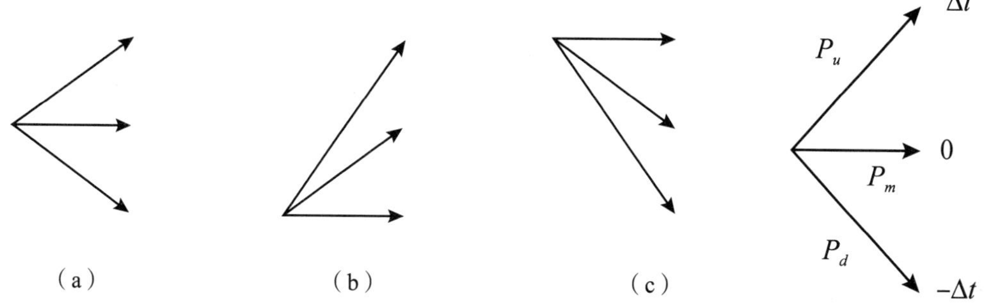

图 7-12　三叉树中的 3 种分支变化

图 7-13　利率树

图 7-12 中三叉树的 3 种形式如下。

- （a）上升一个单位、持平、下降一个单位。
- （b）上升两个单位、上升一个单位、持平。
- （c）持平、下降一个单位、下降两个单位。

注意，每个节点都可以灵活地选择三叉树形式，但要使得每个节点处概率都为正数，我们可以分两步法构造 Hull-White 模型三叉树形式。

第 1 步：构造不带均值回归模型利率树，其形式如下。

$$\mathrm{d}r^*=-ar^*\mathrm{d}t+\sigma\mathrm{d}W_t \tag{7-9}$$

假设利率树的时间间隔为 Δt，为计算方便，假设利率间隔为 $\Delta r=\sigma\sqrt{3\Delta t}$ 。对于式（7-9）而言，可以参照如图 7-12 的方式，构建利率树，如图 7-13 所示。

如果节点如图 7-12 中（a）的利率上升、不变、下降的概率分别为 P_u、P_m、P_d，其均值为：

$$P_u\Delta r+P_m 0+P_d(-\Delta r)=-a(j\Delta r)\Delta t \tag{7-10}$$

根据随机变量关系式 $E(X^2)=D(X)+(EX)^2$，有：

$$P_u\Delta r^2+P_m(0)^2+P_d\Delta r^2=\sigma^2\Delta t+(-a(j\Delta r)\Delta t)^2 \tag{7-11}$$

上升、不变、下降的概率之和为 1，即：

$$P_u+P_m+P_d=1 \tag{7-12}$$

利用 $\Delta r=\sigma\sqrt{3\Delta t}$ ，式（7-10）、式（7-11）和式（7-12）3 个方程的解分别为：

$$P_u = \frac{1}{6} + \frac{a^2 j^2 \Delta t^2 - aj\Delta t}{2}$$

$$P_m = \frac{2}{3} - a^2 j^2 \Delta t^2$$

$$P_d = \frac{1}{6} + \frac{a^2 j^2 \Delta t^2 + aj\Delta t}{2}$$

【例 7–4】 将式（7–10）、式（7–11）和式（7–12）写成矩阵形式，并用 MATLAB 编制程序求解。

$$\begin{pmatrix} 1 & 0 & -1 \\ 1 & 0 & 1 \\ 1 & 1 & 1 \end{pmatrix} \begin{pmatrix} P_u \\ P_m \\ P_d \end{pmatrix} = \begin{pmatrix} -aj\Delta t \\ \frac{1}{3} + a^2 j^2 \Delta t^2 \\ 1 \end{pmatrix}$$

```
%文件名 CalcuProbA.m
syms DeltaT DeltaR a j Sigma
A=[1,0,-1;1,0,1;1,1,1]
b=[-a*j*DeltaT;1/3+a^2*j^2*DeltaT^2;1]
ProbA=inv(A)*b
```

运行结果如下。

```
ProbA =
  -1/2*a*j*DeltaT+1/6+1/2*a^2*j^2*DeltaT^2
                      2/3-a^2*j^2*DeltaT^2
   1/2*a*j*DeltaT+1/6+1/2*a^2*j^2*DeltaT^2
```

类似地，对于图 7-12（b）中的分支用量的形式表现为如图 7-14 所示。

$$P_u(2\Delta r) + P_m \Delta r + P_d 0 = -a(j\Delta r)\Delta t \tag{7-13}$$

$$P_u(2\Delta r)^2 + P_m(\Delta r)^2 + P_d(0)^2 = \sigma^2 \Delta t + (a(j\Delta r)\Delta t)^2 \tag{7-14}$$

$$P_u + P_m + P_d = 1 \tag{7-15}$$

利用 $\Delta r = \sigma\sqrt{3\Delta t}$ ，得到式（7-13）、式（7-14）和式（7-15）3 个方程的解分别为：

$$P_u = \frac{1}{6} + \frac{a^2 j^2 \Delta t^2 + aj\Delta t}{2}$$

$$P_m = -\frac{1}{3} - a^2 j^2 \Delta t^2 - 2aj\Delta t$$

$$P_d = \frac{7}{6} + \frac{a^2 j^2 \Delta t^2 + 3aj\Delta t}{2}$$

同理，对于图（7-12）（c）形式有：

$$P_u = \frac{7}{6} + \frac{a^2 j^2 \Delta t^2 - 3aj\Delta t}{2}$$

$$P_m = -\frac{1}{3} - a^2 j^2 \Delta t^2 + 2aj\Delta t$$

$$P_d = \frac{1}{6} + \frac{a^2 j^2 \Delta t^2 - aj\Delta t}{2}$$

为了详细说明具体步骤，假设 Vasicek 模型中 $\sigma = 0.01$、$a = 0.1$、$\Delta t = 1$，我们取 $\Delta r = \sigma\sqrt{3\Delta t} = 0.01\sqrt{3} = 0.0173$，根据经验一般设 $j_{\max}$=[0.184/($a\Delta t$)]，同时设定 $j_{\min}$=$-j_{\max}$，这样就可以保证每一步概率为正。如图 7-15 所示是利率树的形状。

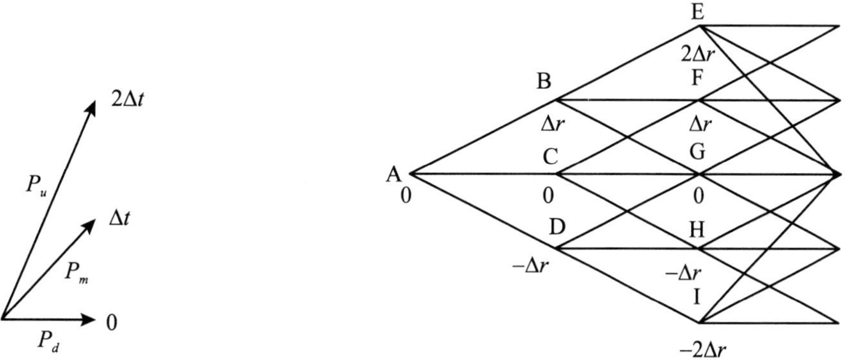

图 7-14　图 7-11（b）中的分支

图 7-15　利率树的形状

如表 7-3 所示是图 7-15 利率树中各节点的值。注意，在节点 E ($2\Delta r$) 处采用了图 7-12（c）的利率树；在节点 I($-2\Delta r$)处采用了图 7-12（b）的利率树。

表 7-3　利率树各节点值

节点	A	B	C	D	E	F	G	H	I
r^*	0.00	0.0173	0.00	−0.173	0.0346	0.0173	0.00	−0.0173	−0.0346
P_u	0.167	0.122	0.167	0.222	0.887	0.122	0.167	0.222	0.087
P_m	0.666	0.656	0.666	0.656	0.026	0.656	0.666	0.656	0.026
P_d	0.167	0.222	0.167	0.122	0.087	0.222	0.167	0.122	0.887

【例 7–5】 试编写 MATLAB 程序，计算图 7–15 利率树中节点 A、B 的数值。

```
clear;clc;
% 文件名：HWTree1.m
% 建立 Hull-White 二叉树
% 各方向上的概率及利率水平
ProbAu=inline('1/6+(a^2*j^2*DeltaT^2-a*j*DeltaT)/2','j','a','DeltaT');
ProbAm=inline('2/3-a^2*j^2*DeltaT^2','j','a','DeltaT');
ProbAd=inline('1/6+(a^2*j^2*DeltaT^2+a*j*DeltaT)/2','j','a','DeltaT');
```

```
DeltaR=inline('Sigma*sqrt(3*DeltaT)','Sigma','DeltaT');
% 参数
Sigma=0.01
a=0.1
DeltaT=1
% 节点 A 处的利率及概率
j=0;
A.Inter=j*DeltaR(Sigma,DeltaT);
A.ProbU=ProbAu(j,a,DeltaT);
A.Probm=ProbAm(j,a,DeltaT);
A.Probd=ProbAd(j,a,DeltaT)
% 节点 B 处的利率及概率
j=1;
B.Inter=j*DeltaR(Sigma,DeltaT);
B.ProbU=ProbAu(j,a,DeltaT);
B.Probm=ProbAm(j,a,DeltaT);
B.Probd=ProbAd(j,a,DeltaT)
```

运行结果如下。

```
A =
    Inter: 0
    ProbU: 0.1667
    Probm: 0.6667
    Probd: 0.1667
B =
    Inter: 0.0173
    ProbU: 0.1217
    Probm: 0.6567
    Probd: 0.2217
```

第 2 步：下面将 r^* 二叉树转移到 r 二叉树。

定义 $\alpha(t)=r(t)-r^*(t)$，比较 $\mathrm{d}r=[\theta(t)-ar]\mathrm{d}t+\sigma\mathrm{d}t$ 和 $\mathrm{d}r^*=-ar^*\mathrm{d}t+\sigma\mathrm{d}t$，则有：

$$\mathrm{d}\alpha=[\theta(t)-a\alpha(t)]\mathrm{d}t$$

解得：

$$\alpha(t)=\mathrm{e}^{-at}\left[r(0)+\int_0^t \mathrm{e}^{as}\theta(s)\mathrm{d}s\right] \tag{7-16}$$

式（7-16）给出了 r^* 与 r 之间的变换关系，其原理是在图 7-15 的 r 树图上加上 $\alpha(i\Delta t)$，这样对连续型是准确的，对离散型存在误差。

可以使用迭代法让 α 与期限结构完全匹配。定义 α_i 为 r 树图中 $i\Delta t$ 时刻的值减去 r^* 树图中相应值。记 $Q_{i,j}$ 为证券在 i 时刻 j 价位现值，通过使得期限结构精确匹配的方法计算出 α_i 与 $Q_{i,j}$ 的值。如表 7-4 所示是零息券利率期限结构。

表 7-4　　零息券利率期限结构（计算公式：$0.08\text{-}0.05e^{-0.18t}$）

持续期	收益率（%）
0.5	3.430
1.0	3.824
1.5	4.183
2.0	4.512
2.5	4.812
3.0	5.086

假设当前时刻 $Q_{0,0}$ 值为 1。现在选择 α_0 值，以便得到在 Δt 时刻到期零息票精确价格，即设定 α_0 等于初始 Δt 期利率，$\Delta t=1$，$\alpha_0=0.0382$。首先定义 r 利率二叉树图初始点位置，然后分别计算 $Q_{1,1}$、$Q_{1,0}$、$Q_{1,-1}$ 的值。

$$Q_{1,1}=0.1667e^{-0.0382}=0.1604 \quad Q_{1,0}=0.6666e^{-0.0382}=0.6717 \quad Q_{1,-1}=0.1667e^{-0.0382}=0.1604$$

$Q_{1,1}$、$Q_{1,0}$、$Q_{1,-1}$ 的值确定后，下一步就是确定出 α_1 的值，我们的目标是选择合适的 α_1 值，使得与 $2\Delta t$ 时刻到期的零息票价格匹配。由于 $\Delta r=0.0173$，$\Delta t=1$，在节点 B 处债券价格为 $e^{-(\alpha_1+0.0173)}$；在节点 C 处债券价格为 $e^{-\alpha_1}$；在节点 D 处债券价格为 $e^{-(\alpha_1-0.0173)}$；利用二叉树倒推定价法，算出节点 A 处价格为：

$$Q_{1,1}e^{-(\alpha_1+0.0173)}+Q_{1,0}e^{-\alpha_1}+Q_{1,-1}e^{-(\alpha_1-0.0173)}$$

参照零息票期限结构表 7-4，该债券价格为 $e^{-0.04512\times 2}=0.9137$，带入上面方程，即：

$$Q_{1,1}e^{-(\alpha_1+0.0173)}+Q_{1,0}e^{-\alpha_1}+Q_{1,-1}e^{-(\alpha_1-0.0173)}=0.9137$$

解得：

$$\alpha_1=\ln\left[\frac{0.1604e^{-0.0173}+0.6417+0.1604e^{0.0173}}{0.9137}\right]=0.0520$$

根据 $r=\alpha+r^*$，计算第 1 年各节点的校准后利率，具体如表 7-5 所示。

表 7-5　　第 1 年利率三叉树表

节点	A	B	C	D
r^*	0.0382	0.0693（0.0173+0.052）	0.052（0+0.052）	0.034（−0.0173+0.052）
P_u	0.167	0.122	0.167	0.222
P_m	0.666	0.656	0.666	0.656
P_d	0.167	0.222	0.167	0.122

下一步分别计算 $Q_{2,2}$、$Q_{2,1}$、$Q_{2,-1}$、$Q_{2,-2}$ 处的值，以 $Q_{2,1}$ 为例，这代表某个证券价格，如果到达节点 F，该证券收益为 1，其他节点为 0，只有通过节点 B 与 C 才可以到达节点 F。这两个节点利率分别为 6.93%和 5.20%。利率二叉树中的 B-F 分支与 C-F 分支所对应的概率

分别为 0.656 和 0.167。因此，在节点 F 支付为 1 美元，某个债券在节点 B 价值为 $0.656\,e^{-0.0693}$，在节点 C 价值为 $0.167\,e^{-0.0520}$，变量 $Q_{2,1}$ 为：

$$Q_{2,1}=0.656e^{-0.0693}\times 0.1604+0.167e^{-0.0520}\times 0.6417=0.1997$$

同样地，有：

$$Q_{2,2}=0.0183\quad Q_{2,0}=0.4737\quad Q_{2,-1}=0.2032\quad Q_{2,-2}=0.0189$$

这样可以对图 7-15 和表 7-3 进行转换，得到如图 7-16 所示的关于 r 的利率三叉树和如表 7-6 所示的利率三叉树。

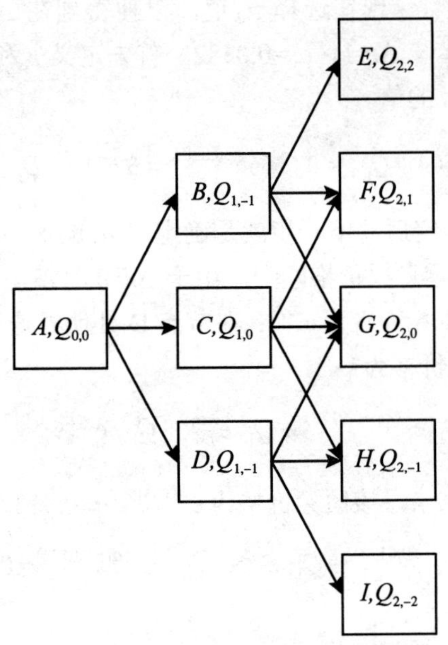

图 7-16　关于 *r* 的利率三叉树

表 7-6　　**利率三叉树表**

节点	A	B	C	D	E	F	G	H	I
r^*	0.0382	0.0693	0.052	0.0347	0.0971	0.0798	0.0625	0.0452	0.0279
P_u	0.167	0.122	0.167	0.222	0.887	0.122	0.167	0.222	0.087
P_m	0.666	0.656	0.666	0.656	0.026	0.656	0.666	0.656	0.026
P_d	0.167	0.222	0.167	0.122	0.087	0.222	0.167	0.122	0.887

参照零息票期限结构表 7-3，该债券价格为 $e^{-0.05086\times 3}=0.8585$，带入上面方程，即：

$$Q_{2,2}e^{-(\alpha_2+0.0346)}+Q_{2,1}e^{-(\alpha_2+0.0173)}+Q_{2,0}e^{-\alpha_2}+Q_{2,-1}e^{-(\alpha_2-0.0173)}+Q_{2,-2}e^{-(\alpha_2-0.0346)}=0.8585$$

解得：

$$\alpha_2=\ln\left[\frac{0.0183e^{-0.0346}+0.1997e^{-0.0173}+0.4737+0.2032e^{0.0173}+0.0187e^{0.0346}}{0.8585}\right]=0.0623$$

注意：表 7-6 是第 2 年图 7-16 中各节点的利率值。

下面考虑一般情况，假设已经知道 $Q_{i,j}$ 的值，其中 $i \leqslant m$。下面计算出 α_m 的值，使得与在 $(m+1)\Delta t$ 时刻到期贴现债券匹配。在节点 (m, j) 处的利率是 $\alpha_m + j\Delta r$，所以在 $(m+1)\Delta t$ 时刻到期贴现债券价格为：

$$P_{m+1} = \sum_{j=-n_m}^{n_m} Q_{m,j} \exp(-(\alpha_m + j\Delta r)\Delta t)$$

其中，n_m 为 $m\Delta t$ 时刻处的节点数，这个方程的解为：

$$\alpha_m = \frac{\ln \sum_{j=-n_m}^{j=n_m} Q_{m,j} \mathrm{e}^{-j\Delta r \Delta t} - \ln P_{m+1}}{\Delta t}$$

一旦确定了 α_m，则 $i = m+1$ 时刻的 $Q_{i,j}$ 就可以通过如下公式计算得出。

$$Q_{m+1,j} = \sum_k Q_{m,k} q(k,j) \exp(-(\alpha_m + k\Delta r)\Delta t)$$

其中，$q(k, j)$ 为从节点 (m, k) 到节点 $(m+1, j)$ 的概率，求和是对所有非零 k 值进行的。

在 MATLAB 中，实现上面过程的程序如下。

```
% 文件名 HWTree2.m
% 建立 Hull-White 二叉树
% 计算图 7-12（a）、（b）、（c）各方向上概率及利率水平
%图 7-12（a）情况
ProbAu=inline('1/6+(a^2*j^2*DeltaT^2-a*j*DeltaT)/2','j','a','DeltaT');
ProbAm=inline('2/3-a^2*j^2*DeltaT^2','j','a','DeltaT');
ProbAd=inline('1/6+(a^2*j^2*DeltaT^2+a*j*DeltaT)/2','j','a','DeltaT');
DeltaR=inline('Sigma*sqrt(3*DeltaT)','Sigma','DeltaT');
%图 7-12（b）情况
ProbBu=inline('1/6+(a^2*j^2*DeltaT^2+a*j*DeltaT)/2','j','a','DeltaT');
ProbBm=inline('-1/3-a^2*j^2*DeltaT^2-2*a*j*DeltaT','j','a','DeltaT');
ProbBd=inline('7/6+(a^2*j^2*DeltaT^2+3*a*j*DeltaT)/2','j','a','DeltaT');
%图 7-12（c）情况
ProbCu=inline('7/6+(a^2*j^2*DeltaT^2-3*a*j*DeltaT)/2','j','a','DeltaT');
ProbCm=inline('-1/3-a^2*j^2*DeltaT^2+2*a*j*DeltaT','j','a','DeltaT');
ProbCd=inline('1/6+(a^2*j^2*DeltaT^2-a*j*DeltaT)/2','j','a','DeltaT');
% 参数
Sigma=0.01
a=0.1
DeltaT=1
Alpha_0=0.0382
```

```
% 确定各节点处的利率及概率
tt=0;
for j=[0,1,0,-1,2,1,0,-1,-2]
    tt=tt+1
    if (j<2)&&(j>-2)
Nod.Inter(tt)=j*DeltaR(Sigma,DeltaT);
Nod.ProbU(tt)=ProbAu(j,a,DeltaT);
Nod.ProbM(tt)=ProbAm(j,a,DeltaT);
Nod.ProbD(tt)=ProbAd(j,a,DeltaT)
    elseif j<=-2
Nod.Inter(tt)=j*DeltaR(Sigma,DeltaT);
Nod.ProbU(tt)=ProbBu(j,a,DeltaT);
Nod.ProbM(tt)=ProbBm(j,a,DeltaT);
Nod.ProbD(tt)=ProbBd(j,a,DeltaT)
    else
Nod.Inter(tt)=j*DeltaR(Sigma,DeltaT);
Nod.ProbU(tt)=ProbCu(j,a,DeltaT);
Nod.ProbM(tt)=ProbCm(j,a,DeltaT);
Nod.ProbD(tt)=ProbCd(j,a,DeltaT)
    end
end
Nod.RInter=Nod.Inter(1:end)
% 节点 B 处的利率及概率
InterStru=[
            0.5   3.430/100
            1.0   3.824/100
            1.5   4.183/100
            2.0   4.512/100
            2.5   4.812/100
            3.0   5.086/100]
% 计算第二年节点的 Q 值与 Alpha_1
% 计算 Q
    Q(1,1)=Nod.ProbU(1)*exp(-Alpha_0)
    Q(2,1)=Nod.ProbM(1)*exp(-Alpha_0)
    Q(3,1)=Nod.ProbD(1)*exp(-Alpha_0)
% 计算贴现值
    Disc=exp(-InterStru(4,2)*2)     % 二年期债券贴现值
% 计算 Alpha
    Alpha_1=dot((Q(:,1))',exp(Nod.Inter(2:4)))/Disc
```

```
    Alpha_1=log(Alpha_1)
% 计算转移后的利率
    Nod.RInter(2:4)=Alpha_1+Nod.Inter(2:4)
% 计算第三年节点的 Q 值与 Alpha_2
    Q(1,2)=Nod.ProbU(2)*exp(-Nod.RInter(2))*Q(1,1)
    Q(2,2)=Nod.ProbM(2)*exp(-Nod.RInter(2))*Q(1,1)+…
Nod.ProbU(3)*exp(-Nod.RInter(3))*Q(2,1)
    Q(3,2)=Nod.ProbD(2)*exp(-Nod.RInter(2))*Q(1,1)+…
Nod.ProbM(3)*exp(-Nod.RInter(3))*Q(2,1)+…
Nod.ProbU(4)*exp(-Nod.RInter(4))*Q(3,1)
    Q(4,2)=Nod.ProbD(3)*exp(-Nod.RInter(3))*Q(2,1)+…
Nod.ProbM(4)*exp(-Nod.RInter(4))*Q(3,1)
    Q(5,2)=Nod.ProbD(4)*exp(-Nod.RInter(4))*Q(3,1)
% 计算贴现值
    Disc=exp(-InterStru(6,2)*3)     % 三年期债券贴现值
% 计算 Alpha_2
    Alpha_2=dot((Q(:,2))',exp(Nod.Inter(5:9)))/Disc
    Alpha_2=log(Alpha_2)
    % Nod.RInter=Nod.Inter(1:end)
% 计算转移后的利率
    Nod.RInter(5:9)=Alpha_2+Nod.Inter(5:9)
```

计算得到校准后的利率保存在变量 Nod.RInter 中。

```
>> Nod.RInter
ans =
0  0.0694  0.0521  0.0348  0.0970  0.0797  0.0623  0.0450  0.0277
```

7.5　Vasicek 模型

根据实践观察，利率有均值回归的特征，即当短期利率偏高时，将会向下靠近长期均衡利率；当利率偏低时，同样将会向上靠近长期均衡利率。Vasicek 过程描述的随机微分方程为：

$$\mathrm{d}r_t = a(b - r_t)\mathrm{d}t + \sigma \mathrm{d}W_t \tag{7-17}$$

其中，a、b、σ 为常数，这个方程考虑了均值回归，短期利率以速率 a 被拉向水平 b。对式（7-17）积分得：

$$r(t) = r(0)\mathrm{e}^{-at} + b(1 - \mathrm{e}^{-at}) + \sigma\int_0^t \mathrm{e}^{-a(t-u)}\mathrm{d}W(u) \tag{7-18}$$

定义一个新的随机过程 $y(t) = g(r,t) = \mathrm{e}^{at}r$ ，根据 ITO 定理得：

$$\mathrm{d}y=\left[\frac{\partial g}{\partial t}+(ab-ar)\frac{\partial g}{\partial r}+\frac{1}{2}\sigma^2\frac{\partial^2 g}{\partial r^2}\right]\mathrm{d}t+\sigma\frac{\partial g}{\partial r}\mathrm{d}W$$

$$=[a\mathrm{e}^{at}r+\mathrm{e}^{at}(ab-ar)]\mathrm{d}t+\sigma\mathrm{e}^{at}\mathrm{d}W$$

$$=ab\mathrm{e}^{at}\mathrm{d}t+\sigma\mathrm{e}^{at}\mathrm{d}W$$

因此有：

$$y_{t'}=y_t+\int_t^{t'}a\theta\mathrm{e}^{au}\mathrm{d}u+\int_t^{t'}\sigma\mathrm{e}^{au}\mathrm{d}W$$

根据前面假设 $y(t)=g(r_t,t)=\mathrm{e}^{at}r_t$，所以有：

$$r_{t'}=\mathrm{e}^{-a(t'-t)}r_t+\int_t^{t'}a\theta\mathrm{e}^{-a(t'-u)}\mathrm{d}u+\int_t^{t'}\sigma\mathrm{e}^{-a(t'-u)}\mathrm{d}W$$

$$=\mathrm{e}^{-a(t'-t)}r_t+b(1-\mathrm{e}^{-a(t'-t)})+\int_t^{t'}\sigma\mathrm{e}^{-a(t'-u)}\mathrm{d}W$$

令 t=0，$t'=t$，记 $x=\int\sigma\mathrm{e}^{-a(t'-u)}\mathrm{d}W$，则有：

$$\mathrm{E}_t(x)=\mathrm{E}_t\left[\int_t^{t'}\sigma\mathrm{e}^{-a(t'-u)}\mathrm{d}W\right]=\int_t^{t'}\mathrm{E}_t(\sigma\mathrm{e}^{-a(t'-u)}\mathrm{d}W)=\int_t^{t'}\sigma\mathrm{e}^{-a(t'-u)}E_t(\mathrm{d}W)=0$$

$$\mathrm{Var}_t(x)=\mathrm{E}_t\left(\int_t^{t'}\sigma\mathrm{e}^{-a(t'-u)}\mathrm{d}W\right)^2=\int_t^{t'}\mathrm{E}_t(\sigma^2\mathrm{e}^{-2a(t'-u)}\mathrm{d}u)=\frac{\sigma^2}{2a}(1-\mathrm{e}^{-2a(t'-t)})$$

这样 $r(t)$的期望和方差分别为：

$$\mathrm{E}\{r(t)\,|\,F_s\}=r(s)\mathrm{e}^{-a(t-s)}+\theta(1-\mathrm{e}^{-a(t-s)})$$

$$\mathrm{Var}\{r(t)\,|\,F_s\}=\frac{\sigma^2}{2a}(1-\mathrm{e}^{-2a(t-s)})$$

对于贴现债券价格 $P(t, t+T)$有：

$$P(t,t+T)=A(t,T)\mathrm{e}^{-B(t,T)r(t)} \tag{7-19}$$

其中，$r(t)$是 t 时刻的瞬时利率。

$$A(t,T)=\exp\left(\frac{(B(t,T)-(T-t))(a^2b-\sigma^2/2)}{a^2}-\frac{\sigma^2B(t,T)^2}{4a}\right)$$

$$B(t,T)=\frac{1-\mathrm{e}^{-a(T-t)}}{a}$$

根据 $R(t,T)=-\dfrac{1}{T-t}\ln P(t,T)$，有：

$$R(t,T)=-\frac{1}{T-t}\ln A(t,T)+\frac{1}{T-t}B(t,T)r(t)$$

上式说明，只要确定了参数 a、b、σ，整个期限结构可以表示为 $r(t)$的函数，它的形状可以为上倾、下倾或者隆起。

特别地，当 a=0 时，Vasicek 过程的简化形式为：$dr_t = \sigma \mathrm{d}W_t$。

贴现债券价格为：

$$P(t,t+T) = A(t,T)\mathrm{e}^{-B(t,T)t(t)}$$

其中，

$$B(t,T) = T - t$$

$$A(t,T) = \exp\left(\frac{\sigma^2 (T-t)^3}{6}\right)$$

7.6　CIR 利率模型

CIR 利率模型描述的随机微分方程的形式为：

$$dr_t = \kappa(\theta - r_t)\mathrm{d}t + \sigma\sqrt{r_t}\mathrm{d}W_t$$

在时刻 t，到期日为 T 的零息券的当前价格为 $P(t, T)$，可以写成如下形式。

$$P(t,T) = A(t,T)\mathrm{e}^{-B(t,T)r_t}$$

记，$\gamma = \sqrt{\kappa^2 + 2\sigma^2}$ 。

$$A(t,T) = \left[\frac{2\gamma \mathrm{e}^{\frac{1}{2}(\kappa+\gamma)(T-t)}}{(\kappa+\gamma)(\mathrm{e}^{\gamma(T-t)} - 1) + 2\gamma}\right]^{\frac{2\kappa\theta}{\sigma^2}}$$

$$B(t,T) = \frac{2(\mathrm{e}^{\gamma(T-t)} - 1)}{(\kappa+\gamma)(\mathrm{e}^{\gamma(T-t)} - 1) + 2\gamma}$$

其中，r_t 为短期利率结构；κ 为均值回归参数；θ 为长期均值，$r_0 > 0$。

1．零息券定价

零息券价格 $u(T, r)$，也可以通过求解如下偏微分方程得到。

$$-\partial_t u(t,r) + \frac{\sigma^2}{2} r\partial_t^2 u(t,r) + \kappa(\theta - r)\partial_r u(t,r) - ru = 0$$

初始条件为 $u(T, r)$=1，边界条件对于 r=$r_{\max}$ 与 r=$r_{\min}$ 分别有 $u(0, r_{\max})$=0、$u(0, r_{\min})$=1。

2．零息票欧式看涨期权定价

下面根据初始条件与边界条件求解债券期权，期权到期日为 T，在时刻 t_i，债券支付现金为 c_i，对于执行价为 K 的欧式看涨期权有：

$$\max\left(\sum_{i=1}^{n} P(T,t_i;r(T))c_i - K, 0\right) = \max\left(\sum_{i=1}^{n} A(T,t_i)\mathrm{e}^{-B(T,t_i)r(T)}c_i - K, 0\right)$$

对于执行价为 K 的欧式看跌期权有：

$$\max\left(K - \sum_{i=1}^{n} P(T,t_i;r(T))c_i, 0\right) = \max\left(K - \sum_{i=1}^{n} A(T,t_i)\mathrm{e}^{-B(T,t_i)r(T)}c_i, 0\right)$$

我们需要计算：

$$u(\tau,r) = E_t^*\left(\mathrm{e}^{-\int_t^{t+\tau} r(s)ds} \max\left(\sum_{i=1}^{n} A(t+\tau,t_i)\mathrm{e}^{-B(t+\tau,t_i)r(t+\tau)}c_i - K, 0\right)\right)$$

或者计算如下偏微分方程。

$$-\partial_\tau u(\tau,r) + \frac{\sigma^2}{2} r \partial_{\tau\tau} u(\tau,r) + \kappa(\theta - r)\partial_r u(\tau,r) - ru = 0$$

初始条件为：

$$u(0,r) = \max\left(\sum_{i=1}^{n} A(T,t_i)\mathrm{e}^{-B(T,t_i)r(T)}c_i - K, 0\right)$$

看涨期权边界的条件如下。

（1）当收益率非常大时，$u(0, r_{\max})=0$，看涨期权不可能被行权。

（2）当收益率非常小时，有：

$$u(0,r_{\min}) = \max\left(\sum_{i=1}^{n} A(t,T_i)\mathrm{e}^{-B(t,T)r_{\min}}c_i - K, 0\right)$$

第 8 章

利率衍生品定价

8.1 构建利率二叉树

简单地讲，利率二叉树就是描述基于波动率模型各期远期利率，利率二叉树是债券定价常用工具。图 8-1 是一个最基本的利率二叉树模型。

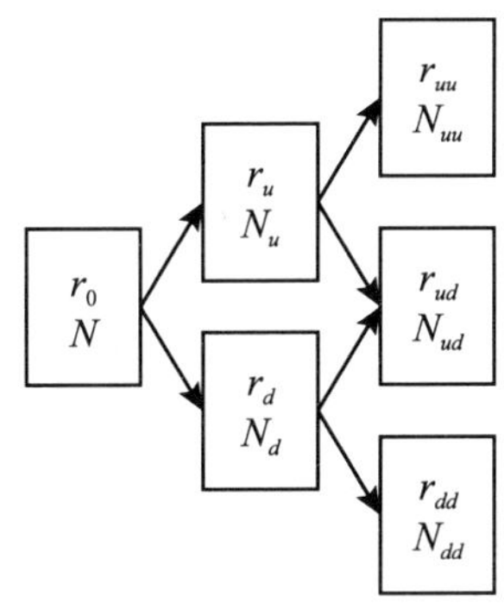

图 8-1 利率二叉树

在利率二叉树中，每个节点利率变动分为上涨与下跌两种情况，分别用向上与向下方向的两个箭头表示，节点 N_{dd} 表示利率经历连续两次下跌。

假设利率波动服从几何布朗运动，而且每个节点上涨与下跌利率之比为 $e^{2\sigma}$，σ 为波动率，如图 8-1 中 $r_u=r_d e^{2\sigma}$。

下面就要介绍利率二叉树计算的方法。

利率二叉树中债券价格通过现金流贴现值获得，在图 8-1 中，要确定节点 N_u 处债券的价格，需要知道节点 N_{uu} 与节点 N_{ud} 处债券价格，因为债券现金流可以为节点 N_{uu} 处的价格加上票息 D，也可以为节点 N_{ud} 处的价格加上利息。这样每个节点会出现两笔现金流，那就要对两笔现金流计算期望，因为二叉树中最后节点处现金流是确定的，所以可以通过后面节点计算前面节点处债券的价格。

以节点 N_u 处的债券价格为例，利用节点 N_u 处的远期利率 r_u，可以得到节点 N_u 现金流 V_u。

未来远期利率上升时债券现值为：$\dfrac{V_{uu}+D}{1+r_u}$

未来远期利率下降时债券现值为：$\dfrac{V_{ud}+D}{1+r_u}$

那么节点 N_u 处债券的价格为两者期望值，即：$0.5\times\frac{V_{uu}+D}{1+r_u}+0.5\times\frac{V_{ud}+D}{1+r_u}$

其中，V_{uu} 是节点 N_{uu} 处现金流，V_{ud} 是节点 N_{ud} 处现金流，D 是票息。

可以看出，二叉树的定价需要首先确定各节点处的远期利率，节点处的远期利率确定下来后就可以构建出完整的二叉树。

【例 8–1】 已知利率二叉树的结构如图 8–2 所示，试用该利率树对 4 年期为 6.5%的息票定价。

可以计算出息票在各节点处的定价如图 8-3 所示。

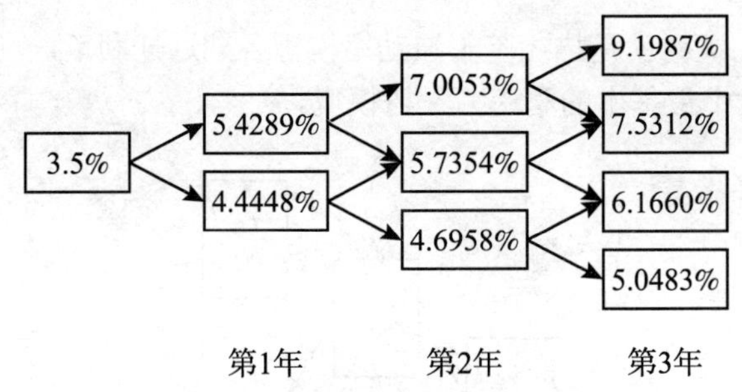

图 8-2　利率二叉树的结构

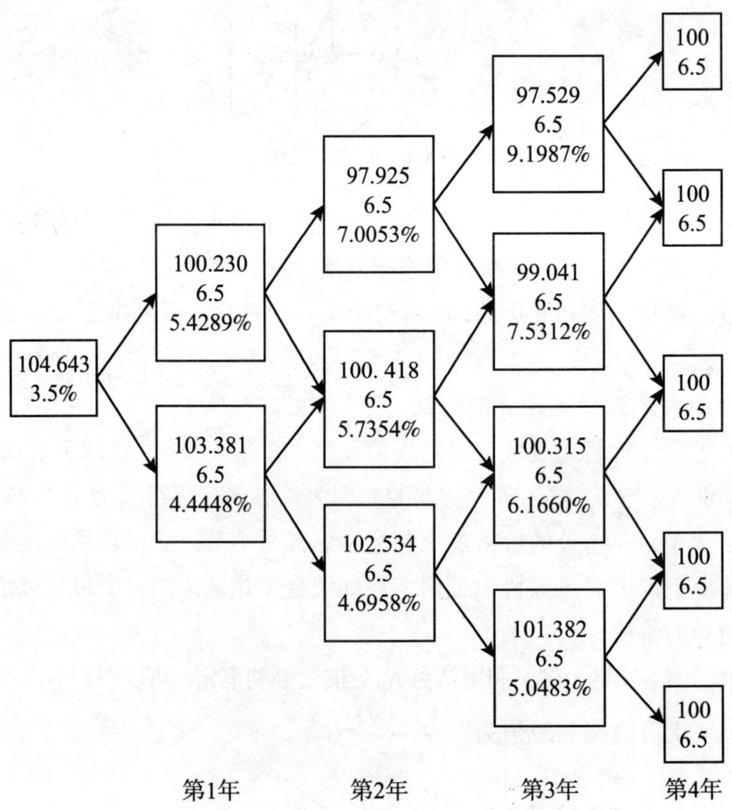

图 8-3　利率二叉树对 4 年期息票在各节点处的定价

在图 8-3 中每个方框中有 3 个数据：上面的数据是贴现价格；中间的数据是票息；下面的数据对应图 8-2 中二叉树的利率。下面给出图 8-3 中最上面数据的计算方式。

第 3 年各节点值的计算过程如下。

$$0.5\times\frac{100+6.5}{1+9.1978\%}+0.5\times\frac{100+6.5}{1+9.1978\%}=97.529$$

$$0.5\times\frac{100+6.5}{1+7.5312\%}+0.5\times\frac{100+6.5}{1+7.5312\%}=99.041$$

$$0.5\times\frac{100+6.5}{1+6.166\%}+0.5\times\frac{100+6.5}{1+6.166\%}=100.315$$

$$0.5\times\frac{100+6.5}{1+5.0483\%}+0.5\times\frac{100+6.5}{1+5.0483\%}=101.382$$

第 2 年各节点值的计算过程如下。

$$0.5\times\frac{97.529+6.5}{1+7.0053\%}+0.5\times\frac{99.041+6.5}{1+7.0053\%}=97.925$$

$$0.5\times\frac{99.041+6.5}{1+5.7354\%}+0.5\times\frac{100.315+6.5}{1+5.7354\%}=100.418$$

$$0.5\times\frac{100.315+6.5}{1+4.6958\%}+0.5\times\frac{101.382+6.5}{1+4.6958\%}=102.534$$

其计算过程用 MATLAB 程序实现如下。

```
%文件名：Bond_Price.m
Rate_Tree=[0.035    0.054289        0.070053        0.091987
           0    0.044448        0.057354        0.075312
           0           0        0.046958        0.061660
           0           0               0        0.050483]
Price=zeros(4,4)  % 设定初值
%% 第 3 年各个节点数值
Price(:,4)=(100+6.5)./(1+Rate_Tree(:,4))
%% 第 2 年各个节点数值
Price(1:3,3)=(0.5*(Price(1:3,4)+6.5)+0.5*(Price(2:4,4)+6.5))./(1+…
Rate_Tree(1:3,3))
%% 第 1 年各个节点数值
Price(1:2,2)=(0.5*(Price(1:2,3)+6.5)+0.5*(Price(2:3,3)+6.5))./(1+…
Rate_Tree(1:2,2))
%% 当前各个节点数值
Price(1,1)=(0.5*(Price(1,2)+6.5)+0.5*(Price(2,2)+6.5)) /(1+Rate_Tree(1,1))
```

8.2 可赎回债券定价

可赎回债券就是在普通债券中增加了赎回条款，当债券价格上涨时，发行方可以按照约定价格赎回，相当于在债券中嵌入了看涨期权空头，这有利于发行方规避利率下降时的风险。

【例 8-2】 考虑在【例 8-1】的债券中加入赎回条件，发行方每年末有权以 100 元的价格赎回，试用二叉树对该可赎回债券进行定价。

首先假设利率以二叉树形式表示，然后考虑票息率为 6.5%的息票。

下面要建立可赎回债券二叉树。当各节点现金流现值大于赎回价时，发行方赎回就有利可图，因此可赎回债券在各节点处的价格 V_i=min(赎回价,现金流现值)。接着我们考虑一个每年年底可以赎回债券，赎回价为 100，该可赎回债券各节点价格如图 8-4 所示。

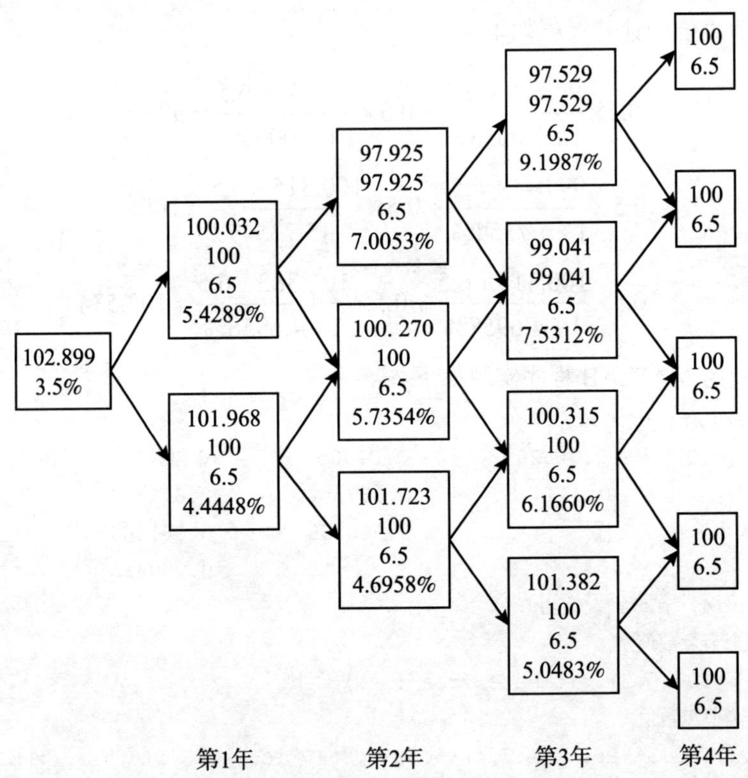

图 8-4 可赎回债券在各节点处的价格

第 3 年各节点值的计算过程如下。

$$0.5\times\frac{106.5}{1.091987}+0.5\times\frac{106.5}{1.091987}=97.5286$$

$$0.5\times\frac{106.5}{1.075312}+0.5\times\frac{106.5}{1.075312}=99.041$$

$$0.5\times\frac{106.5}{1.06166}+0.5\times\frac{106.5}{1.06166}=100.315$$

$$0.5\times\frac{106.5}{1.050483}+0.5\times\frac{106.5}{1.050483}=101.382$$

第 2 年各节点值的计算过程如下。

$$0.5\times\frac{\min(97.529,100)+6.5}{1.070053}+0.5\times\frac{\min(99.041,100)+6.5}{1.070053}=97.925$$

$$0.5\times\frac{\min(99.041,100)+6.5}{1.057354}+0.5\times\frac{\min(100.315,100)+6.5}{1.057354}=100.27$$

$$0.5\times\frac{\min(100.315,100)+6.5}{1.046958}+0.5\times\frac{\min(101.382,100)+6.5}{1.046958}=101.723$$

第 1 年各节点值的计算过程如下。

$$0.5\times\frac{\min(97.925,100)+6.5}{1.054289}+0.5\times\frac{\min(100.27,100)+6.5}{1.054289}=100.032$$

$$0.5\times\frac{\min(100.27,100)+6.5}{1.044448}+0.5\times\frac{\min(101.723,100)+6.5}{1.04448}=101.968$$

最后计算可赎回债券价格如下。

$$0.5\times\frac{\min(100.032,100)+6.5}{1.035}+0.5\times\frac{\min(101.968,100)+6.5}{1.035}=102.899$$

赎回债券相当于在普通债券的基础上增加了赎回条件，相当于在一份普通债券基础上减去一份看涨期权，即赎回债券价格=债券价格－看涨期权。可以看出，由于在息票中嵌入了看涨期权，看涨期权价格等于 1.744（104.643－102.899）。

其计算过程用 MATLAB 程序实现如下。

```
%文件名：Callable_Bond.m
Rate_Tree=[0.035    0.054289      0.070053      0.091987
               0    0.044448      0.057354      0.075312
               0           0      0.046958      0.061660
               0           0             0      0.050483]
Price=zeros(4,4)   % 设定初值
%% 第 3 年各个节点数值
Price(:,4)=(100+6.5)./(1+Rate_Tree(:,4))
%% 第 2 年各个节点数值
Price(1:3,3)=(0.5*(min(Price(1:3,4),100)+6.5)+0.5*(min(Price(2:4,4),100)+...
6.5))./(1+Rate_Tree(1:3,3))
%% 第 1 年各个节点数值
Price(1:2,2)=(0.5*(min(Price(1:2,3),100)+6.5)+0.5*(min(Price(2:3,3),100)+...
6.5))./(1+Rate_Tree(1:2,2))
```

```
%% 当前各个节点数值
Price(1,1)=(0.5*(min(Price(1,2),100)+6.5)+0.5*(min(Price(2,2),100)+…6.5))/(1+
Rate_Tree(1,1))
```

8.3 回售债券定价

回售就是在债券中增加回售条款，使得当债券价格低于一定水平时，投资者有权将债券按照事先商定的价格卖给发行方。规避了利率上升时的风险，对于投资者有利，相应的其价格应高于标的债券价格。

这样在二叉树每个节点上需要判断投资者是否回售，当回售收益大于现金流现值时，投资者行使回售权利。在二叉树各节点处价格 V=max(回售价格,现金流现值)。

【例 8-3】 下面我们考虑一个回售债券，在【例 8-1】 的息票上增加回售条款，回售价格为 100。利率二叉树为回售债券的定价如图 8-5 所示。

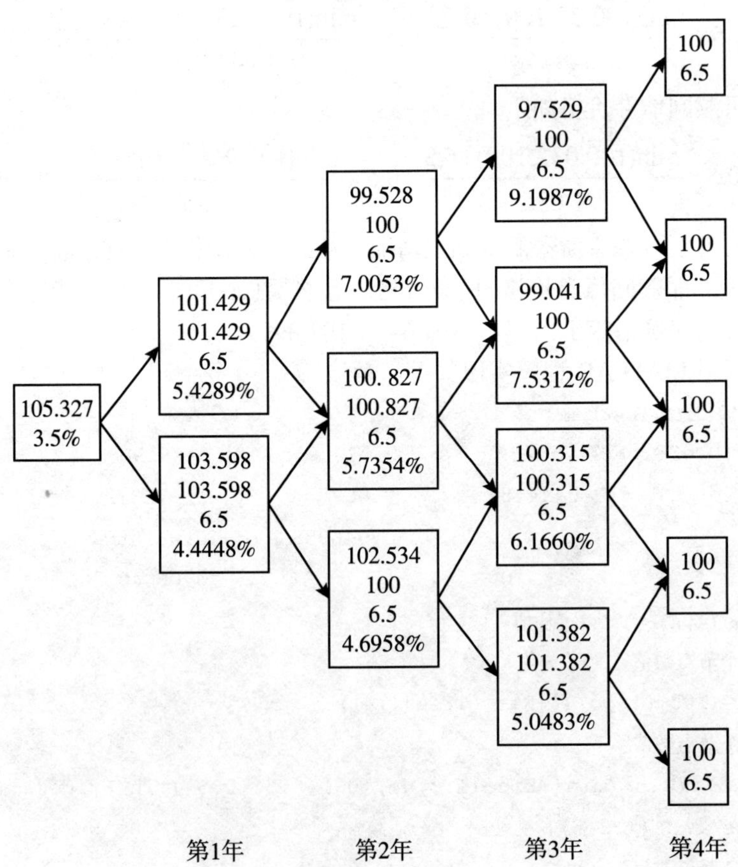

图 8-5　回售债券在各节点处的定价

可以看出，由于在息票中加入了回售条款，这时其价格增加了 0.684（=105.327-104.643）。

第 3 年各节点值的计算过程如下。

$$0.5\times\frac{\max(100,100)+6.5}{1.091987}+0.5\times\frac{\max(100,100)+6.5}{1.091987}=97.5286$$

$$0.5\times\frac{\max(100,100)+6.5}{1.075312}+0.5\times\frac{\max(100,100)+6.5}{1.075312}=99.041$$

$$0.5\times\frac{\max(100,100)+6.5}{1.06166}+0.5\times\frac{\max(100,100)+6.5}{1.06166}=100.315$$

$$0.5\times\frac{\max(100,100)+6.5}{1.050483}+0.5\times\frac{\max(100,100)+6.5}{1.050483}=101.382$$

第 2 年各节点值的计算过程如下。

$$0.5\times\frac{\max(97.529,100)+6.5}{1.070053}+0.5\times\frac{\max(99.041,100)+6.5}{1.070053}=99.528$$

$$0.5\times\frac{\max(99.041,100)+6.5}{1.057354}+0.5\times\frac{\max(100.315,100)+6.5}{1.057354}=100.872$$

$$0.5\times\frac{\max(100.315,100)+6.5}{1.046958}+0.5\times\frac{\max(101.382,100)+6.5}{1.046958}=102.5337$$

第 1 年各节点值的计算过程如下。

$$0.5\times\frac{\max(99.528,100)+6.5}{1.054289}+0.5\times\frac{\max(100.872,100)+6.5}{1.054289}=101.429$$

$$0.5\times\frac{\max(100.872,100)+6.5}{1.044448}+0.5\times\frac{\max(102.534,100)+6.5}{1.04448}=103.598$$

最后计算回售债券价格如下。

$$0.5\times\frac{\max(101.429,100)+6.5}{1.035}+0.5\times\frac{\max(103.598,100)+6.5}{1.035}=105.327$$

其计算过程用 MATLAB 程序实现如下。

```
%文件名：Putable_Bond.m
Rate_Tree=[0.035    0.054289        0.070053        0.091987
                0    0.044448        0.057354        0.075312
                0           0        0.046958        0.061660
                0           0               0        0.050483]
Price=zeros(4,4)   % 设定初值
%% 第 3 年各个节点数值
Price(:,4)=(100+6.5)./(1+Rate_Tree(:,4))
```

```
%% 第 2 年各个节点数值
Price(1:3,3)=(0.5*(max(Price(1:3,4),100)+6.5)+0.5*(max(Price(2:4,4),100)+…
6.5))./(1+Rate_Tree(1:3,3))
%% 第 1 年各个节点数值
Price(1:2,2)=(0.5*(max(Price(1:2,3),100)+6.5)+0.5*(max(Price(2:3,3),100)+…
6.5))./(1+Rate_Tree(1:2,2))
%% 当前各个节点数值
Price(1,1)=(0.5*(max(Price(1,2),100)+6.5)+0.5*(max(Price(2,2),100)+…6.5))/
(1+Rate_Tree(1,1))
```

8.4 浮动利率上限定价

通常，现金流贴现模型无法处理浮动利率产品以及内嵌期权利率衍生产品的价格。下面用动态的利率二叉树，对利率上限和可赎回的利率上限品种进行定价。

【例 8-4】浮动利率一般在市场基准利率的基础上加上一个价差，下面考虑当价差为 25 个基点时的价格，利率上限为 7.25。仍然用【例 8-1】中的利率树作为基准利率，各节点浮动利率的二叉树如图 8-6 所示。

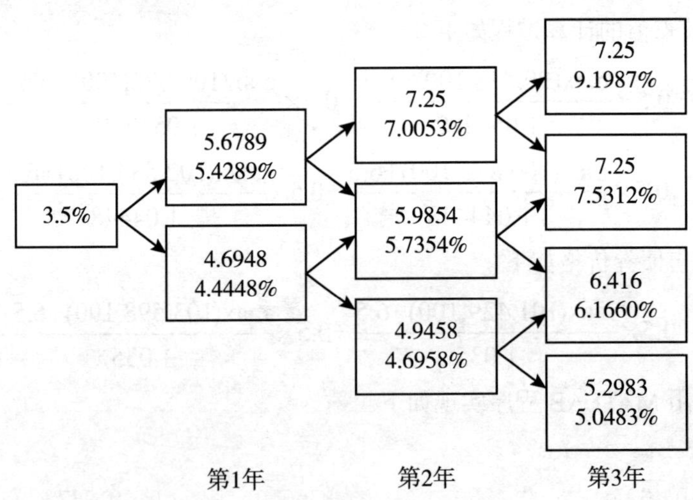

图 8-6　各节点浮动利率二叉树

由于利率上限是 7.25，所以第 3 年各节点支付利息如下。

100×min(9.1987%,7.25%)=7.25

100×min(7.5312%,7.25%)=7.25

100×min(6.166%+0.25%,7.25%)=6.416

100×min(5.0483%+0.25%,7.25%)=5.2983

第 2 年各节点支付利息如下。

100×min(7.0053%+0.25%,7.25%)=7.25

100×min(5.7354%+0.25%,7.25%)=5.9854

100×min(4.6958%+0.25%,7.25%)=4.9458

第 1 年各节点支付利息如下。

100×min(5.4289%+0.25%,7.25%)=5.6789

100×min(4.4448%+0.25%,7.25%)=4.6948

对浮动利率上限每个节点现金流定价如图 8-7 所示。

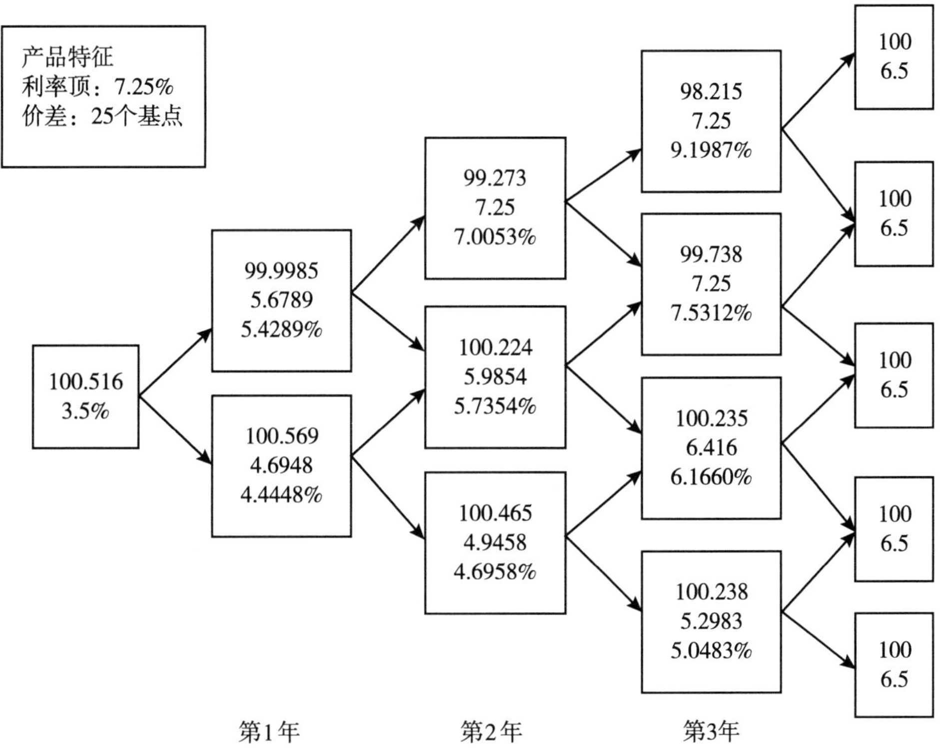

图 8-7　浮动利率上限每个节点现金流定价

第 3 年各节点值的计算过程如下。

$$0.5\times\frac{100+7.25}{1.091987}+0.5\times\frac{100+7.25}{1.091987}=98.215$$

$$0.5\times\frac{100+7.25}{1.075312}+0.5\times\frac{100+7.25}{1.075312}=99.738$$

$$0.5\times\frac{100+6.416}{1.06166}+0.5\times\frac{100+6.416}{1.06166}=100.235$$

$$0.5\times\frac{100+5.2983}{1.050483}+0.5\times\frac{100+5.2983}{1.050483}=100.238$$

第 2 年各节点值的计算过程如下。

$$0.5\times\frac{98.215+7.25}{1.070053}+0.5\times\frac{99.738+7.25}{1.070053}=99.272$$

$$0.5\times\frac{99.738+5.9854}{1.057354}+0.5\times\frac{100.235+5.9854}{1.057354}=100.224$$

$$0.5\times\frac{100.235+4.9458}{1.046958}+0.5\times\frac{100.238+4.9458}{1.046958}=100.465$$

第 1 年各节点值的计算过程如下。

$$0.5\times\frac{99.273+5.6789}{1.054289}+0.5\times\frac{100.224+5.6789}{1.054289}=99.9985$$

$$0.5\times\frac{99.9985+4.6948}{1.044448}+0.5\times\frac{100.465+4.6948}{1.044448}=100.5692$$

最后计算浮动利率上阶价格如下。

$$0.5\times\frac{99.9985+3.75}{1.035}+0.5\times\frac{100.5692+3.75}{1.035}=100.516$$

其计算过程用 MATLAB 程序实现如下。

```
%文件名：Capped_Floating _rate _bond.m
Rate_Tree=[0.035      0.054289        0.070053        0.091987
              0        0.044448        0.057354        0.075312
              0               0        0.046958        0.061660
              0               0               0        0.050483];
% 计算票息
Coupon=100*min(Rate_Tree+0.0025,0.0725);
Price=zeros(4,4);   % 设定初值
%% 第 3 年各个节点数值
Price(:,4)=(100+Coupon(:,4))./(1+Rate_Tree(:,4));
%% 第 2 年各个节点数值
Price(1:3,3)=(0.5*(Price(1:3,4)+Coupon(1:3,3))+0.5*(Price(2:4,4)+…Coupon(1:3,3)))./
(1+Rate_Tree(1:3,3));
% %% 第 1 年各个节点数值
Price(1:2,2)=(0.5*(Price(1:2,3)+Coupon(1:2,2))+0.5*(Price(2:3,3)+…Coupon(1:2,2)))./
(1+Rate_Tree(1:2,2));
% %% 当前各个节点数值
Price(1,1)=(0.5*(Price(1,2)+Coupon(1,1))+0.5*(Price(2,2)+…Coupon(1,1)))./(1+Ra
te_Tree(1,1))
```

【例 8–5】 假设浮动利率上限，浮动利率在以图 8–2 为基准利率的基础上加上 25 个基点，考虑一个名义本金为 1000 万美元的利率上限价格。利率上限的规定为：当第 1 年末的利率小于等于 5.2%时，不支付任何利息；当大于 5.2%时，收益为市场利率与 5.2%的利差。

（1）第 1 年末现金流现值，第 1 年利率上限定价如图 8-8 所示。

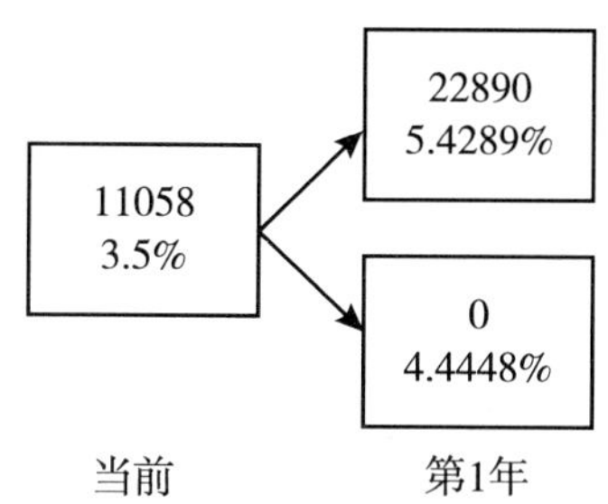

图 8-8　第 1 年利率上限定价

各个节点处支付方法如下。

- 如果节点上一年期利率低于或小于 5.2%，支付金额为 0。
- 如果节点上一年期利率大于 5.2%，支付金额为名义本金乘以节点上的 1 年期利率与 5.2%之差。

每个节点支付金额写为：10000000×max(节点利率−5.2%,0)。

图 8-8 中第 1 年各节点支付金额的计算方式如下。

$$22890=10000000\times\max(5.4289\%-5.2\%,0)$$

$$0=10000000\times\max(4.4448\%-5.2\%,0)$$

当前节点的价格如下。

$$0.5\times\frac{22890}{1.035}+0.5\times\frac{0}{1.035}=11058$$

（2）第 2 年末现金流现值，第 2 年利率上限定价如图 8-9 所示。

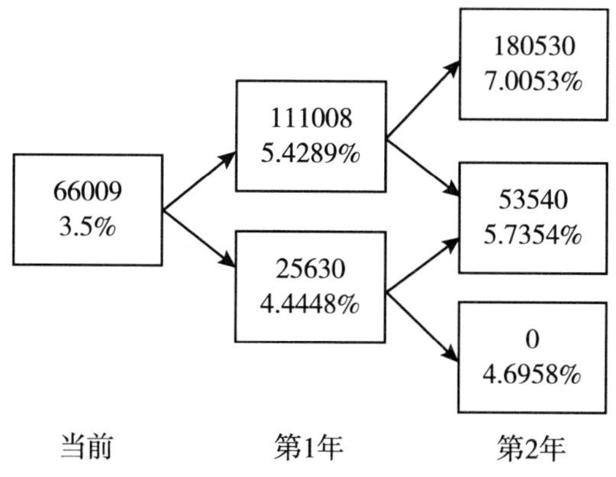

图 8-9　第 2 年利率上限定价

图 8-9 中各节点支付金额的计算方式如下。

$$180530=10000000\times\max(7.0053\%-5.2\%,0)$$
$$53540=10000000\times\max(5.7354\%-5.2\%,0)$$
$$0=10000000\times\max(4.6958\%-5.2\%,0)$$

第 1 年各节点值的计算过程如下。

$$0.5\times\frac{180530}{1.054289}+0.5\times\frac{53540}{1.054289}=111008$$

$$0.5\times\frac{53540}{1.044448}+0.5\times\frac{0}{1.044448}=25630$$

当前节点的价格如下。

$$0.5\times\frac{111008}{1.035}+0.5\times\frac{25630}{1.035}=66009$$

当前现金流的现值为 66009。

（3）第 3 年末现金流现值，第 3 年的利率上限定价如图 8-10 所示。

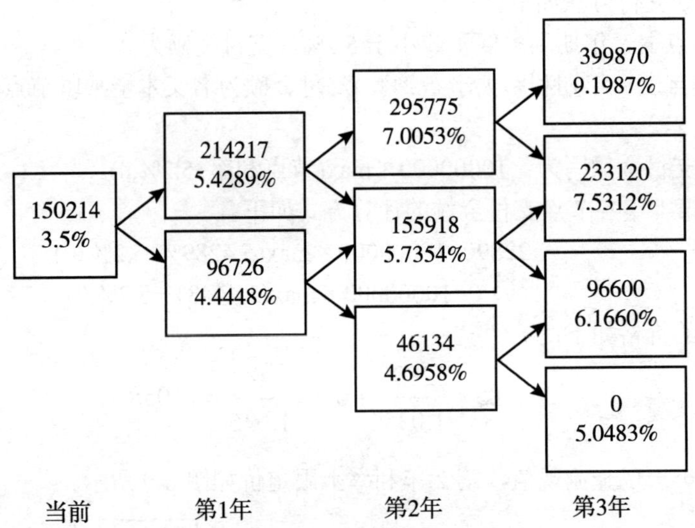

图 8-10 第 3 年的利率上限定价

图 8-10 中各节点支付金额的计算方式如下。

$$399870=10000000\times\max(9.1987\%-5.2\%,0)$$
$$233120=10000000\times\max(7.5312\%-5.2\%,0)$$
$$96600=10000000\times\max(6.1660\%-5.2\%,0)$$
$$0=10000000\times\max(5.0483\%-5.2\%,0)$$

第 2 年各节点值的计算过程如下。

$$0.5\times\frac{399870}{1.070053}+0.5\times\frac{233120}{1.070053}=295775$$

$$0.5\times\frac{233120}{1.057354}+0.5\times\frac{96600}{1.057354}=155917$$

$$0.5\times\frac{96600}{1.046958}+0.5\times\frac{0}{1.046958}=46134$$

第 1 年各节点值的计算过程如下。

$$0.5\times\frac{295775}{1.054289}+0.5\times\frac{155918}{1.054289}=214217$$

$$0.5\times\frac{155918}{1.044448}+0.5\times\frac{46134}{1.044448}=96726$$

当前节点的价格如下。

$$0.5\times\frac{214217}{1.035}+0.5\times\frac{96726}{1.035}=150214$$

这时就可以计算三年期利率上限的价格，将各年现金流现值相加就是三年期利率上限的价格，即三年期利率上限价格=11058+66009+150214=227281。

其计算过程用 MATLAB 程序实现如下。

```
%文件名：Value_Three_Year_Cap.m
Rate_Tree=[0.035      0.054289      0.070053      0.091987
               0      0.044448      0.057354      0.075312
               0             0      0.046958      0.061660
               0             0             0      0.050483];
% 计算票息
Coupon=1000000*max(Rate_Tree-0.052,0)
% 第 1 年利率上限价格。
Price1=(0.5*Coupon(1,2)+0.5*Coupon(2,2))/(1+Rate_Tree(1,1))
% 第 2 年利率上限价格。
Price2_1=(0.5*Coupon(1,3)+0.5*Coupon(2,3))/(1+Rate_Tree(1,2))
Price2_2=(0.5*Coupon(2,3)+0.5*Coupon(3,3))/(1+Rate_Tree(2,2))
Price2  =(0.5*Price2_1+0.5*Price2_2)/(1+Rate_Tree(1,1))
% 第 3 年利率上限价格。
Price3_1=(0.5*Coupon(1,4)+0.5*Coupon(2,4))/(1+Rate_Tree(1,3))
Price3_2=(0.5*Coupon(2,4)+0.5*Coupon(3,4))/(1+Rate_Tree(2,3))
Price3_3=(0.5*Coupon(3,4)+0.5*Coupon(4,4))/(1+Rate_Tree(3,3))
Price2_1=(0.5*Price3_1+0.5*Price3_2)/(1+Rate_Tree(1,2))
Price2_2=(0.5*Price3_2+0.5*Price3_3)/(1+Rate_Tree(2,2))
Price3  =(0.5*Price2_1+0.5*Price2_2)/(1+Rate_Tree(1,1))
% 3 年期利率上限
Price=Price1+Price2+Price3
```

8.5 阶梯可赎回债券定价

阶梯可赎回债券规定利率依次增加，而且可以赎回，下面用利率二叉树为阶梯债券定价，然后再为阶梯可赎回债券定价。

【例 8-6】 我们考虑一个四年期阶梯债券，前两年支付 4.25%，后两年支付 7.5%。图 8-11 所示是阶梯债券的定价。

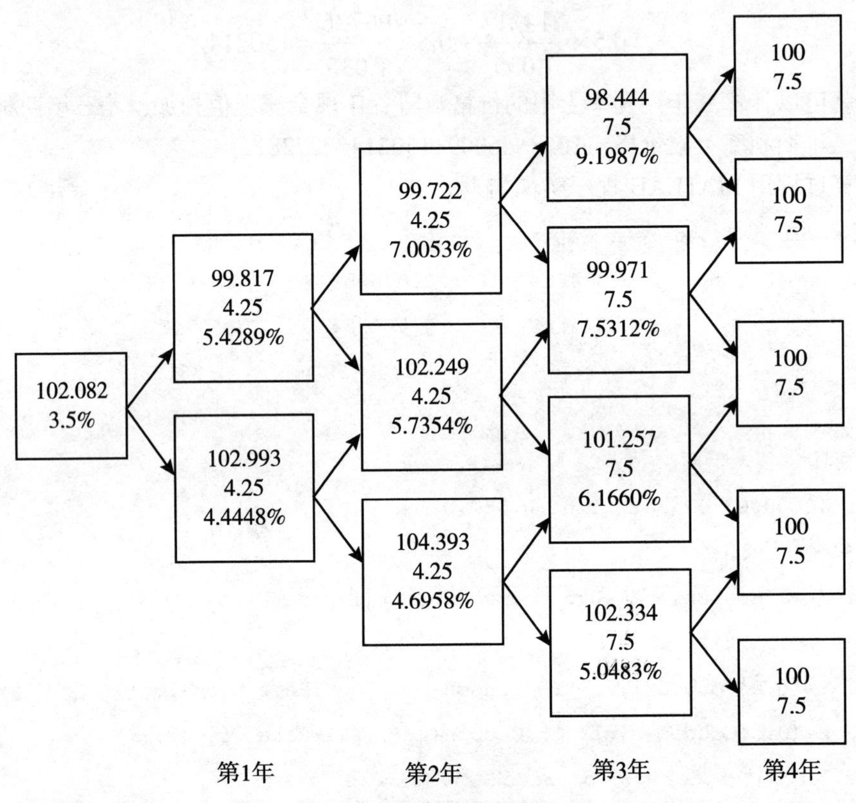

图 8-11 阶梯债券的定价

第 3 年各节点值的计算过程如下。

$$0.5\times\frac{100+7.5}{1.091987}+0.5\times\frac{100+7.5}{1.091987}=98.444$$

$$0.5\times\frac{100+7.5}{1.075312}+0.5\times\frac{100+7.5}{1.075312}=99.971$$

$$0.5\times\frac{100+7.5}{1.06166}+0.5\times\frac{100+7.5}{1.06166}=101.257$$

$$0.5\times\frac{100+7.5}{1.050483}+0.5\times\frac{100+7.5}{1.050483}=102.344$$

第 2 年各节点值的计算过程如下。

$$0.5\times\frac{98.444+7.5}{1.070053}+0.5\times\frac{99.971+7.5}{1.070053}=99.722$$

$$0.5\times\frac{99.971+7.5}{1.057354}+0.5\times\frac{101.257+7.5}{1.057354}=102.249$$

$$0.5\times\frac{101.257+7.5}{1.046958}+0.5\times\frac{102.334+7.5}{1.046958}=104.393$$

第 1 年各节点值的计算过程如下。

$$0.5\times\frac{99.722+4.25}{1.054289}+0.5\times\frac{102.249+4.25}{1.054289}=99.817$$

$$0.5\times\frac{102.249+4.25}{1.044448}+0.5\times\frac{104.393+4.25}{1.044448}=102.993$$

当前节点值的计算过程如下。

$$0.5\times\frac{99.817+4.25}{1.035}+0.5\times\frac{102.993+4.25}{1.035}=102.082$$

其计算过程用 MATLAB 程序实现如下。

```
%文件名：Step_Up_Noncallable_Note.m
Rate_Tree=[0.035        0.054289        0.070053        0.091987
           0            0.044448        0.057354        0.075312
           0            0               0.046958        0.061660
           0            0               0               0.050483];
Price=zeros(4,4)
% 初值
Coupon=zeros(4,4)
% 第 1 年票息
Coupon(1:2,2)=4.25
% 第 2 年票息
Coupon(1:3,3)=4.25
% 第 3 年票息
Coupon(1:4,4)=7.50
%% 第 3 年各个节点数值
Price(:,4)=(100+7.5)./(1+Rate_Tree(:,4))
%% 第 2 年各个节点数值
Price(1:3,3)=(0.5*(Price(1:3,4)+Coupon(1:3,4))+0.5*(Price(2:4,4)+…Coupon
(2:4,4)))./(1+Rate_Tree(1:3,3))
```

```
%% 第 1 年各个节点数值
Price(1:2,2)=(0.5*(Price(1:2,3)+Coupon(1:2,3))+0.5*(Price(2:3,3)+…Coupon
(2:3,3)))./(1+Rate_Tree(1:2,2))
%% 当前各个节点数值
Price(1,1)=(0.5*(Price(1,2)+Coupon(1,2))+0.5*(Price(2,2)+…Coupon(1,2)))/(1+
Rate_Tree(1,1))
```

【例 8-7】 考虑一个四年期阶梯可赎回债券，前两年支付 4.25%，后两年支付 7.5%，同时该债券在第 2 年与第 3 年按照面值赎回。图 8-12 所示是阶梯可赎回债券的定价。

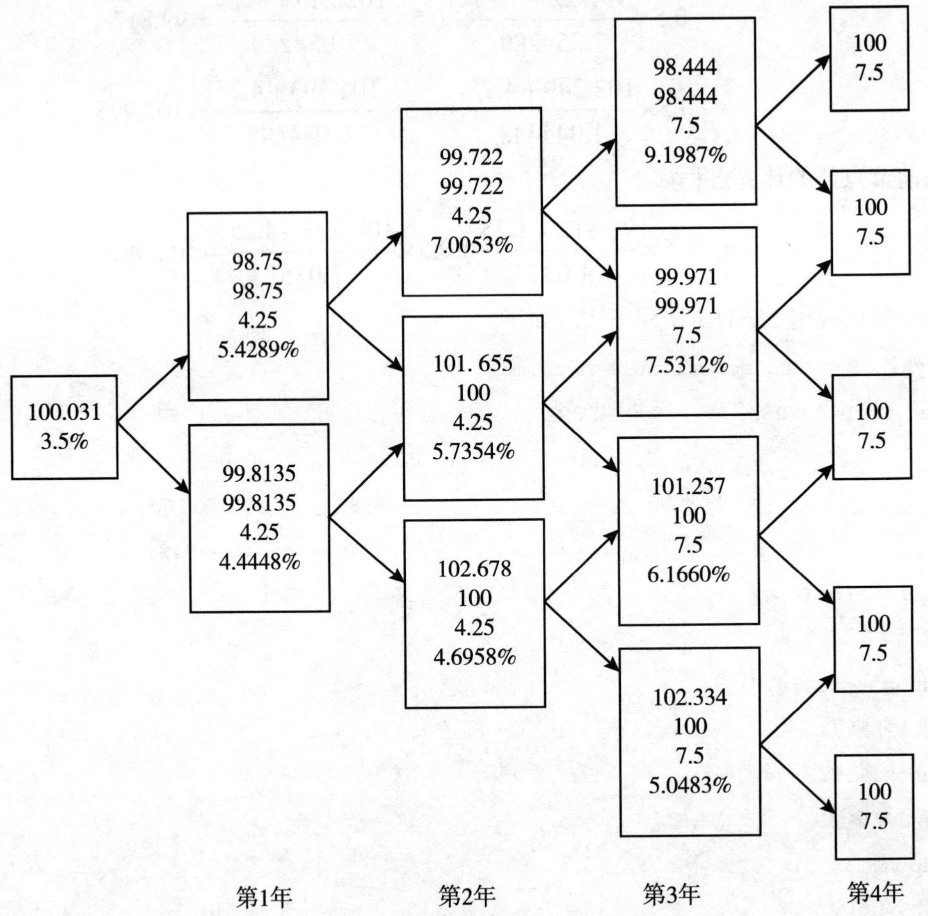

图 8-12 阶梯可赎回债券定价

第 3 年各节点计算过程如下。

$$0.5\times\frac{100+7.5}{1.091987}+0.5\times\frac{100+7.5}{1.091987}=98.444$$

$$0.5\times\frac{100+7.5}{1.075312}+0.5\times\frac{100+7.5}{1.075312}=99.971$$

$$0.5\times\frac{100+7.5}{1.06166}+0.5\times\frac{100+7.5}{1.06166}=101.257$$

$$0.5\times\frac{100+7.5}{1.050483}+0.5\times\frac{100+7.5}{1.050483}=102.344$$

第 2 年各节点值的计算过程如下。

$$0.5\times\frac{\min(98.444100)+7.5}{1.070053}+0.5\times\frac{\min(99.971100)+7.5}{1.070053}=99.722$$

$$0.5\times\frac{99.971+7.5}{1.057354}+0.5\times\frac{\min(101.257100)+7.5}{1.057354}=101.6552$$

$$0.5\times\frac{\min(101.257100)+7.5}{1.046958}+0.5\times\frac{\min(102.334100)+7.5}{1.046958}=102.6784$$

第 1 年各节点值的计算过程如下。

$$0.5\times\frac{\min(99.722100)+4.25}{1.054289}+0.5\times\frac{\min(101.655100)+4.25}{1.054289}=98.75$$

$$0.5\times\frac{\min(101.655100)+4.25}{1.044448}+0.5\times\frac{\min(102.678100)+4.25}{1.044448}=99.8135$$

当前节点值的计算过程如下。

$$0.5\times\frac{\min(98.75100)+4.25}{1.035}+0.5\times\frac{\min(99.8135100)+4.25}{1.035}=100.031$$

MATLAB 程序如下。

```
%文件名：Step_Up_Callable_Note.m
Rate_Tree=[0.035        0.054289        0.070053        0.091987
                0        0.044448        0.057354        0.075312
                0               0        0.046958        0.061660
                0               0               0        0.050483];
Price=zeros(4,4)
% 初值
Coupon=zeros(4,4)
% 第 1 年票息
Coupon(1:2,2)=4.25
% 第 2 年票息
Coupon(1:3,3)=4.25
% 第 3 年票息
Coupon(1:4,4)=7.50
%% 第 3 年各个节点数值
Price(:,4)=(100+7.5)./(1+Rate_Tree(:,4))
```

```
%% 第 2 年各个节点数值
Price(1:3,3)=(0.5*(min(Price(1:3,4),100)+Coupon(1:3,4))+0.5*(min(Price(2:4,4),
100)+Coupon(2:4,4)))./(1+Rate_Tree(1:3,3))
%% 第 1 年各个节点数值
Price(1:2,2)=(0.5*(min(Price(1:2,3),100)+Coupon(1:2,3))+0.5*(min(Price(2:3,3),
100)+Coupon(2:3,3)))./(1+Rate_Tree(1:2,2))
%% 当前各个节点数值
Price(1,1)=(0.5*(min(Price(1,2),100)+Coupon(1,2))+0.5*(min(Price(2,2),100)+
Coupon(1,2))) /(1+Rate_Tree(1,1))
```

【例 8-8】浮动债券利率箍就是设定利率区间，当在利率上限与下限之间时，支付浮动利率，超出上限或者下限都不支付利息，下面为一个三年期浮动利率箍定价，利率箍的上限与下限如表 8-1 所示。

表 8-1 利率箍的上限与下限

	第 1 年	第 2 年	第 3 年
利率下限	3.00%	4.00%	5.00%
利率上限	5.00%	6.25%	8.00%

三年期浮动利率箍的定价如图 8-13 所示。

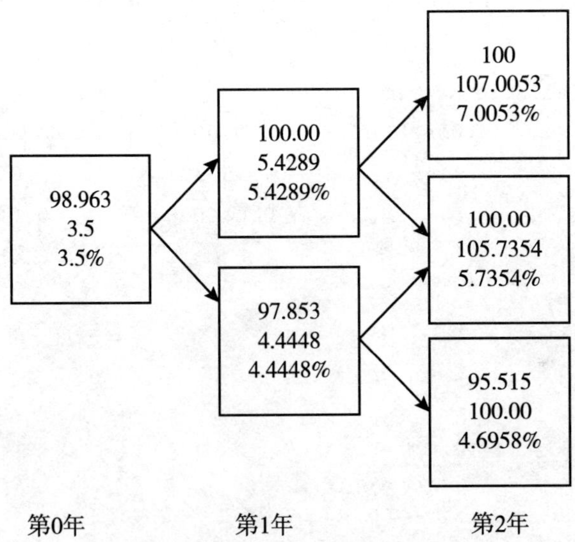

图 8-13 3 年期浮动利率箍的定价

8.6　美式看涨利率期权二叉树定价

【例 8–9】下面考虑一个二年期债券，票息率为 6.5%，美式看涨期权执行价为 100.25，当前市场的债券价格与票息如表 8–2 所示。

表 8-2　　当前市场的债券价格与票息

	票息（%）	市场价格
第 1 年	3.50	100
第 2 年	4.20	100
第 3 年	4.70	100
第 4 年	5.20	100

美式期权二叉树的定价如图 8-14 所示。

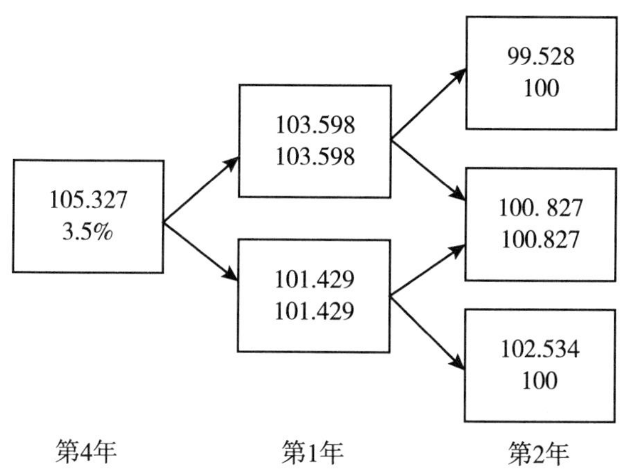

图 8-14　美式期权二叉树的定价

从图 8-14 中可以看出，债券在第 2 年年末的价格分别为 97.925、100.418、102.534，在每个节点考虑是否行权的情况。如果第 2 年年末债券的价格为 97.925，那么看涨期权的价格为 0；如果债券的价格为 100.418，那么看涨期权的价格为 0.1684；如果债券的价格为 102.534，那么看涨期权的价格为 2.2835。

图 8-14 中各节点看涨期权价格的计算方式如下。

$$0=\max(0,97.9249-100.25)$$

$$0.1684=\max(0,100.4184-100.25)$$

$$2.2835=\max(0,102.5335-100.25)$$

第 1 年各节点值的计算过程如下。

$$0.5\times\frac{0}{1.054289}+0.5\times\frac{0.1684}{1.054289}=0.0799$$

$$0.5\times\frac{0.1684}{1.044448}+0.5\times\frac{2.2835}{1.044448}=1.1738$$

当前节点值的极端过程如下。

$$0.5\times\frac{0.0799}{1.035}+0.5\times\frac{1.1738}{1.035}=0.6056$$

这样美式看涨期权价格为 0.6056。

8.7 期权调整利差

在【例 8-2】中用利率二叉树对可赎回债券定价，标的为 6.5%的可赎回债券，赎回价为 100，计算得出的理论价格为 102.899，假设市场交易价格为 102.218，那么需要在原来基准利率二叉树上增加一个 OAS，使得理论价格等于市场价格 102.218，下面编写二分法计算 OAS。

```
% 文件名：OASbyTree.m
InTree=zeros(4,4);
InTree(1,1)=1.035
InTree(1,2)=1.054289
InTree(2,2)=1.044448
InTree(1,3)=1.070053
InTree(2,3)=1.057354
InTree(3,3)=1.046958
InTree(1,4)=1.091987
InTree(2,4)=1.075312
InTree(3,4)=1.061660
InTree(4,4)=1.050483
% 设定 OAS 的上界与下界
epslon=0.001        % OAS
UpOAS=0.0050        % OAS 上界
DoOAS=0.00         % OAS 下界
OAS=DoOAS;
TreePrice=zeros(4,4);
bb=0  % 迭代步骤
while abs(TreePrice(1,1)-102.218)>epslon
% for ss=1:4
bb=bb+1;
   OASInTree(1,1)=InTree(1,1)+OAS;
```

```
    OASInTree(1,2)=InTree(1,2)+OAS;
    OASInTree(2,2)=InTree(2,2)+OAS;
    OASInTree(1,3)=InTree(1,3)+OAS;
    OASInTree(2,3)=InTree(2,3)+OAS;
    OASInTree(3,3)=InTree(3,3)+OAS;
    OASInTree(1,4)=InTree(1,4)+OAS;
    OASInTree(2,4)=InTree(2,4)+OAS;
    OASInTree(3,4)=InTree(3,4)+OAS;
    OASInTree(4,4)=InTree(4,4)+OAS;
    % 计算第 3 年各节点价格
    TreePrice(1,4)=min(100,(100+6.5)/OASInTree(1,4));
    TreePrice(2,4)=min(100,(100+6.5)/OASInTree(2,4));
    TreePrice(3,4)=min(100,(100+6.5)/OASInTree(3,4));
    TreePrice(4,4)=min(100,(100+6.5)/OASInTree(4,4));
% 计算第 2 年各节点价格
TreePrice(1,3)=min(100,(TreePrice(1,4)+TreePrice(2,4)+2*6.5)/OASInTree(1,3)/2);
TreePrice(2,3)=min(100,(TreePrice(2,4)+TreePrice(3,4)+2*6.5)/OASInTree(2,3)/2);
TreePrice(3,3)=min(100,(TreePrice(3,4)+TreePrice(4,4)+2*6.5)/OASInTree(3,3)/2);
% 计算第 1 年各节点价格
TreePrice(1,2)=min(100,(TreePrice(1,3)+TreePrice(2,3)+2*6.5)/OASInTree(1,2)/2);
TreePrice(2,2)=min(100,(TreePrice(2,3)+TreePrice(3,3)+2*6.5)/OASInTree(2,2)/2);
% 计算当前价格
TreePrice(1,1)=(TreePrice(1,2)+TreePrice(2,2)+2*6.5)/OASInTree(1,1)/2;
zz=TreePrice(1,1);
if TreePrice(1,1)>102.218
DoOAS=OAS;
else
UpOAS=OAS;
end
disp([bb,UpOAS,DoOAS,zz,OAS])
OAS=(UpOAS+DoOAS)/2;
end
```

运行结果如下

```
    1.0000    0.0050         0  102.8986         0
    2.0000    0.0050    0.0025  102.4346    0.0025
    3.0000    0.0037    0.0025  102.1618    0.0037
    4.0000    0.0037    0.0031  102.3001    0.0031
    5.0000    0.0037    0.0034  102.2320    0.0034
    6.0000    0.0036    0.0034  102.1969    0.0036
```

```
7.0000    0.0035    0.0034  102.2145    0.0035
8.0000    0.0035    0.0035  102.2232    0.0035
9.0000    0.0035    0.0035  102.2189    0.0035
```

最后计算得到经过期权调整价差（OAS）为 35 个基点。

经过计算可知，OAS 为 35 个基点时，计算出的可赎回债券价格为 102.218。图 8-15 所示是经过 OAS 调整的利率二叉树对【例 8-2】中可赎回债券的定价。

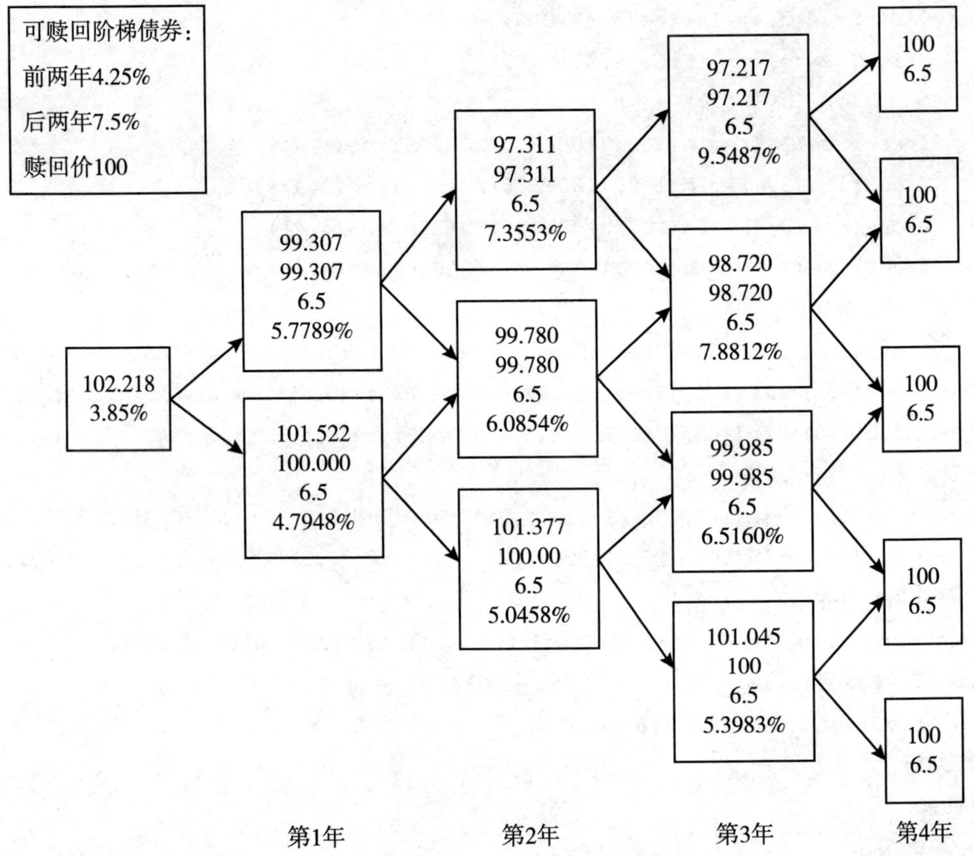

图 8-15　经过 OAS 调整的利率二叉树对可赎回债券的定价

下面给出当利率基准平移 35 个基点时，各节点值的计算过程。

第 3 年各节点值的计算过程如下。

$$0.5\times\frac{106.5}{1.095487}+0.5\times\frac{106.5}{1.095487}=97.217$$

$$0.5\times\frac{106.5}{1.078812}+0.5\times\frac{106.5}{1.078812}=98.72$$

$$0.5\times\frac{106.5}{1.065160}+0.5\times\frac{106.5}{1.065160}=99.985$$

$$0.5\times\frac{106.5}{1.053983}+0.5\times\frac{106.5}{1.053983}=101.045$$

第 2 年各节点值的计算过程如下。

$$0.5\times\frac{\min(97.217100)+6.5}{1.073553}+0.5\times\frac{\min(98.72100)+6.5}{1.073553}=97.311$$

$$0.5\times\frac{\min(98.72100)+6.5}{1.060854}+0.5\times\frac{\min(99.985100)+6.5}{1.060584}=99.780$$

$$0.5\times\frac{\min(99.985100)+6.5}{1.050458}+0.5\times\frac{\min(101.045100)+6.5}{1.050458}=101.377$$

第 1 年各节点值的计算过程如下。

$$0.5\times\frac{\min(97.311100)+6.5}{1.057789}+0.5\times\frac{\min(99.780100)+6.5}{1.057789}=99.307$$

$$0.5\times\frac{\min(99.780100)+6.5}{1.047948}+0.5\times\frac{\min(101.377100)+6.5}{1.047948}=101.522$$

最后计算可赎回债券价格如下。

$$0.5\times\frac{\min(99.307100)+6.5}{1.0385}+0.5\times\frac{\min(101.522100)+6.5}{1.0385}=102.218$$

8.8　二叉树计算久期与凸度

8.8.1　久期与凸度概念

通常情况下，债券价格收益率曲线是凸形的，将债券的价格 P 作为收益率的函数，其泰勒展开后的形式为：

$$P=\frac{\mathrm{d}P}{\mathrm{d}r}\Delta r+\frac{1}{2}\frac{\mathrm{d}^2P}{\mathrm{d}r^2}\Delta r^2+o(\Delta r^2)$$

在上式两边同时除以 P，得到：

$$\frac{\mathrm{d}P}{P}=\frac{\frac{\mathrm{d}P}{\mathrm{d}r}}{P}\Delta r+\frac{\frac{1}{2}\frac{\mathrm{d}^2P}{\mathrm{d}r^2}}{P}\Delta r^2+o(\Delta r^2)$$

上式的前一项是修正久期，后面一项是凸度，凸度可以表示为：

$$T_d=\frac{1}{P(1+r)^2}\sum_{t=1}^{T}\frac{t(t+1)}{(1+r)^t}$$

如果付息频率为 m，则凸度的年度值为 T_d/m^2。

【例 8–10】面值为 100，票面利率为 8%，收益率为 9%，债券的价格为 96.04364，每年支付两次利息。表 8–3 所示是各期现金流现值。

表 8-3　　各期现金流现值

时间（t）	现金流	现值	$t(t+1)$	现值×$t(t+1)$
1	4	3.828	2	7.6555
2	4	3.663	6	21.9775
3	4	3.505	12	42.0622
4	4	3.354	20	67.0849
5	4	3.210	30	96.2941
6	4	3.072	42	129.0065
7	4	2.939	56	164.6016
8	4	2.813	72	202.5173
9	4	2.692	90	242.2456
10	104	66.79	104	7366.5327
总计				8339.9779

计算出凸度为：

$$\text{凸度（半年）}=\frac{8339.9779}{(1+0.045)^2\times 96.04364}=97.5177$$

$$\text{凸度（年）}=\frac{97.5177}{2^2}=19.88$$

8.8.2　凸度计算价格波动

根据久期与凸度的定义得出如下结论。

- 久期解释债券价格变化百分比=–久期×利率变化。
- 凸度解释债券价格变化百分比=0.5×凸度×利率变化。
- 债券价格变化百分比=–久期×利率变化+0.5×凸度×利率变化。

假设债券的久期为 4.018，凸度为 19.88，当债券的收益率由 9%增加到 13%时，债券价格变化的百分比分别如下。

- 久期解释价格变化百分比=–4.018×0.04=–16.07%。
- 凸度解释价格变化百分比=$0.5\times 19.88\times (0.04)^2=-14.48\%$。

这说明当利率由 9%上升至 13%时，债券的价格下降 14.18%，而当收益率为 13%时，债券的实际价格为 82.02792，价格实际变化百分比为–14.48%。

票面利率越低，凸度越大。

$$T_d = \frac{\frac{\mathrm{d}^2 P}{\Delta r^2}}{P} = \frac{\sum_{t=1}^{T} \frac{t(t+1)C}{(1+r)^t} + \frac{T(T+1)P}{(1+r)^T}}{(1+r)^2 \left[\sum_{t=1}^{T} \frac{C}{(1+r)^t} + \frac{P}{(1+r)^T} \right]} \tag{8-1}$$

式（8-1）右端的分子与分母同除以 C，得：

$$T_d = \frac{\sum_{t=1}^{T} \frac{t(t+1)}{(1+r)^t} + \frac{T(T+1)}{(1+r)^T} \frac{P}{C}}{(1+r)^2 \left[\sum_{t=1}^{T} \frac{1}{(1+r)^t} + \frac{1}{(1+r)^T} \frac{P}{C} \right]}$$

可以看出，P/C 是票面利率的倒数，为方便起见，记：

$$A = \sum_{t=1}^{T} \frac{t(t+1)}{(1+r)^t} + \frac{T(T+1)}{(1+r)^T} \frac{P}{C}$$

$$B = \sum_{t=1}^{T} \frac{1}{(1+r)^t} + \frac{1}{(1+r)^T} \frac{P}{C}$$

A 与 B 都是 C 的函数，则：

$$A' = \frac{\mathrm{d}A}{\mathrm{d}C} = -\frac{PT(T+1)}{(1+r)^T C^2}$$

$$B' = \frac{\mathrm{d}B}{\mathrm{d}C} = -\frac{P}{(1+r)^T C^2}$$

于是有：

$$\frac{\mathrm{d}T_b}{\mathrm{d}C} = \frac{\mathrm{d}}{\mathrm{d}C} \left[\frac{1}{(1+r)^2} \frac{A}{B} \right] = \frac{A'B - AB'}{(1+r)^2 B^2} = \frac{\sum_{t=1}^{T} \frac{t(t+1) - T(T+1)}{(1+r)^t}}{(1+r)^{T+2} B^2 C^2}$$

这说明了凸度是利率的减函数，票面利率越小，凸度越大。

8.8.3　利率二叉树计算可赎回债券久期与凸度

凸度是债券价格对利率的二阶导数，根据二阶导数的近似值可以得到凸度的近似公式。

二阶导数是一阶导数的倒数，在价格利率曲线上分别选取 A、B、C 三点，凸度计算近似图如图 8-16 所示。

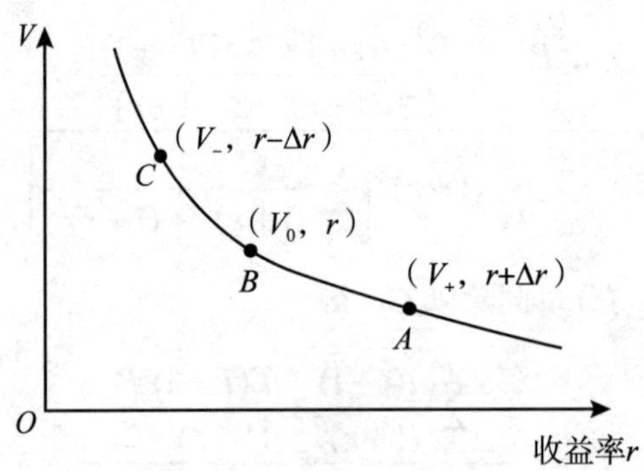

图 8-16　凸度计算近似图

A 点的导数可以近似于 $\dfrac{V_+ - V_0}{\Delta r}$，*B* 点导数可以近似于 $\dfrac{V_0 - V_1}{\Delta r}$，根据二阶导数是一阶导数的导数，近似地表示为：

$$\frac{\dfrac{V_+ - V_0}{\Delta r} - \dfrac{V_0 - V_-}{\Delta r}}{\Delta r} = \frac{V_+ - 2V_0 + V_-}{\Delta r^2}$$

得到凸度的近似公式为：

$$凸度 = \frac{V_+ + V_- - 2V_0}{2V_0(\Delta r)^2}$$

类似地，对于久期计算公式为：

$$久期 = \frac{V_- - V_+}{2V_0(\Delta r)}$$

其中，V_- 为利率基准降低 Δr 时计算出的价格；而 V_+ 表示利率基准上升 Δr 时计算出的价格。

V_+（或 V_-）的计算步骤如下。

（1）根据市场价格确定 OAS。

（2）将新发行债券的收益率曲线向上、向下平移 Δr。

（3）以平移后的收益率曲线为基础，重新计算新的利率二叉树。

（4）将 OAS 加到新的利率二叉树每个节点中，得到调整后的利率二叉树。

（5）以调整后的利率二叉树为基础，计算债券价格。

（6）在平移后的收益率曲线上计算有效久期与有效凸度。

将图 8-16 的利率基准平移 OAS+25 个基点，可以得到可赎回债券的价格 V_+ 为 101.621，如果将图 8-16 的利率基准平移 OAS−25 个基点，可以得到可赎回债券的价格 V_- 为 102.765。

图 8-17 和图 8-18 所示是经过 OAS 调整后的价格，利差为 35，计算票息率为 6.5%，可赎回债券，交易价格为 102.218，假设波动率为 10%。

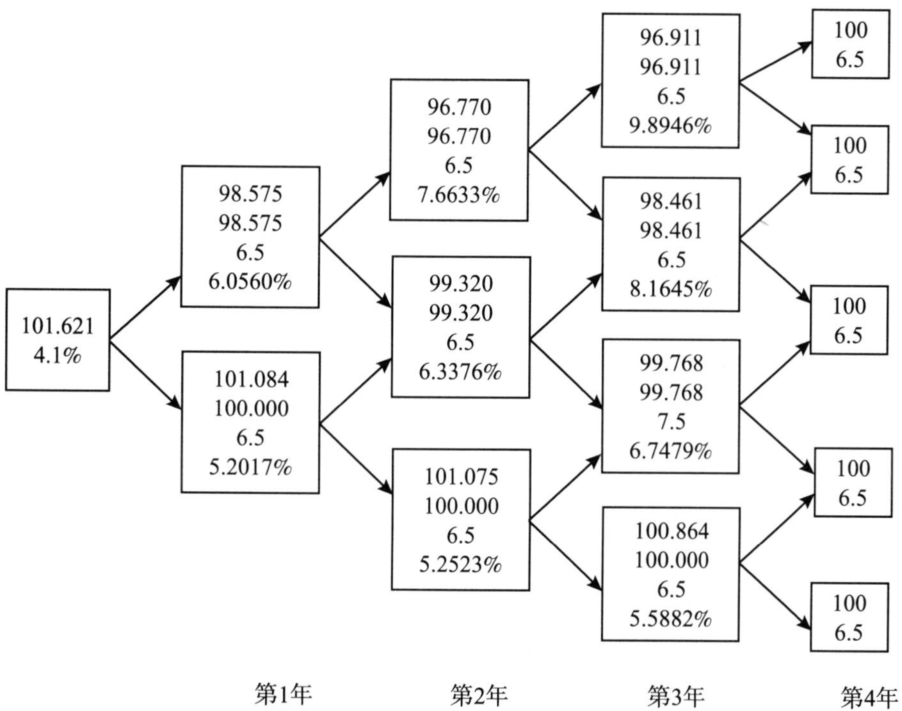

图 8-17　计算经过 OAS 调整向上平移（Δ*r*）的价格

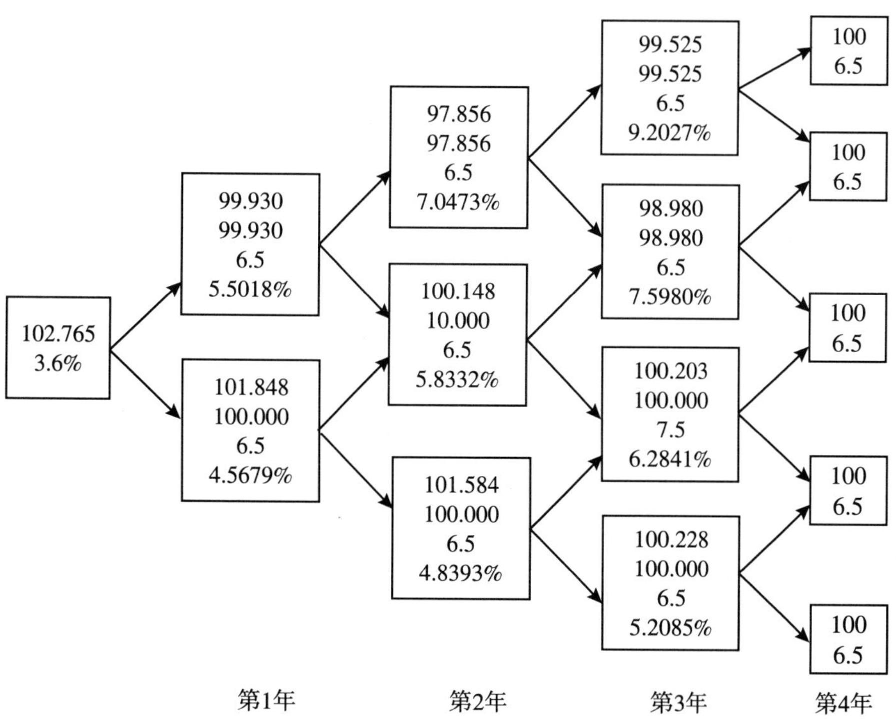

图 8-18　计算经过 OAS 调整向下平移（－Δ*r*）的价格

得出有如下结果。

$$\Delta r = 0.0025$$

$$V_+ = 101.621$$

$$V_- = 102.765$$

$$V_0 = 102.218$$

可以计算出有效久期与有效凸度分别为：

$$久期=\frac{\dfrac{102.765-101.621}{V_0}}{2(0.0025)}=2.24$$

$$凸度=\frac{\dfrac{101.621+102.765-2(102.218)}{V_0}}{2(0.0025)^2}=-39.1321$$

久期分为久期、修正久期与有效久期3种。久期是用来衡量债券对利率变化程度的常用指标；修正久期是假设现金流量不随利率变化而变化；有效久期是衡量由于嵌入权证导致预期现金流随利率变化而变化时，债券价格发生的变动。对于嵌入期权的债券而言，有效久期与修正久期差别较大。例如，可赎回债券修正久期为5，有效久期可能为3，对于某些高杠杆的抵押支持贷款而言，修正久期为7，但是有效久期可能为50，久期、修正久期与有效久期之间的比较图如图8-19所示。

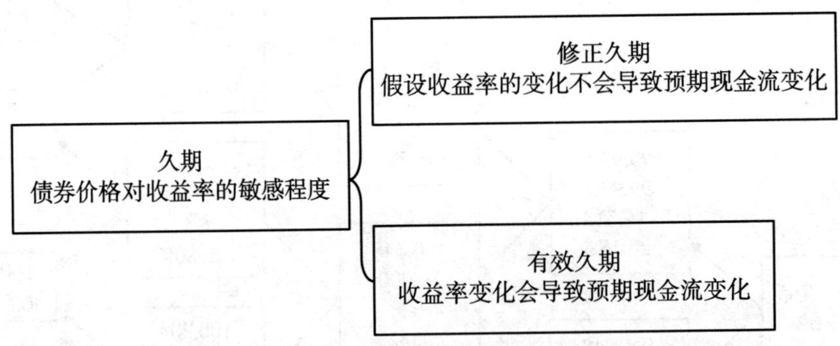

图8-19 久期、修正久期与有效久期之间的比较图

类似地，标准凸性指标也不适用于含权债券，因为没有考虑到利率变化会影响含权债券的现金流这个因素。

附录 1

金融数据函数

1.1 金融数据处理与格式转换

1. 当前时刻与日期

now	显示当前时刻
today	显示今天日期

2. 日期和时间成分

datefind	查找日期
datevec	实现将日期数字和日期字符串转化为向量形式

3. 每月的日期

eomdate	计算上个月最后一天日期
eomday	判断是否为月的最后一天
hour	确定小时
lweekdate	确定某月最后一个星期的日期
minute	确定分钟
month	确定月
months	计算月份间隔
nweekdate	确定月份中某个星期的日期
second	指定日期或时间的第二天日期
thirdwednesday	计算每月的第三个星期三
weekday	计算一周中星期几
year	指定日期的年份
yeardays	指定日期在一年中的天数

4. 日期转换

date2time	将日期转换为时间
datedisp	显示日期
datenum	显示日期数
datestr	建立日期型数据
dec2thirtytwo	将债券的小数报价表示转换为分数报价

m2xdate	将 MATLAB 时间转换为 Excel 数据日期
thirtytwo2dec	将债券的分数报价转换为小数报价
time2date	计算距离结算日的天数
x2mdate	将 Excel 时间换算为 MATLAB 时间

5. 金融日期函数

busdate	上一个或者下一个营业日。根据西方国家的节假日习惯。
datemnth	根据某一参照点，计算距离将来或过去的日期
datewrkdy	根据某一参照点，计算距离将来或过去是星期几
days360	以每年 360 天方式计算日期间隔
days360e	计算 360（European）规则下的日期间隔
days360isda	计算 360ISDA 规则下的日期间隔
days360psa	计算 360Psa 规则下的日期间隔
days365	计算 day365 规则下的日期间隔
daysact	计算两个日期之间的实际天数
daysadd	计算起始日的 N 天后的日期
daysdif	计算两个日期间隔的通用函数
fbusdate	计算该月的第一个营业日
holidays	判断西方节假日与非交易日
isbusday	判断是否为西方的营业日
lbusdate	计算该月的最后一个营业日
wrkdydif	计算日期的交易日间隔
yearfrac	计算以年表示的时间间隔

6. 息票日期

accrfrac	结算日之前的息票期间，用于计算应计利息
cfamounts	将现金流映射为债券组合
cfdates	计算息票的现金流日期
cfport	计算现金流的组合形式
cftimes	计算现金流的时间因子
cpncount	计算到期日之前的票息
cpndaten	计算下一次票息支付日
cpndatenq	计算下一个准息票的现金流日期
cpndatep	计算前一个票息支付日
cpndatepq	计算前一个准息票日
cpndaysn	计算结算日至下一个息票日的时间间隔
cpndaysp	计算前一个息票日至结算日的时间间隔
cpnpersz	计算息票含结算日在内的计息期间

1.2　货币格式与图示化

1．货币格式

cur2frac　　十进制货币价值，以分数值表示
cur2str　　将银行表示转换为文本形式
frac2cur　　将货币的分数格式转化为小数格式

2．金融数据图示化

bolling　　绘制布林线
candle　　绘制 K 线图
dateaxis　　将日期转化为日期坐标
highlow　　绘制股价的高低图
movavg　　绘制移动平均图
pointfig　　绘制点图

1.3　现金流计算

1．年金

annurate　　计算年金利率
annuterm　　计算年金间隔

2．折旧与摊销

amortize　　摊销
depfixdb　　等额折旧
depgendb　　递减折旧法
deprdv　　残值折旧法
depsoyd　　年数折旧法
depstln　　直线折旧法

3．现值计算

pvfix　　计算固定周期现金流现值
pvvar　　计算变周期现金流现值

4．将来值计算

fvdisc　　计算贴现债券的将来值
fvfix　　计算固定支付周期债券的将来值

fvvar 计算变周期现金流将来值

5．付息计算

payadv 还款次数给定时，计算期间还款金额
payodd 计算首次付息为偶数期间的贷款或年金的支付
payper 贷款与年金的期间支付
payuni 不等额现金流转换成等额现金流

6．收益率

effrr 计算有效收益率
irr 计算内部收益率
mirr 计算修正的内部收益率
nomrr 计算名义收益率
taxedrr 计算扣税后收益
xirr 计算非规则现金流的内部收益率
cfconv 计算现金流凸度
cfdur 计算现金流的久期与修正久期

1.4 固定收益证券

1．应计利息

acrubond 计算息票的应计利息
acrudisc 计算支付票息贴现券的应计利息

2．价格

bndprice 根据到期收益率计算价格
prdisc 计算贴现券的价格
prmat 计算含息券的到期价格
prtbill 计算短期国库券的价格

3．利率期限结构

prbyzero 根据利率期限结构曲线对债券定价
disc2zero 将贴现曲线转化为利率期限结构曲线
fwd2zero 将利率远期曲线转化为利率期限结构曲线
pyld2zero 将平价收益曲线转化为利率期限结构曲线
termfit 使用样条工具箱对期限结构进行拟合
zbtprice 根据债券价格利用步步为营法计算零息曲线

zbtyield	根据债券收益率利用步步为营法计算零息曲线
zero2disc	将零息曲线转化为贴现曲线
zero2fwd	将零息曲线转化为远期利率曲线
zero2pyld	将零息曲线转化为平价收益曲线

4．收益率计算

beytbill	计算与国库券等价的付息券的收益率
bndyield	计算固定收益的到期收益率
discrate	计算货币市场的银行贴现率
ylddisc	计算贴现券收益率
yldmat	计算含息券的到期收益率
yldtbill	计算短期国库券的收益率

5．价差

bndspread	计算即时收益率曲线的静态价差

6．利率敏感性

bndconvp	根据息票价格计算息票的凸度
bndconvy	根据收益率计算凸度
bnddurp	根据价格计算久期
bnddury	根据收益率计算久期

1.5　资产组合分析

abs2active	将绝对约束转换为主动约束
active2abs	将主动约束转化为绝对约束
corr2cov	根据标准差及相关系数计算协方差矩阵
cov2corr	根据协方差矩阵计算标准差及相关系数
ewstats	计算估计时间序列的回报协方差
frontcon	计算均值方差有效前沿
pcalims	计算资产配置中的线性不等式约束
pcgcomp	对群的线性权重约束
pcglims	计算资产中每个群的上限与下限
pcpval	计算组合市值确定下的线性不等式约束
portalloc	计算有效前沿上的组合最优配置
portcons	计算资产组合的约束条件
portopt	计算带约束条件下的资产组合有效前沿
portrand	计算随机组合风险、回报、权重

portstats	计算资产组合的预期回报与风险
portsim	计算 Monte Carlo 模拟相关资产的轨迹
portvrisk	计算资产组合的 VaR
ret2tick	将收益率转换为价格序列
tick2ret	将价格序列转为收益率序列

1.6 金融统计

ecmnfish	计算 Fisher 信息矩阵
ecmnhess	计算负对数似然函数的 Hessian 矩阵
ecmninit	计算初始均值与方差
ecmnmle	计算多元正态假设下的均值与方差
ecmnobj	计算多元正态对数似然函数
ecmnstd	计算不完全数据情况下的均值与协方差估计的标准误差

1.7 期权价格和敏感性分析

binprice	利用二叉树计算看涨与看跌期权的价格
blkimpv	计算期货期权的隐含波动率
blkprice	利用 Black's 模型计算期货期权价格
blsdelta	利用 Black-Scholes 公式计算 Delta
blsgamma	利用 Black-Scholes 公式计算 Gamma
blsimpv	利用 Black-Scholes 公式计算隐含利率
blslambda	利用 Black-Scholes 公式计算 Lamda
blsprice	利用 Black-Scholes 公式计算欧式期权价格.
blsrho	利用 Black-Scholes 公式计算 Rho
blstheta	利用 Black-Scholes 公式计算 Theta
blsvega	利用 Black-Scholes 公式计算 Vega
opprofit	计算行权收益

1.8 单变量 GARCH 过程

ugarch	GARCH 参数估计
ugarchllf	计算目标函数的对数似然函数
ugarchpred	计算预测条件方差
ugarchsim	模拟 GARCH 过程

附录 2

金融衍生品定价函数

2.1 对冲组合配置

hedgeslf	自融资对冲
hedgeopt	给定目标成本或敏感性计算最优对冲组合

2.2 根据利率期限结构计算价格与敏感性

bondbyzero	期限结构对债券定价
cfbyzero	期限结构对现金流定价
fixedbyzero	期限结构对固定利率定价
floatbyzero	期限结构对浮动利率定价
intenvprice	期限结构对利率工具定价
intenvsens	期限结构计算利率产品的敏感性及价格
swapbyzero	期限结构计算利率互换价格

2.3 根据 Heath-Jarrow-Morton 利率树计算利率衍生产品价格与敏感性

hjmprice	利用 HJM 模型为利率产品定价
hjmsens	利用 HJM 模型计算利率产品敏感性
hjmtimespec	利用 HJM 模型的时间离散方式
hjmtree	构建 HJM 利率树函数
hjmvolspec	构建 HJM 模型的波动率格式

2.4 根据 Black-Derman-Toy 利率树计算利率衍生产品价格与敏感性

bdtprice	利用 BDT 模型给利率产品定价
bdtsens	利用 BDT 模型计算利率产品敏感性
bdttimespec	利用 BDT 模型的时间离散方式

bdttree　　构建 BDT 利率树函数
bdtvolspec　　构建 BDT 模型的波动率格式

2.5 根据 Black-Karasinski 利率树计算利率衍生产品价格与敏感性

bkprice　　利用 BK 模型给利率产品定价
bksens　　利用 BK 模型计算利率产品敏感性
bktimespec　　BK 模型的时间离散方式
bktree　　构建 BK 利率树函数
bkvolspec　　构建 BK 模型的波动率格式

2.6 根据 Cox-Ross-Rubinstein 利率树计算衍生产品价格与敏感性

crrprice　　利用 CRR 模型给利率产品定价
crrsens　　利用 CRR 模型计算利率产品敏感性
crrtimespec　　利用 CRR 模型的时间离散方式
crrtree　　构建 CRR 利率树函数

2.7 根据 EQP 树计算衍生产品价格与敏感性

eqpprice　　利用 EQP 模型给利率产品定价
eqpsens　　利用 EQP 模型计算利率产品敏感性
eqptimespec　　构建 EQP 模型的时间离散方式
eqptree　　构建 EQP 利率树函数

2.8 根据 Hull-White 利率树计算衍生产品价格与敏感性

hwprice　　利用 HW 模型给利率产品定价
hwsens　　利用 HW 模型计算利率产品敏感性
hwtimespec　　构建 HW 模型的时间离散方式
hwtree　　构建 HW 利率树函数
hwvolspec　　构建 HW 模型的波动率格式

2.9 Heath-Jarrow-Morton 模型定价

bondbyhjm	利用 HJM 模型对债券定价
capbyhjm	利用 HJM 模型对利率上限定价
cfbyhjm	利用 HJM 模型对现金流定价
fixedbyhjm	利用 HJM 对固定利率票据定价
floatbyhjm	利用 HJM 模型对浮动利率定价
floorbyhjm	利用 HJM 模型对利率底定价
mmktbyhjm	利用 HJM 利率树创建货币市场树
optbndbyhjm	利用 HJM 模型对债券期权定价
swapbyhjm	利用 HJM 模型对互换定价

2.10 Black-Derman-Toy 模型定价

bondbybdt	利用 BDT 模型对债券定价
capbybdt	利用 BDT 模型对利率上限定价
cfbybdt	利用 BDT 模型对现金流定价
fixedbybdt	利用 BDT 对固定利率票据定价
floatbybdt	利用 BDT 模型对浮动利率定价
floorbybdt	利用 BDT 模型对利率底定价
mmktbybdt	利用 BDT 利率树创建货币市场树
optbndbybdt	利用 BDT 模型对债券期权定价
swapbybdt	利用 BDT 模型对互换定价

2.11 Black-Karasinski 模型定价

bondbybk	利用 BK 模型计算债券价格
capbybk	利用 BK 模型计算利率上限
cfbybk	利用 BK 模型计算现金流价格
fixedbybk	利用 BK 模型计算固定收益票据价格
floatbybk	利用 BK 模型计算利率下限价格
floorbybk	利用 BK 模型计算利率上限价格
optbndbybk	利用 BK 模型计算债券期权价格
swapbybk	利用 BK 模型计算互换价格

2.12 CRR 树定价

asianbycrr	根据 CRR 二叉树计算亚式期权价格
barrierbycrr	根据 CRR 二叉树计算障碍期权价格
compoundbycrr	根据 CRR 二叉树计算复合期权价格
lookbackbycrr	根据 CRR 二叉树计算回望期权价格
optstockbycrr	根据 CRR 二叉树计算股票期权价格

2.13 EQP 树定价

asianbyeqp	根据 EQP 二叉树计算亚式期权价格
barrierbyeqp	根据 EQP 二叉树计算障碍期权价格
compoundbyeqp	根据 EQP 二叉树计算复合期权价格
lookbackbyeqp	根据 EQP 二叉树模型计算回望期权价格
optstockbyeqp	根据 EQP 二叉树计算股票期权价格

2.14 Hull-White 树定价

bondbyhw	根据 Hull-White 利率树为债券定价
capbyhw	根据 Hull-White 利率树为利率顶定价
cfbyhw	根据 Hull-White 利率树为现金流定价
fixedbyhw	根据 Hull-White 利率树为固定利率票据定价
floatbyhw	根据 Hull-White 利率树为浮动利率票据定价
floorbyhw	根据 Hull-White 利率树为利率底定价
optbndbyhw	根据 Hull-White 利率树为债券期权定价
swapbyhw	Hull-White 利率树对互换定价

2.15 利率树操作

bushpath	利率树中特定路径的值
bushshape	查看利率树的特征
cvtree	将贴现率转换为利率树
mkbush	创建利率框架
mktree	创建二叉树结构
mktrintree	建立三叉树结构

treepath　查看二叉树的节点值
treeshape　查看二叉树的形状
trintreepath　查看三叉树节点
trintreeshape　查看三叉树的形状

2.16　衍生品价格树

derivget　获得衍生产品的特征
derivset　更改或修改衍生产品特征

2.17　处理资产组合工具

instadd　建立或添加新工具
instaddfield　添加新工具字段
instasian　构建亚式期权的特征
instbarrier　构建障碍期权的特征
instbond　构建债券特征
instcap　构建利率上限的特征
instcf　构建现金流
instcompound　构建复合期权的特征
instdelete　删除符合条件的工具
instdisp　显示工具中的内容
instfields　组合中产品的类型
instfind　查找符合条件的工具
instfixed　构建固定利率工具的特征
instfloat　构建浮动利率工具的特征
instfloor　构建利率下限工具的特征
instget　检索金融工具内容
instgetcell　检索工具特征名下的数据和内容，即字段下的数据
instlength　给出组合中金融工具的个数
instlookback　构建回望期权的特征
instoptbnd　构建债券期权的特征
instoptstock　构建股票期权的特征
instselect　将符合条件的工具组成一个新类
instsetfield　增加或更改当前组合中的产品特征
instswap　构建掉期工具的特征
insttypes　列出衍生产品类型

2.18 金融对象结构

classfin	构建金融产品及回报的结构
isafin	判断是否为金融结构数据
stockspec	构建股票结构

2.19 利率期限结构

date2time	日期转换成时间
time2date	时间转换成日期
disc2rate	根据债券现金流贴现因子计算利率
intenvget	获取利率结构特征
intenvset	设定或修改利率产品的特征
rate2disc	将利率转换为贴现因子
ratetimes	改变时间间隔

2.20 日期函数

datedisp	显示日期

2.21 图像显示函数

treeviewer	显示衍生产品树相关信息

附录 3

金融时间序列函数

3.1 目标及文件构造

ascii2fts	将 ASCⅡ数据转换为时间序列格式
fints	构建时间序列格式
fts2ascii	将时间序列格式数据转换为 ASCⅡ格式
fts2mat	将时间序列数据转换为数值型
merge	合并多个时间序列

3.2 算术运算

end	计算最后一天
horzcat	计算时间序列数据的水平连接
length	计算时间序列的列数
minus	时间数据相减
mrdivide	时间序列矩阵除法
mtimes	时间序列矩阵相乘
plus	时间序列加法
power	时间序列的幂运算
rdivide	时间序列除法
size	时间序列数目
times	时间序列的乘法
uminus	时间序列数据的一元减法
uplus	时间序列数据的一元加
vertcat	时间序列的垂直合并

3.3 数学函数

cumsum	累计求和
exp	指数计算
hist	绘制直方图

log	计算自然对数
log10	计算以 10 为底的对数
max	计算最大值
mean	计算算术平均
min	计算最小值
std	计算标准差

3.4 公用函数

chfield	更改日期变量名称
extfield	提取特定形式的数据
fetch	从时间序列中抽取数据
fieldnames	获取字段名
freqnum	将字符串频率转换为序数型序列
freqstr	将序数频率转换为字符串
ftsbound	获取时间序列的起止日期
getfield	获取结构数组的域
getnameidx	发现文件列表中的名称
iscompatible	判断结构是否相等
isequal	判断目标是否相同
isfield	判断字符串是否为结构变量名
rmfield	移去结构变量中数据
setfield	设定结构变量的内容
sortfts	为金融时间序列排序

3.5 数据转化函数

boxcox	Box-Cox 变换
convertto	转换为特定的频率
diff	对数据进行差分
fillts	补齐时间序列中的缺失数据
filter	线性滤波
lagts	滞后序列
leadts	领先时间序列
peravg	计算期间平均
resamplets	提取特定日期的时间数据
smoothts	平滑数据

toannual	转换成年
todaily	转换成天
todecimal	分数转换为小数
tomonthly	转换成月
toquarterly	转换成季度
toquoted	小数转换成分数
tosemi	转换成半年
toweekly	转换成周
tsmovavg	移动平均

3.6　日期函数

busdays	判定是否为营业日

3.7　绘图函数

bar	绘制 Bar 图
barh	绘制水平的 Bar 图
bar3	绘制三维 Bar 图
bar3h	绘制水平的三维 Bar 图
candle	绘制股价的 K 线图
chartfts	显示界面图
highlow	绘制高低图
plot	绘制数据图

3.8　图形用户界面函数

ftsgui	金融时间序列用户界面（GUI）

3.9　信息检索函数

display	显示金融时间序列
ftsinfo	时间序列信息
ftsuniq	确定时间序列日期是否有重合情况
issorted	判断日期及时间是否为单调递增的

附录 4

GARCH 工具箱

4.1 GARCH 模型

garchfit	单变量 GARCH 时间序列估计
garchpred	GARCH 时间序列预测
garchsim	GARCH 时间序列拟合

4.2 GARCH 残差信息 Innovations Inference

garchinfer	GARCH 残差信息

4.3 统计和检验

aicbic	aicbic 准则
archtest	Engle 检验
autocorr	自相关计算及其图示
crosscorr	互相关函数计算及其图示
lbqtest	Ljung-Box Q 检验
lratiotest	似然比检验

4.4 GARCH 模型结构函数

garchget	检索 GARCH 模型结构
garchset	修改 GARCH 结构

4.5 时间序列通用函数

garchar	将有限阶的 ARMA 转化为无限级阶 AR 模型

garchcount	计算 GARCH 的系数
garchdisp	显示 GARCH 模型参数
garchma	将有限阶的 ARMA 模型转换为无限阶的 MA 模型
lagmatrix	建立有限阶的时间序列矩阵
price2ret	将价格序列转换为回报序列
ret2price	将回报序列转换为价格序列

4.6　图像

garchplot	绘制单变量新息、波动率、回报序列

参考文献

[1] Charlotta Mankert, The Black-Litterman Model-Mathematical and Behavioral finance approaches towards its use in practice,2006

[2] Claus Munk, Fixed Income Analysis:Securities,Pricing,and Risk Management

[3] Frank J. Fabozzi, Interest Rate Term Structure and Valuation Modeling,John Wiley & Sons, Inc.2002

[4] Paolo Brandimarte,Numerical Methods in Finance-a MATLAB based Introduction,John Wiley & Sons,INC

[5] Paul Glasserman,Monte Carlo Methods in Financial Engineering,Springer,2003

[6] Rudiger Seydel ,Tools for Computational Finance, Springer ,2004

[7] Rudiger Seydel,Tools for Computational Finance (Second Edition),Spriger,2004

[8] Steven E.Shreve,Stochastic Calculus for Finance II continues time Models,Springer,2004

[9] Thomas M.Idzorek, A Step by Step Guide to the Black-Litterman Model Incorporating user Specified Confidence Levels,2004

[10] 阿诺・德・瑟维吉尼，奥里维尔．信用风险．中国财政经济出版社，2005

[11] 段新生．MATLAB 财务建模与分析．中国金融出版社，2007

[12] 关治，陆金甫．数值分析基础．高等教育出版社，1998

[13] 郭多祚．数理金融．清华大学出版社，2006

[14] 姜健飞，胡良剑，唐俭．数值计算及其 MATLAB 实验．科学出版社，2004

[15] 柯晓． Black-Litterman 模型的初步介绍及应用．上海证券报，2008-12-10

[16] 李庆扬，王能超，易大易．数值分析．清华大学出版社，2001

[17] 李有法．数值计算方法．高等教育出版社，1996

[18] 刘次华．随机过程（第二版）．华中科技大学出版社，2005

[19] 施光燕，董家礼．最优化方法．高等教育出版社，1999

[20] 王萼芳．高等代数教程（上、下）．清华大学出版社，1997

[21] 徐成贤，薛宏刚．金融工程——计算技术与方法．科学出版社，2007

[22] 约翰・赫尔著．张陶伟译．期权、期货及其他衍生品．华夏出版社，2000

[23] 张树德．MATLAB 金融工程与资产管理．北京航空航天大学出版社，2008

[24] 张树德．MATLAB 金融计算及金融数据处理．北京航空航天大学出版社，2008

[25] 张树德．金融计算教程-MATLAB 金融工具箱的应用．清华大学出版社，2007

[26] 张树德．金融衍生产品定价教程．中国人民大学出版社，2010

[27] 张树德．保险公司战略管理会计．财会月刊，2005（5）

[28] 张树德．对冲基金的定义与分类．财会月刊，2008（12）

[29] 张树德．对冲基金及其对我国金融市场的影响．企业与法，2006（12）

[30] 张树德．含有波动项的资产定价模型研究．财经研究，2005（11）

[31] 张树德．我国投资者行为特征实证研究．东北财经大学学报，2007（1）

[32] 张树德．我国证券市场股权风险溢价研究．上海财经大学博士论文[D]，2006

[33] 张忠帧．二次规划——非线性规划与投资组合的算法．武汉大学出版社，2006